工作掠影

20 世纪 80 年代县总工会部分职工

20 世纪 80 年代职工联谊

20 世纪 90 年代职工活动

1990 年 2 月县总工会主要领导交接留念

1996 年 6 月举办全县基层工会主席培训班

2015 年县总工会金秋助学

2017年8月首届全县职工象棋比赛

2017年9月第17次全县职工代表大会选举产生新一届领导班子

2018年4月全县劳模表彰大会

2018年8月慰问河北师范大学暑期考古学生

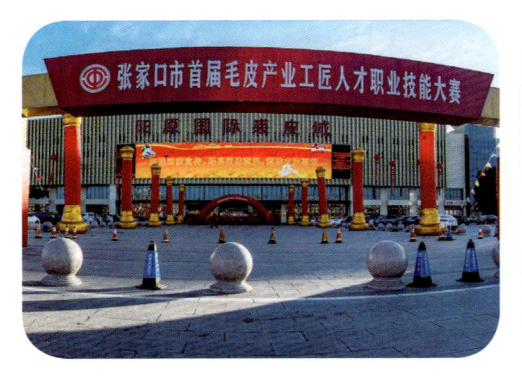

2018年12月全市首届皮毛工匠技能大赛

2019年春季就业招聘会

2019年4月职工广场舞大赛

2019年6月职工诵读比赛

2019年7月"夏送清凉"慰问省驻村工作队

2019年9月全省职工技能大赛毛皮加工决赛

2020年9月县总工会机关干部走访包扶村香草沟

2020年全县职工广播体操比赛

2020年全市职工乒乓球比赛在阳原县举行

2020年冬送温暖活动慰问县医院职工

2021年4月召开劳模座谈会

2021年4月职工诵读比赛

2021年5月县总工会到狼牙山开展主题党日活动

2021年6月职工歌手大赛

2021年12月职工征文比赛

2021年12月职工冬奥知识竞赛

2021年"冬送温暖"慰问省直驻村工作队

2022年3月慰问"冬奥会"期间抗疫一线人员

2022年4月县总工会召开支援唐山抗疫人员座谈会

县总工会值守疫情防控包联小区

2022年儿童节慰问井儿沟中心校学生

2022年8月县总工会举行青年人才联谊会

2022年8月全县重点项目劳动和技能大赛启动仪式

领导关怀

2017年12月，省总工会副主席王竹乐（左二），市人大副主任、总工会主席王志军（左四）到阳原县调研

2018年3月，省总工会副主席万小明（左三）到阳原县调研

2020年9月，省总工会二级调研员耿香会（左一）视察阳原县职工服务中心

2022年7月，市人大副主任、总工会主席武占强（中）到阳原县调研

2023年3月25日，市人大副主任、总工会主席武占强，王仲一侄子晋珊元，市总工会副主席郑波，县委常委、县委办主任马志忠，县人大主任张建斌，县政协主席郝靳文，县人大副主任、总工会主席张炳才，县经济开发区管委会常务副主任吉月宏出席阳原县劳动公园开园仪式

2009年8月，副市长罗建辉（前中）到阳原县第一瓷厂指导工作

2014年6月，市总工会党组书记、常务副主席朱立新（右二）出席阳原县职工书画比赛活动

2018年12月，市总工会党组书记、常务副主席张志刚，副主席李国民，县长李德，县人大主任曹胜广，县政协主席刘锋启动全市皮毛大赛

2020年8月，市总工会党组书记、常务副主席赵光宇（中）到阳原县达鑫陶瓷公司调研

2018年9月，市工会副主席胡建明（左二）和财务部长李维民视察阳原县职工服务中心建设情况

2020年5月，市总工会副主席王春霞（左四）为阳原县自来水公司职工书屋授牌

2021年7月，市总工会副主席李国民（中）到阳原县李佳皮草公司调研

2014年4月，县委书记王彪，县委常委、县委办主任刘锋，常务副县长范玉江，县人大副主任、总工会主席张炳才，副县长孙莉出席"春风送暖"助学活动

2015年4月，县委书记孙海东，县委常委、县委办主任刘锋，县委常委、宣传部长郝迎光，县人大副主任、总工会主席张炳才，副县长孙莉出席"春风行动"助学活动

2021年7月，县委书记郝燕飞，县委常委、统战部长张应红，县委常委、县委办主任王建江，县人大副主任、总工会主席张炳才，副县长贾景宜、杨怿欣慰问疫情防控人员

2018年4月28日，县长李德，县委副书记王羽霄，县人大主任曹胜广，县政协主席刘锋，县委常委、统战部长郝薪文，县委常委、县委办主任张建斌，县人大副主任、总工会主席张炳才，副县长王东，县纪委常务副书记陈建义出席全县劳模表彰大会

2023年3月24日，县长何景明出席前来参加劳动公园开园仪式的革命前辈家属座谈会

阳原县工会志

阳原县总工会 编纂

光明日报出版社

图书在版编目（CIP）数据

阳原县工会志 / 阳原县总工会编纂． -- 北京：光明日报出版社，2024.3
ISBN 978-7-5194-7834-6

Ⅰ.①阳… Ⅱ.①阳… Ⅲ.①工会工作—概况—阳原县 Ⅳ.①D412.822.4

中国国家版本馆 CIP 数据核字（2024）第 056120 号

阳原县工会志
YANGYUANXIAN GONGHUIZHI

编　　纂：阳原县总工会	
责任编辑：杜春荣	责任校对：房　蓉　李海慧
封面设计：中联华文	责任印制：曹　净

出版发行：光明日报出版社
地　　址：北京市西城区永安路 106 号，100050
电　　话：010-63169890（咨询），010-63131930（邮购）
传　　真：010-63131930
网　　址：http://book.gmw.cn
E - mail：gmrbcbs@gmw.cn
法律顾问：北京市兰台律师事务所龚柳方律师
印　　刷：三河市华东印刷有限公司
装　　订：三河市华东印刷有限公司

本书如有破损、缺页、装订错误，请与本社联系调换，电话：010-63131930

开　　本：170mm×240mm	
字　　数：395 千字	印　　张：22
版　　次：2024 年 3 月第 1 版	印　　次：2024 年 3 月第 1 次印刷
书　　号：ISBN 978-7-5194-7834-6	
定　　价：95.00 元	

版权所有　　翻印必究

《阳原县工会志》编纂人员

主　审：张炳才
主　编：王首东
副主编：石利清　闫晓华　马忠山
编　辑：（以姓氏笔画为序）
　　　　王金宝　王新爱　陈冬梅　陈　岚
　　　　张　青　李　莉　岳小云　赵艳梅
　　　　郭永娟　曹仲英
总　纂：张永军

凡 例

一、本志以马列主义、毛泽东思想、邓小平理论、江泽民"三个代表"重要思想、胡锦涛科学发展观和习近平新时代中国特色社会主义思想为指导，客观记述阳原县工会系统的主要情况。

二、本志基本时限，上限自阳原县工会组织建立之时的民国18年（1929年），下限至2022年年末。志中涉及的产业及产业工人等内容，为溯本求源，不受基本时限所限。大事记延至2023年6月。囿于资料欠缺，一些事项难以详全，只能尽力而为。

三、本志体裁有述、记、志、传、图、表、录，以志为主。首设概述，综括阳原县工会系统总体情况；继以四个分志，详述阳原县产业工人、各级工会组织及其工作情况；再继《大事记》，纵贯历史，反映阳原县工会工作的主要脉络；后置《特载》，记录有关阳原县工会系统的重要情况。

四、本志设概述、产业工人、工会组织、工会工作、先进典型五编，编下设章，章下设节，节下设目。

五、本志语言主要采用记叙文体，述而不论。概述采用论述体，述议结合。大事记以编年体为主，兼以记事本末体。

六、志中纪年方法，中华人民共和国成立之前用历史纪年，括注公元纪年。民国以前用帝王年号纪年、农历纪月日，括注公元纪年。民国时期用民国纪年，阿拉伯数字书写。中华人民共和国成立之后用公元纪年。

七、志中数字以统计部门为准，无统计数字时采用其他数字。

八、志中人物限定于经工会组织推选出的各级劳动模范、先进工作者和五一劳动奖章获得者，以及工会工作的先进典型，其他人员则不在本志记述范围。人物生不立传。在世人物有突出事迹者，列表记述或在有关章节中采取以事系人和以人系事的方法记述。

九、图片编排，综合性图片集中于封页，其他图片分插在相关章节。

十、特载用以记录重要历史人物与事件。

十一、资料来源：一是民国《阳原县志》和新中国《阳原县志》（1993年首志及2011年续志）；二是《阳原县工会志》（2009年草稿）和《张家口市工会志》等资料；三是阳原县政协、阳原县委组织部、阳原县档案馆和阳原县统计局、教体科局等有关单位的资料；四是向当事人、知情者采访的口碑资料。

目　录
CONTENTS

第一编　概述 ………………………………………………………………… 1

第二编　产业工人 …………………………………………………………… 13

第一章　古人类活动 …………………………………………………… 15
第一节　"人类第一餐" ……………………………………………… 15
第二节　石器制作 …………………………………………………… 16
第三节　使用火灶 …………………………………………………… 17
第四节　陶器制造 …………………………………………………… 17
第五节　房屋建造 …………………………………………………… 17

第二章　阳原产业 ……………………………………………………… 18
第一节　产业发展 …………………………………………………… 18
　　阳原县部分国有企业和集体企业一览表 …………………… 19
第二节　建筑建材 …………………………………………………… 22
第三节　毛皮加工 …………………………………………………… 25
第四节　陶瓷制造 …………………………………………………… 26
第五节　玉石雕刻 …………………………………………………… 27
第六节　农林种植 …………………………………………………… 27
第七节　畜牧养殖 …………………………………………………… 28
第八节　机械制造 …………………………………………………… 28
第九节　地毯加工 …………………………………………………… 29
第十节　化学工业 …………………………………………………… 29
第十一节　食品加工 ………………………………………………… 30
第十二节　造纸印刷 ………………………………………………… 30
第十三节　矿产开发 ………………………………………………… 31

第十四节	发电供电	31
第十五节	交通运输	32
第十六节	旅游产业	33
第十七节	乡镇企业	33
第十八节	民营企业	34

第三章　产业工人 …… 36
　　1949—2021 年全县人口及职工一览表 …… 36
　　2006—2019 年全县民营企业职工一览表 …… 39

第三编　工会组织 …… 41
第一章　县总工会 …… 43
　　阳原县总工会章程(1929 年) …… 46
　　阳原县总工会章程(1932 年) …… 47
　　阳原县总工会主席名表 …… 48
　　阳原县总工会常务副主席名表 …… 49
　　阳原县总工会党组织成员名表 …… 50
　　阳原县总工会副主席名表 …… 50
　　2022 年阳原县总工会机关人员名表 …… 51

第二章　基层工会 …… 53
　　部分年份阳原县基层工会组织情况一览表 …… 56
　　2005 年阳原县工会组织及会员分布一览表 …… 56
　　阳原县部分基层工会一览表 …… 57
　　阳原县省、市"模范职工之家(小家)"名表 …… 58
　　2022 年 12 月阳原县基层工会组织一览表 …… 63

第三章　系统工会 …… 74
　　第一节　教育系统工会 …… 74
　　第二节　私营企业工会联合会 …… 77

第四章　职工代表大会 …… 78
　　第一节　全县职工代表大会 …… 78
　　第二节　行业系统职工代表大会 …… 82

第五章　工会经费 …… 83
　　第一节　经费来源 …… 83
　　第二节　财务管理 …… 84
　　第三节　经费使用 …… 85

第四节　经费审查 ································· 85
　　　阳原县总工会经费情况一览表 ······················ 86
　第六章　规范化建设 ··································· 89

第四编　工会工作 93
　第一章　劳动保障 ····································· 95
　　　第一节　职工劳动 ································· 95
　　　第二节　劳动竞赛 ································· 95
　　　第三节　技术创新 ································ 100
　　　阳原县机械厂的技术改造 ·························· 102
　　　第四节　劳动权益 ································ 105
　　　劳动维权 ·· 105
　　　劳动关系三方协调 ································ 106
　　　企业工资集体协商 ································ 107
　　　创建劳动关系和谐企业 ···························· 109
　　　安全生产 ·· 109
　　　法律援助 ·· 110
　　　农民工维权 ······································ 110
　　　女职工维权 ······································ 111
　第二章　民主管理 ···································· 112
　　　第一节　合理化建议 ······························ 112
　　　第二节　民主管理 ································ 113
　　　第三节　民主监督 ································ 114
　　　第四节　厂务公开 ································ 115
　　　1994—2005年阳原县企业职工合理化建议一览表 ······ 116
　第三章　职工教育 ···································· 117
　　　第一节　基本情况 ································ 117
　　　第二节　思想教育 ································ 121
　　　第三节　岗位练兵 ································ 123
　　　第四节　职工素质提升工程 ························ 125
　第四章　慰问职工 ···································· 127
　　　1989—2009年阳原县总工会送温暖活动一览表 ········ 132
　第五章　职工救助 ···································· 133
　　　第一节　组织帮扶 ································ 133

第二节　解困脱困 ··· 133
　　　阳原县职工大病医疗互助情况一览表 ····················· 137
第六章　职工活动 ··· 139
　　第一节　文体活动 ··· 139
　　第二节　爱心活动 ··· 144
　　第三节　包村扶贫 ··· 144
　　第四节　疫情防控 ··· 145

第五编　先进典型 ··· 147
第一章　劳动模范 ··· 149
　　第一节　劳模评选 ··· 149
　　　县级劳模 ··· 149
　　　阳原县获得县级劳动模范称号人员名表 ················· 151
　　　市级劳模 ··· 181
　　　阳原县获得市级劳动模范、先进工作者称号人员名表 ···· 182
　　　省级劳模 ··· 185
　　　阳原县获得省劳动模范、先进工作者称号人员名表 ······ 187
　　　全国劳模 ··· 190
　　　五一劳动奖章 ·· 190
　　　阳原县获得五一劳动奖章称号人员名表 ················· 191
　　　模范集体 ··· 191
　　　阳原县获得县级以上模范集体、先进集体称号单位名表 ··· 194
　　　五一劳动奖状 ·· 215
　　第二节　劳模管理 ··· 215
　　第三节　劳模待遇 ··· 217
第二章　工运先进 ··· 219
　　第一节　先进评选 ··· 219
　　第二节　先进单位 ··· 220
　　　阳原县工会系统获得市级以上奖励的单位名表 ········· 221
　　第三节　先进个人 ··· 222
　　　阳原县工会系统获得市级以上奖励人员名表 ············ 223
第三章　人物传记 ··· 225
　　第一节　劳模人物 ··· 225
　　　孙福广 ·· 225

田玉印 ………………………………………………………… 225
　　张振邦 ………………………………………………………… 228
　　付之义 ………………………………………………………… 229
　　李彩 …………………………………………………………… 230
　　李富山 ………………………………………………………… 231
　　刘汉儒 ………………………………………………………… 232
　　姚统文 ………………………………………………………… 232
　　杨久霖 ………………………………………………………… 233
　第二节　工运人物 ……………………………………………… 234
　　张明昶 ………………………………………………………… 234
　　杨得谟 ………………………………………………………… 234
　　雷志清 ………………………………………………………… 235
大事记 ……………………………………………………………… 236
特载 ………………………………………………………………… 325
　从阳原走出的中共早期工运领导人王仲一 …………………… 325
　阳原籍四位共和国模范人物 …………………………………… 329
　《光明日报》对阳原县教师家属扶贫工作的报道 …………… 334

后　记 ……………………………………………………………… 335

第一编

01

概 述

一

狭义"工运",始于近代工业大规模兴起之后,广义上的"工运",则随着人类产生而产生。经考古研究断定,在阳原这块古老的大地上,早在200万年以前就有人类生息繁衍。古人类的一系列活动,可谓人类"工运"的萌芽和雏形。

正如中共中央总书记习近平所说:"我国考古发现的重大成就实证了我国百万年的人类史、一万年的文化史、五千多年的文明史。最新考古成果表明,我国是东方人类的故乡,同非洲并列人类起源最早之地。"(引自2020年第23期《求是》杂志刊登的习近平文章《建设中国特色中国风格中国气派的考古学,更好认识源远流长博大精深的中华文明》)迄今为止,阳原境内已经发现48处超百万年的旧石器早期遗址、160余处一万年的旧石器晚期遗址和15处五千年的新石器遗址,这些遗址共同构成了阳原泥河湾遗址群。其中马圈沟发现的200万年前人类进食大象的遗址和小长梁发现的136万年前的旧石器遗址,有力地证明了泥河湾是东方人类的发祥地。远古人类食兽肉、穿兽皮的生活方式,以及虎头梁遗址群发掘出的距今一万多年的陶片,分别揭示了阳原毛皮和陶瓷产业的历史渊源。姜家梁遗址中发现的红山文化时期的饰器——玉猪龙,则展示了母系氏族社会全盛时期的灿烂文化。

根据史料记载,秦汉时期,阳原已有"毛毛匠"。"阳原毛毛匠为霍去病5万将士制作皮衣。"(见《阳原县志》)时至元代,阳原的毛皮业达到鼎盛时期,出现了数千户工匠从事毛皮加工、毛纺生产和为宫廷制衣的恢宏场面。当时,朝廷在弘州(今阳原)设立了隶属工部的"弘州人匠提举司"以及专门为朝廷生产毛织品的"纳石矢局"和"毛缎局",还设立了隶属徽政院和储政院的专门为宫廷后妃制作衣服的"弘州衣锦局"。明末清初,阳原因土地贫瘠,农产不丰,学"毛毛匠"手艺便成为人们的谋生之路。清末民初,阳原的一大批"毛毛匠"涌入张家口谋生创业,从而创造了北方皮都张家口的辉煌。"张库大道"(张家口—库伦,今乌兰巴托)开通后,阳原有1万多人到乌兰巴托和俄罗斯恰克图一带谋生,其中有相当一大部分是"毛毛匠"。这些人逐步在乌兰巴托定居下来并集中在一条街上,形成了著名的"阳原街",阳原县也因此成为全国闻名的"旅蒙侨乡"。

阳原雕刻，也有着悠久的历史。元代，朝廷在弘州（今阳原）设置了玛瑙局和作坊，从京师派遣雕琢工匠从事玉雕。清代至民国，阳原县城火石作坊制造的环佩、鼻烟壶等石雕，不仅畅销京津，而且远销国外。在大英博物馆藏着的一批中国鼻烟壶，采用瓷、铜、象牙、玉石、玛瑙、琥珀等材质，运用青花、五彩、雕瓷、套料、巧作、内画等技法，汲取了域内外多种工艺的优点，它们用料考究，制工精妙，每一件都是难得一见的珍品，被视为珍贵文玩，在海外享有盛誉。弘州玉雕技艺，一直传承至今。

阳原畜牧业源远流长，大规模的养殖最晚始于明代。明"永乐中（1403—1424），于顺圣川（今阳原）置草场，养马、骡1.2万匹，并于宣德初复置10个马坊，以为官牧之地。"（见《阳原县志》）这段官牧历史，奠定了阳原畜牧业的基础。1972年年底，阳原骡发展到10267头，成为"万骡县"，新华社为此播发了消息。如今的"阳原驴"，已拥有了注册商标。

长期以来，阳原产业以农为主，工业比例很小。史料记载，直到明清时期，阳原也仅有酿造、熟食、皮毛、石雕、陶瓷、翻砂、锻打、木制、采掘等手工业，从业人员只有几百人。至民国时期，也"尚无使用机械者，皆系旧式手工业，然均应有尽有，不须外入"。（见李泰棻纂《阳原县志》）抗日战争时期，日寇侵占阳原，大量洋货涌入，导致全县多数手工业户被迫停业。

新中国成立后，阳原工业得以恢复。据1952年年底统计，全县工业企业有1102个。1956年，经过对个体手工业进行社会主义改造，全县逐步形成了以国营和集体企业为主、个体企业为辅的工业格局。1958年，全县职工有3698人，规模较大的企业有17个。1984年，县委、县政府做出大力发展县办工业，积极扶持乡镇企业，县、乡（镇）、村、户企业"四轮齐转"的战略决策，全县工业快速发展。1989年，县委、县政府又提出县办工业重点发展煤炭、陶瓷、地毯、雕刻、皮毛加工、机械铸造和建筑建材七大行业的工作思路。

20世纪90年代后期，许多公办企业纷纷倒闭，民营企业却迅速崛起。1996年和1998年，县委、县政府两次出台《关于加快发展个体私营经济的决定》。到2006年，全县民营企业职工达到32122人。2012年年底，全县民营企业发展到529家，个体工商户发展到15334家，实现营业收入126.65亿元、增加值45.59亿元，占全县生产总值的87.7%，上缴税金2.74亿元，占全部财政收入的77.3%。到2016年，全县民营企业职工62078人。2017年，阳原县第十一次党代会确立了全县今后五年大力培育"两大两新四优"产业集群的发展战略，即以泥河湾和毛皮为"两大"品牌，以新能源和新型建材为

"两新"产业，以具有传统优势的陶瓷制造、矿产品精深加工、机械加工制造和特色种植业为"四优"产业。

2021年，阳原县"十四五"规划明确提出培优培强六大主导产业，构建多点支撑、多业并举、多元发展的产业发展新格局，即重点发展以泥河湾文化为主线的全域旅游产业，以国际裘皮城和毛皮循环园为引领的毛皮产业，以光伏和氢能源为重点的新能源产业，以温泉度假、乡村旅游和休闲农业为支撑的旅居康养产业，以种养加全产业链发展为主攻方向的特色农牧产业，以农产品加工和陶瓷制造、机械加工为重要基础的特色加工制造业。

二

因工业而诞生工人阶级，因工人阶级而诞生工会组织。特别是自从有了中国共产党，中国工会便成为中国共产党领导下的职工自愿结合的工人阶级群众组织，成为党联系职工群众的桥梁纽带，成为国家政权的重要社会支柱，成为工会会员和广大职工的忠实代表。各级工会组织，无论是在革命战争年代，还是在和平建设和改革开放时期，都充分发挥且继续发挥着极其重要的作用。

民国18年（1929），阳原县在党委的指导下，成立了各种职业工会。随后，由各工会代表大会选定执行委员和监察委员，成立了阳原县总工会，并拟定了《阳原县总工会章程》五章二十三条。这是阳原县工会组织的发端。民国21年（1932），遵照中央颁定的《工会法》，阳原县总工会进行了改选，重新拟定了十三条简章。

抗战时期，全县工会组织成为一支重要的抗日力量。1944年，蔚阳联合县建立抗日联合会工人部。1945年9月，蔚阳联合县撤销后，阳原县重新设立工会组织，各区也建立了工会，隶属抗日救国联合会领导。该年，工会组织重点解决徒工和店员工资偏低的问题。之后，随着县委的战略转移，工会组织一度撤销。

新中国成立后，阳原县工会组织获得新生。1950年，中共阳原县委成立工会筹备委员会，全县相继建起了四个工会小组、三个基层工会联合会，并成立了阳原县手工业联合工会和教育工会。1951年，县委、县政府和县粮食、供销等部门相继建立了工会组织。1952年3月，阳原县召开第一届全县职工代表大会，正式成立了阳原县工会联合会。之后，全县工会组织不断发展壮大。

"文化大革命"期间，造反派成立的"革命工人代表联合会"取代了原来的工会，全县工会组织遭到破坏。

十一届三中全会之后，全县迅速恢复工会工作。主要致力于创建"职工之家"和组建基层工会，通过工会组织强化民主参与、民主管理和民主监督，努力维护职工的合法权益，积极帮助困难职工脱困解困。到1981年年底，全县职工发展到7807人，基层工会发展到124个，工会会员达到4996人。

20世纪90年代，由于国有企业改制，部分工人下岗，全县工会会员数量有所下降。但随着私营企业的发展，私营企业建立工会工作提上了议事日程。1995年5月，河北省总工会、河北省工商行政管理局、河北省私营企业协会联合发出《关于加强私营企业建工会工作的通知》，要求凡依法注册登记、生产经营比较正常、职工队伍相对稳定的私营企业，都要建立工会。自此，阳原县开始了组织私营企业组建工会组织的工作。

进入21世纪以来，全县工会组织进一步发展壮大。2004年，县总工会按照省、市总工会部署，广泛开展"基层组织建设年"活动。到2005年，全县基层工会达到396个，工会会员发展到21015人，占职工总数的81.7%，其中，非公有制经济单位的工会组织有145个，工会会员5544人，占职工总数的71.8%。

阳原县总工会作为全县工会组织的"龙头"，一直致力于率先强化自身建设。1986年，阳原县职工俱乐部大楼的建成，从根本上改变了县级工会的办公条件。阳原县总工会继2009年通过河北省总工会的县级工会规范化建设达标验收之后，2017年规范化建设达标创优工作又通过了省总工会的验收。2019年，职工俱乐部大楼增加了一层建筑，使大楼面积扩大1000平方米，这为高标准建设职工活动中心奠定了坚实的基础。总工会重点打造的阳原县职工服务中心，继2017年被评定为"河北省示范性职工服务中心"之后，2020年又被评定为"河北省模范职工服务中心"。

三

工会组织的基本职责和主要工作，就是在党的领导下，服务于发展大局，服务于职工群众，自觉维护广大职工的合法权益。在长期的工作中，全县工会组织开展了许多富有成效的工作。

其一，保障职工劳动权益。1951年，县工会筹委会一手抓发动群众建立工会组织，一手抓宣传党的劳资政策。1958年，县工会按照"勤俭建国、勤俭持家、勤俭办一切事业"的方针，掀起整改、生产和爱国主义卫生运动高潮。1983年，县工会响应省委、省政府"振作精神、振兴河北"的号召，在全县职工中开展"大干九十天，反浪费、挖潜力、增效益，每人增收节支100元"的活动。1984年，成立了阳原县职工技术协作委员会，以此强化企业的技术创新工作。1991年，动员全县职工在"质量、品种、效益年"中大显身手，建功立业。1994年，在广大职工中开展了"一化（职工合理化建议）、三技（技术比武、技术练兵、技术协作）"为主要内容的社会主义劳动竞赛活动。1996年，依据《中华人民共和国劳动法》规定，把维护职工具体利益作为重要任务来抓。1999年，县总工会与安全生产主管部门联合开展了"安康杯"竞赛活动。从2000年起，积极推进全县企业建立平等协商和集体合同制度，开始实施"经济技术创新工程"。2006年，开展"首席员工""金牌工人"争创评选活动。2007年，开展"争创工人先锋号"活动。2009年，会同有关单位联合开展了"同舟共济保增长、建功立业促发展"系列劳动竞赛活动。2018年和2019年，县总工会提请市总工会和省总工会相继举办了全市和全省毛皮加工技能大赛，产生了广泛的影响。

加强职工民主管理。1952年以后，全县建立起集体合作社（组），这是对个体手工业进行社会主义改造后的新型经济组织，由此开启了职工民主管理的航程。1962年，全县认真贯彻"鞍钢宪法"，企业管理实行"两参一改三结合"，即干部参加劳动，工人参加管理，改革工具，干部、工人、知识分子相结合。党的十一届三中全会之后，全县工会系统重点致力于创建"职工之家"，通过组建基层工会，强化民主参与、民主管理和民主监督。1986年，《全民所有制工业企业职工代表大会条例》公布实施之后，全县工业企业逐步建立起厂长全面负责、党组织保障监督、职工民主管理的企业领导体制。1992年，七届全国人大第五次会议通过《中华人民共和国工会法》，进一步明确"企业职工代表大会是企业实行民主管理的基本形式"。1997年，县总工会在4家县办较大企业组织开展民主评议领导干部工作。1999年，全县把认真推行厂务公开作为工会组织的一项重要任务来抓。2013年，县委、县政府联合发文，就企业事业单位建立职代会、实行厂务公开提出了具体要求。

其二，提高职工业务素质。1951年1月，县工会筹委会成立了全县第一所职工业余学校。1952年和1954年，又相继在东井集镇和东城镇成立了第二所和第三所职工业余学校。1956年，在县委领导下，县工会对全县职工广泛开展政治思想和劳动纪律教育。1980年，县工会联合县教委开始对全县职工进行文化和技术"双补"教育。到1982年10月，通过文化测验和技术考核，86.5%的应补课职工取得了文化补课合格证书，74.6%的应培训职工受到了初等技术培训，累计合格率达92%。1985年10月，县工会开办职工业余高中班，进一步提高职工的学历层次。1988年，全县开展了万名职工"学技术、学业务、上档次、上水平"活动。1989年，县委、县政府在县农机修造厂召开了企业思想政治工作现场会。1998年，县总工会实施职工素质行动计划，制定了《职工素质行动计划实施细则》，并开展了"十行百岗千手"职工技术选拔活动。2004年，县工会以"创建学习型组织，争做知识型职工"活动为载体，强力推进"职工素质工程"。通过举办各种知识与技能竞赛，有效推动职工的文化学习和技术提升。2016年，县总工会会同有关部门联合开展了"安康杯"竞赛活动，参赛单位有建筑、交通、邮电、医药、电力等25个，内容涉及安全生产、职业病防治、劳动法和工会法等。2017年，县总工会联合县卫生局共同举办了医疗卫生系统知识技能竞赛。党的十八大之后，县总工会积极组织广大职工认真学习习近平新时代中国特色社会主义思想，深入开展"不忘初心、牢记使命"主题教育和中国共产党百年历史教育，不断提高全县职工的思想政治素质和理论水平。2022年，县总工会完成了阳原县劳动公园建设，该公园成为全县职工的重要教育基地。

其三，帮助职工排忧解难。每年中秋、元旦、春节等节日期间，全县各级工会组织都要对伤病职工、贫困职工、离退休职工、职工知识分子、先进人物和劳动模范进行家访慰问，了解职工的具体困难，协同有关部门帮助解决，让职工感受到党和政府的温暖。2008年1月，启动了职工重大疾病医疗互助活动，全县9740名职工参加，筹集互助金35.064万元。2009年2月，县委九届五次会议和县人大十四届四次会议将职工重大疾病医疗互助列为全县民生工程。通过"春送岗位""夏送清凉""金秋助学""冬送温暖"等系列活动，使关爱职工工作形成经常化、固定化、模式化运行格局。2018年以来，县总工会对一线交警、环卫工人、考古人员、驻村扶贫干部和防疫人员等进行了重点慰问。在扶贫攻坚过程中，按照"两审核一把关一公示"程序（基层工会和乡镇审核，县总工会把关，最后公示），对困难职工加以认定，实行精准扶贫，帮助困难职工脱贫出列，从而确保了全县2020年如期实现脱贫。县总工会定期组织开展职工体育比赛、歌咏比赛、读书比赛、摄影大赛和征文比赛等活动，有效地丰富了职工的文化生活，激发了职工的劳动热情。

四

在长期的工作中，县总工会积极培养、选树劳动模范集体和先进个人，提请县委、县政府及上级部门进行表彰。全县涌现出了一大批各级各类模范集体和先进个人。

作为模范集体，阳原县受到最高表彰的单位是县教育局。1979年，阳原县教育局因"在社会主义建设中成绩优异"而被国务院授予嘉奖。阳原县教育局得此殊荣，当之无愧，因为在全国创造出了普及教育的奇迹。新中国成立前的阳原县一穷二白，经济和文化都十分落后。新中国成立后，在县委、县政府的坚强领导下，阳原县教育局大力发展教育，经历15年的艰苦努力，于1964年在全国2000多个县中率先普及了小学六年教育，被《人民日报》社论誉为"教育战线上的一面红旗"。阳原县汽车站客运组也获得了崇高的荣誉。1986年，阳原县汽车站客运组获得了全国总工会颁发的五一劳动奖状，这是全县唯一获此殊荣的单位。阳原县的客运工作于1981年进入张家口地区客运先进行列，1984年客运量名列全区第一。

作为先进个人，1960年，阳原县三官庙、黑岩巡回小学教师张振邦和东城公社果园大队幼儿园教师王玉莲，均被国务院命名为"全国文教先进工作者"，享受全国劳动模范的待遇，无疑成为全县早期先进个人的杰出代表。之后，阳原县先进人物层出不穷。1978年，井儿沟公社牛坊沟学校教师李彩被评为"河北省模范教师""特级教师"并出席表彰大会（1981年颁发省劳模荣誉纪念证书）。李彩于1952年自愿到山村牛坊沟去办学，创造出了高初复式教学形式，从而使全村的学龄儿童全部入学。李彩于1978年被提升为河北省第一位特级教师，后当选为第七届全国人大代表。阳原县泥河湾陶瓷有限公司彩烤车间副主任李家钰，是全县工业战线上的一位杰出代表。她爱岗敬业，努力创新工作，在实践中总结量化制定程序标准，规划了"线化分类生产线"，减少了产品破损率，摸索出了"检修结合"的工作方法，使一大批产品通过检修提高了等级。由于事迹突出，李家钰先后35次受到了省、市、县的表彰，2004年被授予河北省劳动模范称号，并出席了全国总工会第十三次代表大会，受到了江泽民、胡锦涛等党和国家领导人的接见。2019年，获得张家口市"五一劳动奖章"的刘菊峰，系东城镇七马坊中心学校六马坊小学教师，是一名后起之秀。她于2010年成为河北省特岗教师之后，一直坚守在乡村学校，用爱心唤起乡村孩子的希望，2018年作为张家口市唯一一名教师代表参加了河北省委、省政府召开的教师节座谈会，2019年又被评为"河北省师德标兵"和"全国优秀教师"。

这些单位和个人，只是阳原县众多模范集体和先进个人中的部分代表。

五

阳原县的工运发展，离不开县委、县政府和上级工会部门及社会各界的大力支持，也离不开全县各级工会组织和工会工作者的共同努力。

在全县基层工会组织中，阳原县教育工会的工作较为突出。阳原县教育工会继1990年被全国教育工会评为"工会工作先进集体"之后，1991年又被全国教育工会命名为"农村教师家属扶贫先进单位"，2000年被河北省教育厅和教育工会联合授予"农村教师家属扶贫先进集体"称号。阳原县教育工会的教师家属扶贫经验在全国会议上交流，《光明日报》头版曾作专门报道。2019年，阳原县西城镇总工会、要家庄乡总工会和马圈堡乡总工会，均被省总工会命名为"河北省先进基层工会"。

阳原县总工会富有成效的工作受到了各级部门的多次表彰。1995年，阳原县总工会被张家口市总工会评为"双服务竞争优胜单位""帮扶亏损企业扭亏增盈先进单位和女职工工作先进集体"。2002年，被省总工会命名为"劳动福利事业先进集体"。2017年，被省总工会评定为"县级工会规范化建设优胜单位"。2018年，被县委、县政府命名为"模范集体"。2019年，被省职工技能大赛组委会授予职工技能大赛先进单位。2022年，阳原县被市总工会确定为全市提升职工生活品质的试点，这是对阳原县总工会工作的一种新的肯定。

在全县工会工作者当中，有一大批杰出的工作者受到了上级部门的表彰。1981年，县百货公司工会主席张选被评为"河北省劳动模范"。1983年，在第八次全国职工代表大会上，金家庄小学工会主席张明昶被全国总工会命名为"优秀工会工作积极分子"。同年，县瓷厂工会主席闫晋才和西城供销社主任安培基被省总工会评为"优秀工会干部"。1991年，县教育工会主席杨得谟被全国总工会授予"优秀工会工作者称号"。1998年，县总工会主席雷志清受到了省总工会的表彰。2000年，县教育工会主席刘永庆被河北省教育厅和教育工会联合命名为"农村教师家庭扶贫工作先进个人"。2005年，县总工会主席李永富获得了张家口市"五一劳动奖章"。2019年,县总工会党组书记、常务副主席王首东获得了张家口市"五一劳动奖章"。

总之,"承前"是为了"启后","继往"是为了"开来","历史是最好的教科书"。阳原县的工运历史,必将为现在和将来提供可资借鉴的工作经验和催人奋进的精神动力。在新的历史时期,阳原县的工运事业必将开创出更加辉煌的前景!

第二编 02
产业工人

生产劳动是人类生存发展的基本条件，人类的生产劳动伴随着人类的产生而产生。经考古研究断定，在阳原这块古老的大地上，早在200万年前就有人类生息繁衍。阳原境内的远古人类的一系列活动，培育了阳原产业和产业工人的胚芽。随着人类社会的不断发展，特别是近代以来，阳原逐步形成了一批工业产业并出现了工人群体。阳原的工业，大都起源于传统手工业，许多产业都有着悠久的历史。随着时代的不断发展，大多数产业得以发展更新，有一些产业逐渐被淘汰，但也有一大批新兴产业应运而生。

第一章　古人类活动

远古人类的活动，大都淹没在历史的长河之中。考古学家的研究探索，掀起了远古人类的神秘面纱。迄今为止，阳原境内已经发现了48处超百万年的旧石器早期遗址、160余处一万年的旧石器晚期遗址和15处五千年的新石器遗址。本章记述的是阳原境内的一些与工运有关的古人类活动。有关这些活动的记述，均依据考古学家的研究结论。

第一节　"人类第一餐"

截至目前，阳原境内发现的最早的古人类活动，当是200万年前的一次人类进食大象的"会餐"。

2003年，河北省文物研究所的刘连强、张晓峥、任雪岩和阳原县文物保护所的成胜泉等人，在阳原境内马圈沟遗址第三文化层发现了一个以草原猛犸象骨骼为主、其间有石制品和天然石块的文化遗物密集分布区。这个遗址中有两个打制石器的石锤，还有一件燧石刮削器，置于大象的一条肋骨之上，肋骨上有着十分清晰的砍砸刮削的痕迹。考古专家断定，这是人类使用石器餐食大象的遗迹，它真实地反映了原始人茹毛饮血的生活情景。

马圈沟第三文化层的年代断定为距今200万年。人类进食大象的这一场景在全世界同期遗址中尚属首次发现，因此称之为"人类第一餐"。这一发现使泥河湾成为目前唯一能与世界公认的人类起源地——东非奥杜维峡谷相媲美的世界级人类文化宝库，预示着东方人类很可能是从阳原泥河湾走来，这对人类"非洲单一起源论"提出了严峻的挑战。

第二节 石器制作

阳原境内的泥河湾遗址群，是由二百余处石器时代的遗址构成的。这些遗址所显示的历史时间涵盖了旧石器时代的早、中、晚期以及新石器时期。各个时期的石器尤其是早期的石器，成为考古研究极为重要的文物，也成为人类早期活动的重要见证。

考古学家在阳原境内发现的大量的古人类石器，现可追溯到160万年前。1978年，中国科学院古脊椎动物与古人类研究所的尤玉柱、汤英俊和李毅三位专家，在阳原县境内的小长梁遗址发现了距今136万年前的远古人类遗址。从这个遗址中共发掘出石器1000余件，小长梁遗址因此成为当时东北亚北部确知的最早的人类遗址。1994年，考古人员又在这里发现了距今约160万年的细小石器2000余件，这些石器加工技术精细，大都重在5~10克，最小的不足1克，这是现今发现的世界上最早的细小石器。2000年，小长梁遗址作为当时古人类活动最北端的见证，被镌刻在北京中华世纪坛象征中华人类历史的青铜甬道的第一个台阶上。

从阳原境内侯家窑遗址出土的石球，显示了旧石器中期古人类的智慧演进以及石器制作技术的飞跃。1974年，考古人员发现了阳原境内旧石器时代中期的侯家窑遗址，测定年代为距今10万年。从该遗址中发现了人类化石17件，包括人的头盖骨。此外，还发现了"飞索石"石球，共计1079枚。"飞索石"是侯家窑人发明的一种新型武器，就像是现在的流星锤一样，它用兽皮将两个石球连接在一起，猎马时用最快的速度、最大的力度投掷出去，具有很大的杀伤力。侯家窑遗址成为世界同一时期出土石球数量最多的遗址，这标志着石球已成为侯家窑人经常使用的狩猎武器。

在阳原境内的姜家梁遗址，发现了红山文化时期的饰器——玉猪龙。考古人员在姜家梁遗址最先发现了距今5000年的墓葬群，这是河北省首次发现并发掘的大型新石器时代墓地。墓葬以单人葬为主，也有双人葬和多人葬，都为仰身屈肢葬，多人葬垂直叠压放置。就在这里的墓葬群中，发现了一件红山文化时期的玉猪龙。红山文化距今五六千年，它的社会形态处于母系氏族社会的全盛时期，玉器在红山文化中占有重要的地位。这件玉猪龙玉器，现成为阳原县泥河湾博物馆的"镇馆之宝"。

第三节　使用火灶

1972年至1973年，考古学家在阳原县虎头梁遗址群中的马鞍山遗址发现了三个炉灶坑。炉灶坑呈长椭圆形，内含大量木炭粒、烧骨和烧过的鸵鸟蛋皮。炉灶坑年代测定为距今13000年，据此可以证明当时的古人类已学会了围火取暖和用火烧制熟食。

第四节　陶器制造

1965年，考古人员在阳原境内发现了以油房、二道梁、籍箕滩和虎头梁遗址群为代表的旧石器时代晚期的细石器。特别是在虎头梁遗址群的于家沟、马鞍山遗址中，发掘出了距今一万多年的陶片，这是目前我国华北地区发现的最早的陶器碎片。这对于研究旧石器时代向新石器时代过渡以及制陶业的起源等重大学术问题，具有非常重要的意义。于家沟遗址的这一考古发现，于1998年被评为"全国十大考古新发现"之一。

陶器的制造在人类社会发展史上具有划时代的意义，它标志着人类已从以采集、渔猎活动为基础的迁徙生活过渡到以农业为基础的定居生活，意味着人类由野蛮状态向文明状态转变的开始。陶器制造不同于以往的任何一种造物活动，它告别了人类仅仅依赖于自然材料进行制造的历史，奠定了人类有意识地创造新材质的实践活动的最初基石。

第五节　房屋建造

在姜家梁遗址，考古人员发现了距今7000年的房屋遗址。这种房屋采用半地穴结构，是最早的建筑方式之一。

第二章 阳原产业

第一节 产业发展

长期以来，阳原产业以农业为主，工业比例很小。史料记载，直到明清时期，阳原仅有酿造、熟食、皮毛、石雕、陶瓷、翻砂、锻打、木制和采掘等手工业，从业人员只有几百人。

民国时期，阳原"尚无使用机械者，皆系旧式手工业，然均应有尽有，不须外入。关于建筑油画各工，有时延用蔚县工匠，究属少数。至一切手工业所用原料，除成衣、油漆、铁工三项，皆系自外输入，余则悉为土产。但各种工人多系自作自售，仅瓦木油漆等工，有时外作。"（见李泰棻纂《阳原县志·卷八产业》）

1937年，日军侵占阳原，大量洋货涌入，导致全县多数手工业户被迫停业。

新中国成立后，阳原工业得以恢复。据1952年年底统计，全县工业企业有1102个。1956年，经过对个体手工业进行社会主义改造，全县逐步形成了以国有企业和集体企业为主、个体企业为辅的工业格局。1958年，全县职工有3698人，规模较大的企业有17个。

1984年，县委、县政府做出大力发展县办工业，积极扶持乡镇企业，县、乡（镇）、村、户企业"四轮齐转"的战略决策，全县工业快速发展。到1986年，全县工业总产值首次超过了农业总产值。

从1987年开始，全县工业企业积极推行承包经营责任制，极大地调动了企业生产的积极性。1989年，县委、县政府又提出县办工业要重点发展煤炭、陶瓷、地毯、雕刻、皮毛加工、机械铸造和建筑建材七大行业。当年，全县企业职工达到15713人。

20世纪90年代后期，许多公办企业纷纷倒闭，民营企业却迅速崛起。1996年和1998年，县委、县政府两次出台《关于加快发展个体私营经济的决定》。到2006年，全县民营企业职工达到32122人。2012年年底，全县民营企业发展到529家，个体工商户达到15334家，实现营业收入126.65亿元、增加值45.59亿元，占全县生产总值的87.7%，上缴税金2.74亿元，占全部财政收入的77.3%。2016年，全县民营企业职工发展到62078人。

2017年2月，中共阳原县第十一次代表大会确立了全县今后五年大力培育"两大两新四优"产业集群的发展战略，即以泥河湾和毛皮为"两大"品牌，以新能源和新型建材为"两新"产业，以具有传统优势的陶瓷制造、矿产品精深加工、机械加工制造和特色种植业为"四优"产业。2019年，全县职工达到76166人。

2021年，阳原县"十四五"规划明确提出培优培强六大主导产业，构建多点支撑、多业并举、多元发展的产业发展新格局，重点发展以泥河湾文化为主线的全域旅游产业，以国际裘皮城和毛皮循环园为引领的毛皮产业，以光伏和氢能源为重点的新能源产业，以温泉度假、乡村旅游和休闲农业为支撑的旅居康养产业，以种养加全产业链发展为主攻方向的特色农牧产业，以农产品加工和陶瓷制造、机械加工为重要基础的特色加工制造业。阳原县主要国有企业和集体企业见下表：

阳原县部分国有企业和集体企业一览表

企业名称	属性	建立时间	停产时间	最后负责人	备注
阳原县印刷厂	县属局级国有企业	1954年	1995年	白健金	1993年划归县教委管理，1996年6月移交县经贸局，2001年8月破产终结。2010年为39名职工核销6.73万元养老保险费
阳原县玛钢厂	县属股级集体企业	1955年	1998年	王恩品	前身是揣骨疃铁木业社，1958年转为公社修配厂，1965年改称农具社，1974年归县工业局，改称农机二厂，1985年改称玛钢厂。房产抵押贷款，资产归农行。2013年完成改制
泥河湾机械有限公司	县属局级国有企业	1957年	2006年9月	冀文	前身为阳原县机械厂。2006年9月破产，为445名职工核销320万元养老保险费，重组为国有控股有限公司，职工身份未置换

续表

企业名称	属性	建立时间	停产时间	最后负责人	备注
阳原县造纸厂	县属股级集体企业	1958年	1999年	李伟	1994年因县城规划搬迁新建。2000年8月以150万元整体转让县北元皮毛有限公司和永盛皮毛硝染有限公司，解决职工旧欠工资、经济补偿后与职工解除劳动关系。2009年8月破产终结，为153名职工核销210.5万元养老保险费
阳原县裘皮服装厂	县属股级国有企业	1958年	1998年	王福成	2010年6月破产终结，核销了金融借款和职工1996年至2010年6月企业拖欠的部分养老保险费及相关债务，为195名职工核销358万元养老保险费
阳原县鞋厂	县属股级集体企业	20世纪50年代	20世纪90年代	闫瑞忠	2001年8月整体出售，解决职工旧欠工资、经济补偿，企业与职工解除劳动关系
阳原县京西服装厂	县属股级集体企业	20世纪50年代	20世纪90年代		曾划归县教委管理，2003年1月整体转让
阳原县深沟煤矿	县属局级国有企业	1966年12月	2008年6月	徐建国	1966—1968年属揣骨疃五村联办矿井，1969—1973年属揣骨疃公社企业，1974—1976年9月为县社联营企业，1976年10月改为县营国有企业，1996年10月实行承包经营，2008年6月停产。2012年4月煤炭资源整合给冀中能源张矿集团，涉及职工约650人。2018年上半年完成改制
瑞克陶瓷有限责任公司	县属局级国有企业	1969年4月	2010年11月	王发	前身为1969年建立的县瓷厂。2006年9月破产，为1400名职工核销1000万元养老保险费，重组股份有限责任公司。2010年11月停产，2011年4月公开拍卖
达惠机械有限公司	县属局级国有参股企业	1971年	2006年9月	张迎宇	前身为阳原县农机修造厂，2006年9月破产，为270名职工核销167.87万元养老保险费。2007年6月改为全员股份和国有参股公司，2011年6月底停产。企业改制后股份发生转让，个人股份逐渐集中到一人名下
阳原县皮毛工业公司	县属局级集体企业	1971年	1998年	闫建国	1979年建厂的皮毛二厂和1986年建厂的皮毛三厂与之合并

续表

企业名称	属性	建立时间	停产时间	最后负责人	备注
阳原县地毯工业公司	县属局级国有企业	1972年	1999年	韩树青	2010年6月破产终结，为686名职工核销996.73万元养老保险费。2014年2月公开拍卖出售土地房屋，2015年完成职工安置
阳原县磷矿	县属局级国有企业	1975年	1996年	赵国仲	2004年4月整体出售，解决职工旧欠工资。2009年9月破产终结，为140名职工核销193.01万元养老保险费
阳原县水泥厂	县属局级国有企业	1976年	2007年7月	史俊明	以150万元整体出售，为220名职工核销250.9万元养老保险费，完成企业改制
弘州雕刻工艺总公司	县属局级集体企业	1984年	2001年	钱稳柱	2002年5月公开拍卖，解决职工旧欠工资、经济补偿后，企业与职工解除劳动用工关系。2009年8月破产终结，为130名职工核销154.35万元养老保险费
阳原县长城水泥厂	县属局级国有企业	1987年	1999年2月	左步远	1988年投产，1999年2月破产终结。2001年2月以300万元转让周玉喜，成为阳原县燎原水泥有限公司。给予职工一次性经济补偿后，企业与职工解除劳动用工关系。2010年为441名职工核销115万元养老保险费
阳原县麻纺织厂	县属局级国有企业	1987年	1996年5月	冀崇峰	破产终结，由阳原县第二瓷厂整体接收
颐原矿泉水有限公司	县属台商合资企业	1992年	1996年		县政府直接管理
泥河湾陶瓷有限公司	县属局级国有企业	1992年	2004年12月	周明贵	前身为1992年建立的阳原县第二瓷厂，1998年改制为龙普陶瓷有限责任公司。2004年12月破产，为608名职工核销561万元养老保险费。重组为国有控股有限公司，2008年7月停产，2011年4月公开拍卖出售，2012年12月组织实施企业改制，涉及职工1300名，2013年完成改制
阳原县热电厂	县属局级国有企业	1992年	2004年	张生	属陶瓷产业配套热电联产项目。2004年12月按照国家淘汰落后产能政策整体出售，职工转入第一瓷厂、第二瓷厂和机械厂三个企业

21

续表

企业名称	属性	建立时间	停产时间	最后负责人	备注
阳原县工业物资公司	县属股级集体企业	1992年	20世纪90年代末	杜永恒	
阳原县汽修股份有限公司	县属局级国有股份制企业	1993年	2005年5月	张迎宇	2005年公司撤销，土地厂房移交西城镇，职工和设备移交农机修造厂

第二节 建筑建材

远古人类改穴居野外为筑室而居，开启了人类的建筑历史。阳原县境内的建筑遗存，成为探索阳原建筑建材早期情况的主要依据。

阳原境内除考古人员在姜家梁发现的距今7000年前的半地穴结构房屋遗址之外，现存最古老的村堡建筑是开阳堡。《中国历史地图集》记载，今之开阳堡即战国时期赵国代郡之安阳邑。《史记·赵世家》记载：赵惠文王四年（前295），赵武灵王灭掉中山国后，封其长子章代郡安阳邑，田不礼为相，史称"章封邑"。开阳古邑是有明确记载的阳原境内最古老的城堡，有"开阳原县村庄先河"之说。后来，开阳古邑消失。《察哈尔省通志》记载，现存村堡为唐代所建。东南西北四面堡墙，分别长218米、286米、216米、310米，墙基宽5~8米，墙高8~10米。四周筑有16个墩台，墩台是建在紧贴堡墙外面的方形土台。堡墙用白垩土和黄胶土混合夯实而成，富有黏性，虽历经一千多年的风吹日晒、雨水冲刷，至今仍保留着原来的轮廓，有的地段甚至基本完好。城堡选在一个形如"灵龟探水"的地形上。堡内街道规划，一改南北中轴的传统格局，而是造成南北两条较对称的大街，与东西两条主大街（还有七条小街），形成"井"字形结构，把整个城堡划分为九部分，称为"九宫街"。除中宫外，其余八宫均按八卦卦形设置街巷。现仍能看出西北角的"乾三连"格局和西南角、东南角的"坤六断"格局。其他街道虽几经变迁，也能看出一些八卦卦形痕迹。堡门置于离宫之位，全部用石块、石条垒筑而成。拱形门洞虽经千年完好无损，只有那铺在地上被人们踩得光滑如镜的石头，还有被车轮碾下两条车轧的石条，印证了岁月的沧桑。门上建有玉皇阁，使古堡更加宏伟壮观。开阳堡村成为河北省第一批历史文化名村，收入全国第一批传统村落名录，又入选中国历史文化名镇（村）。

从古墓中发掘出的汉代绳纹砖，是阳原境内古老的建筑材料。阳原境内有许多古墓，已经发现26处，共105座。经发掘考古，最早有战国时期的古墓（高墙乡九沟古墓），汉墓则有多处。汉墓中有绳纹砖（如开阳堡古墓）。绳纹砖是中国古时建筑使用的一种长方体石料（俗称砖头），因其表面类似绳子的装饰纹样而得名。

史书记载的"北魏温泉宫"，是阳原境内的一个皇家建筑。阳原境内的澡洗塘村，有天然温泉水。北魏时期，在澡洗塘一带曾建有温泉行宫。北魏建都于平城（今大同），澡洗塘一带属京畿之地，距离平城仅有一百多公里。朝廷在澡洗塘一带建起官塘，专供皇帝、后妃沐浴。《魏书·本纪》记载："太和三年（479）春二月，辛巳，帝、太皇太后幸代郡温泉，问民疾苦，鳏贫者以宫女妻之，己亥，还宫。"如今，北魏温泉宫踪迹全无，只有温泉水依然汩汩流淌。

阳原境内的鹫峰寺塔，是阳原现存最古老的宗教建筑。鹫峰寺塔因建造在龙澍山上，又名澍鹫塔，因之建于唐代，后人也称之唐塔。唐贞元年间（785—805），龙澍山上建有大寺，名为澍鹫寺。该寺布局严谨，规模宏大，寺西又建一塔，成为一处寺塔相映的佛教圣地。据说，当年在鹫峰寺塔附近还建有几座小塔，有名的鸡塔和狗塔就坐落在鹫峰寺塔的两边。现在，鹫峰寺虽然塔存寺毁，但似乎还能让人感受到当年景色宜人、香火旺盛的景象。鹫峰寺塔，砖质、实心，共11级，高25米，包括塔基、塔身、塔刹三个部分，主体八棱形，由低到高逐层减小。2013年，鹫峰寺塔被国务院确定为第七批全国重点文物保护单位。

时至明代，最重要的建筑当是顺圣川东城和城中玉皇阁以及贯山竹林寺。《阳原县志》记载，天顺三年（1459），修举马政，工部主事孟淮奉命到宣化府经理此事。镇守太监王受等人奉命到顺圣川考察，并向朝廷奏请：顺圣川东西一百多里，地界辽阔，遇到警情没有保护屏障，原顺圣县（今阳原）旧城低洼缺水，难以久居，应在川中另筑大城。朝廷批准了这一请求，于是迅速开始测量地界，寻找水源，细心规划。命万全都指挥使李显鸠集工匠，守备蔚州都指挥佥事赵瑜、保安州都指挥佥事焦玘督办工役，采办砖石瓦木等用料。天顺四年（1460）三月七日开工，到五月十一日完工。礼部尚书倪谦撰有《顺圣川新城记》。因川中有西城，故将新筑之城称为"东城"。东城城墙每面长150丈，墙基宽2.5丈，高3.2丈，封顶8尺。护城河宽3.5丈，深

1丈。开三个城门。各门都建有城楼、瓮城、吊桥，城墙上建有12个箭楼，东南角上建有魁星阁。城内建衙门、董牧厅、义学、牌坊、神祠、仓库等用房500多间，有署按察院、分守藩司、守备官厅、西路通判署等官衙。万历四年（1576），城墙包砖。传说城砖大部分用的是顺圣县故城（位于新城东5千米处）的城砖，不用车马运输，而是让工役、兵丁从故城到新城站成一行用手传递。城中玉皇阁是一个重要建筑。据赵可化《东城建玉皇阁记》：该阁建于明嘉靖四十一年（1562）。1993年，玉皇阁被确定为省级重点文物保护单位。竹林寺位于东城镇水峪口村北贯山之上，明万历年间建造，建筑面积3300多平方米。四周围有山墙，仿北京城郭，设九门九关。上至王母、玉皇，下至土地、阎王，均有殿宇，仅铜铸神像就有14000余尊。其规模之大，铜像之多，造型之美，在阳原县首屈一指，驰名遐迩。建筑用料就地开采，铜料土法冶炼，四人拉的大风箱一直保存到1965年。竹林寺于1962年被确定为河北省重点文物保护单位，"文化大革命"期间被毁。现在的竹林寺仅存20多间砖窑建筑，一小部分铜像保存在县城泥河湾博物馆的历史文化展厅。

清时，宣化、大同两府一带有"蔚州好城墙，西宁好楼房，大同好婆娘"之歌谣。西宁（今阳原）好楼房，以县城十字街四相国坊表为代表。四相国坊表俗称"四牌楼"，北面牌坊旌表金参知政事魏子平，南面牌坊旌表金参知政事、尚书右丞杨伯通，东面牌坊旌表元中书令杨惟中，西面牌坊旌表元平章政事、御史中丞崔彧。四牌楼于清同治十一年（1872），由隆化、昭武、承恩、清朔四坊旧址改建而成（始建时间已不可考），光绪三十三年（1907）县令高承枢重修。可惜1965年因西城公社第六届人代会认为四牌楼影响交通和城镇建设而拆除。

新中国成立后，阳原建筑界最为辉煌的事情是1987年县第二建筑公司承建北京亚运村滑模楼主体工程。该工程被评为"优质楼""样板楼"，轰动京城建筑界。县第二建筑公司是一家民营企业，1998年获得"全国集体建筑企业全面质量管理优秀企业奖"。公司经理张有式被评为"河北省劳动模范"。

阳原县建材企业主要有县办水泥厂和乡镇办采石场、石灰厂。阳原县长城水泥厂建于1984年，1987年试产，日产水泥200吨，1988年与宣化水泥厂联营，1999年与县水泥厂合并。之后，随着国家环保标准的提高，县办水泥厂关闭停产。全县建筑业却因"房地产热"而方兴未艾。

第三节　毛皮加工

皮毛业是阳原县的特色产业，阳原素有"皮毛之乡"之称。远古人类吃兽肉、穿兽皮，可谓毛皮业的起源。"毛毛匠"是阳原最古老的手工艺人，有文字记载的阳原"毛毛匠"最早出现在秦汉（《阳原县志》记载："阳原毛毛匠为霍去病5万将士制作皮衣"），盛于元朝，明清时达到相当规模。

时至元代，阳原毛皮业规模化发展达到鼎盛时期，出现了数千户工匠从事毛皮加工、毛纺生产和宫廷制衣的恢宏场面。朝廷在弘州（今阳原）设立了隶属工部的"弘州人匠提举司"及专门为朝廷生产毛织品的"纳石矢局"和"毛缎局"，还设立了隶属徽政院和储政院的专门为宫廷后妃制作衣服的"弘州衣锦局"和"弘州纳石矢局"。其时"收天下童男女及工匠"和"西域织锦绮纹工"以及"汴京毛褐工"皆分隶弘州。元世祖时（1260—1264年间），弘州匠官以新制的兔毛织西锦进献皇帝，被破格提升为弘州知州。明末清初，因阳原土地贫瘠，农产不丰，学"毛毛匠"手艺成为人们的谋生之路，越来越多的人投入此业。

清末民初，阳原"毛毛匠"涌入张家口谋生创业，创造了北方皮都张家口的辉煌，也造就了这一时期中国毛皮产业的繁荣。张家口历任"张垣皮毛公会"和"皮裘同业公会"的理事长、会长，大都是阳原人。当时，张家口有字号的大型皮坊一半为阳原人所开，在张家口从事毛皮业的30000多名"毛毛匠"中，有一大半是阳原人。"张库大道"开通后，阳原有10000多人到乌兰巴托和俄罗斯恰克图一带谋生，其中有相当一部分是"毛毛匠"。这些人逐步在乌兰巴托定居下来并集中在一条街上，形成了著名的"阳原街"，阳原县因此成为全国闻名的"旅蒙侨乡"。民国后期，张库大道停用后，阳原"毛毛匠"向北京、天津等地发展，在京津等地打拼出一片新的天地。

1951年，阳原县东城村办起了全县第一家副业皮毛小组。1958年，建成阳原县裘皮厂，招收职工24人，主要生产羊羔皮衣。1971年，县农具社皮革组与综合社制鞋组组合成阳原县皮革制鞋厂。1983年，成立阳原县毛皮工业公司。该年，全县皮毛加工企业发展到65家，从业人员近2000人。

1992年，阳原人依靠"碎皮缝制"与"穿网编织"两大技术，承揽了天津土畜产品进出口公司缝制皮褥子的业务，由此奠定了阳原碎料加工在全国毛皮行业的领先地位。1993年，全县皮毛加工点发展到500多家，从业人员

8000多人，年产值300万元。

1996年，阳原县第一家中外合资企业"张家口北元皮毛有限公司"成立。2007年10月，首届中国·阳原国际毛皮节暨中国阳原皮毛大市场开业庆典隆重举行。2012年，阳原县被命名为"中国毛皮碎料加工基地"。2013年1月，阳原国际裘皮城开始招商。该年，阳原国际裘皮城被评为"中国皮革行业品牌盛会最受欢迎专业市场"。2017年，阳原国际裘皮城被中国皮革协会授予"五星级专业市场"称号。

到2020年，全县从事皮毛加工、营销者50000多人，毛皮加工营销成为全县脱贫致富的主导产业。

第四节　陶瓷制造

阳原境内于家沟、马鞍山遗址中发掘出的距今一万多年的陶片，显示了阳原陶瓷制造的悠久历史，而阳原的磁炮生产则显示了阳原陶瓷制造的精湛技术。揣骨疃镇磁炮窑村因当年生产磁炮而得名，从磁炮窑发现的手炮残存瓷器推断，该村至少在金代就能生产磁炮。磁炮生产需要火药和瓷器，用以灌装火药的瓷器外表凹凸不平，大大增强了磁炮的杀伤力。据史料记载，明清时期，阳原陶瓷业主要生产盆、瓮、坛、缸等日用器具。

1969年4月，国家投资35万元建设县瓷厂，当年10月开始试产大缸。1972年，生产三大碗和圆口盘，完成产值128.8万元，实现利税107万元。1986年，产瓷900万件。1992年，建立阳原县二瓷厂（1998年更名阳原县龙普陶瓷有限责任公司）。1993年7月，经县委、县政府批准，成立县陶瓷工业公司。1995年1月，国家企业类型划分办公室审定认证阳原县第一瓷厂为大型二档企业，这是张家口市唯一认证的大型县属企业，产品出口美国、菲律宾、肯尼亚等国。阳原县第二瓷厂于1997年经省外贸厅、国家外贸部批准，获得产品进出口经营权，1999年被张家口市委、市政府确定为扶优增效工程30强企业。

2000年后，企业生产经营逐步下滑，2010年破产。县办瓷厂破产后，民营企业达鑫陶瓷继之而起。达鑫陶瓷有限责任公司在2019年前是阳原县的规模以上工业企业。

第五节　玉石雕刻

史料记载，元代，朝廷在弘州（今阳原）设置玛瑙局和作坊，从京师派出雕琢工匠从事玉雕。由此产生的弘州玉雕技艺一直传承至今。

清代至民国，阳原县城火石作坊制造的环佩、鼻烟壶等石雕，不仅畅销京津，而且远销国外。在大英博物馆藏着一批中国的鼻烟壶，采用瓷、铜、象牙、玉石、玛瑙、琥珀等材质，运用青花、五彩、雕瓷、套料、巧作、内画等技法，汲取了域内外多种工艺优点。它们用料考究，制工精妙，每一件都是难得一见的珍品，被视为珍贵文玩，在海外享有盛誉。标号为33号的鼻烟壶，为清乾隆年间（1736—1795年）生产。

1984年，阳原县雕刻厂成立。1991年，阳原县雕刻厂成为河北省外贸定点生产厂家。1999年，阳原县与香港辽海国际有限公司合资成立张家口辽原雕刻有限公司。2013年，阳原玉石获得了"泥河石"注册商标。2017年，阳原县弘州玉雕技艺列入了张家口市非物质文化遗产名录。

2020年，由于新冠疫情影响，雕刻产品难以外销，阳原县玉石雕刻业陷入低谷。

第六节　农林种植

阳原农业，长期以种植粮食作物为主。1985年，县委、县政府制订"三三制"发展规划，即利用全县90万亩耕地，建设粮食高产稳产田30万亩，经济作物田30万亩，林、粮、草间作基地30万亩，这一规划有效地调整了全县的农业产业结构。东井集镇小石庄村的青椒种植，成为全县的农业调整的典型，《半月谈》曾以《半斤青椒籽，一个专业村》为题加以报道。1986年，阳原县被北京市列为二线蔬菜生产基地。

进入21世纪，全县农业呈现出规模化经营的特点，一批专业村脱颖而出，如种植芹菜的大湾台村，种植葡萄的五马坊村，种植大杏扁的大田洼村，种植菊花的曲长城村。这些专业村发挥了积极的示范作用，犹如"星星之火"，逐步在全县形成"燎原之势"。

随着新品种、新技术的不断引进，全县农业的科技含量日益提高。温室设施打破了"天时"的限制，使冬季种植成为现实。

第七节　畜牧养殖

阳原的规模养殖，最晚始于明代。《阳原县志》（新中国成立后首志）记载："永乐中（1403—1424年），于顺圣川置草场，养马、骡1.2万匹。并于宣德初复置10个马坊，以为官牧之地。"这段官牧历史，为后来阳原的畜牧业发展奠定了基础。到1972年，全县仅养骡就达到10267头，成为"万骡县"。为此，新华社发布消息，河北省将阳原县确定为大牲畜繁殖基地。

进入21世纪以来，全县大力发展驴产业，建立起多处养驴基地，并且注册了"阳原驴"商标。全县驴产业培育出2个10000头以上龙头企业和6个500头以上养殖基地。"阳原驴"已获得国家地理标志认证，收入了国家地理标志产品保护名录。除大牲畜外，还有家畜饲养。伴随着毛皮产业的发展，全县出现了貂和蓝狐等特种动物养殖。

第八节　机械制造

明清时期，阳原就有翻砂、锻打等手工业，这是阳原机械制造业的雏形。

1958年5月，西城铁木业社组、西城自行车修配租、东城翻砂组等集体手工业社合并组建成阳原县第一家地方性国营工业企业——阳原县机械厂。该厂开始生产烟锅头和简单农具，并进行白铁加工。1966年至1967年，国家分配了一批专业对口的大学毕业生后，开始研制X195型柴油机。研制成功后，仅河北省就有32个厂家为其加工零部件，年生产量3000台，成为北方较大的柴油机厂，工人一度增加到500多人。所产柴油机在全省11家质量评比中一直保持前三名，《人民日报》曾以《山窝飞出金凤凰》为题进行报道。1979年秋，根据上级指示，柴油机厂关闭。之后又生产缝纫机，共生产"双羊"牌缝纫机1.2万台。1982年，由于缝纫机市场饱和，企业从自有品牌生产转向外接加工生产。1985年，被张家口煤矿机械制造公司接纳为成员厂。1994年，打开与美国雅士佳汽车零件有限公司的业务渠道。

除阳原县机械厂外，从事机械制造业的还有阳原县农机修造厂（1970年由西城农具社与县拖拉机站合并组建，1987年实行集体承包制，2010年关停)、阳原县玛钢厂（前身是揣骨疃铁木业社，建于1955年，1985年改称阳原县玛钢厂）、振阳机械厂等。振阳机械厂是民营企业，1997年开发研制的"水玻璃沙硬化气体发生装置"获得国家实用新型专利。

2010年后，阳原县机械厂（更名泥河湾机械有限公司）业务萎缩直至停产。阳原县弘阳机械厂（原振阳机械厂更名）却独领风骚，成为全县机械制造业中唯一的规模以上企业。

第九节 地毯加工

解放初期，阳原县要家庄村于步有、张德礼等人到北京学艺。1952年，于、张等人筹措资金90万元（旧版币），购置了一架机梁，开始承揽地毯加工业务。

1972年，阳原县化工厂附设一个地毯车间，招收工人10余名，聘请全锦文老艺人传授技艺。同年9月，国家投资5000元，占用停产的县糖厂厂房筹建阳原县地毯厂，1975年10月正式建成投产。该年，地毯厂有机梁38架，织毯1364平方米，挂毯376平方米，职工120人，实现产值37.6万元，创造利税6.7万元。1976年，县地毯厂技改后织毯5000平方米，产品打入欧美市场。阳原仿波斯地毯成为天津地毯出口公司唯一的免检产品，县地毯厂被省政府命名为省级先进企业。1986年，县地毯厂升级为地毯总厂，机梁发展到420架，拥有职工1200人。

除县地毯厂外，全县乡村有许多地毯加工点，成为广大妇女就业的主要场所。东城镇七马坊村地毯厂发展到100多架机梁，成为张家口地毯厂分厂，1989年被县委、县政府联合命名为"先进集体"。

1998年，地毯国际市场低迷，全县地毯企业陷入低谷。

第十节 化学工业

根据发现的磁炮残存物推断，阳原县磁炮窑村的磁炮生产，最晚在金代，这是目前已知的阳原境内最早的化学工业。

明代，阳原民间即熬制土盐。今之要家庄乡小庄村，旧称古盐厂，连同该村周围的小盐厂、大盐厂和盐坨塔等村，都以盐字命名，均在当年熬制过土盐。明末清初，下辛庄村开始制碱。

1949年前，火药生产主要用于民间生产爆竹。1958年，县组建了火药厂，1962年关闭。阳原县大田洼乡一度成为全县烟花爆竹的生产基地，后因安全生产不达标、发生安全事故而被勒令停产。

1970年，县工业局筹建阳原县化工厂，1982年化工厂关闭。1988年，县民政局筹建了民政福利活性炭厂（对外名称是阳原县华达活性炭厂），为全民所有制福利企业，以煤为原料生产活性炭，年产量1000吨，职工300余人，其中一半为残疾人。活性炭厂2008年停产，2010年破产。

第十一节　食品加工

阳原素有磨面、酿酒、榨油等传统食品加工业。

1958年，县建立副食品加工厂，加工生产糕点、酒、醋三种产品。同年，建立阳原县粮油加工厂。1985年，副食品加工厂生产的酱油在张家口地区供销系统质量评比中获得第一名。1999年，副食品厂停产。

阳原县益民食品总厂建于1985年，隶属县社，下设果脯、乳腐、辣制品、纸箱4个分厂，注册"珍猫"商标。1999年，产品销往中国台湾地区，以及东南亚和新加坡等地区。

1994年，阳原县农业局与韩国三进物商株式会社合作创办了张家口三进食品有限公司。

第十二节　造纸印刷

民国十五年（1926），县人田雨在西城火神庙开办了华北石印局。新中国成立后，由几家个体石印局组合而成阳原县印刷厂。县印刷厂1958年隶属县供销社，1991年被河北省新闻出版局批准为书刊印刷省级定点单位，1993年划归县教委管理，2000年实施破产。

阳原县造纸厂建于1958年。最初生产手工麻纸，原材料为废旧麻绳头。1969年配备造纸机，次年正式投产，用本地稻草做原料生产包装纸，年产量300吨。1980年进行扩建，建有两条流水线，主要为张家口卷烟厂生产封包纸，年产量500多吨。1996年，发展到三条流水线。1993年，根据县城建设整体规划，造纸厂搬迁到县城东关，由于资金短缺，开设一条流水线。1998年，因污染治理不达标而停产关闭。

第十三节 矿产开发

阳原的采煤历史可追溯到东汉。此后，历代均有开采。清时，采煤方法仍旧是最原始的手刨肩背。

1967年3月，阳原县磁炮窑等6个大队集资55元建起了深沟煤矿。次年出煤，划为社办企业，1976年划为县营企业。之后全县又有黄土梁煤矿和东城煤矿等。1976年，建成阳原县磷矿，1996年停产。

膨润土加工企业有西城镇膨润土有限公司和阳原县仁恒精细黏土公司。仁恒精细黏土公司成立于2004年9月，是浮图讲乡与浙江长兴仁恒化工有限公司签约项目公司，主要从事膨润土开采和加工。

第十四节 发电供电

民国时期的小水电，可谓阳原发电业的开端。县志记载，民国十一年（1922），西城薛恩礼组织一些商号和富户，集资1万元大洋，成立了电灯有限公司，在西城槽子沟利用海子堰水冲木制水轮带电磙子发电，民国十三年（1924）竣工。

1958年后，全县办起小水电3处、小火电58处，多属自发自用，解决照明问题。1992年，县瓷厂配建一座小型热电站，供应县一瓷厂、二瓷厂全部生产和生活用电。

进入21世纪以来，阳原县引进光伏发电，遍布全县许多地方，成为一项惠及全县的扶贫产业。到2020年，全县太阳能光伏已开发约52万千瓦。其中，集中式地面项目6个，总规模33.5万千瓦；集中式扶贫电站4个，总规模10万千瓦；村级扶贫电站163个，总规模6.0877万千瓦；其他分布式太阳能开发约2万千瓦。

风力发电主要分布在南北两山和桑干河两岸区域。北部山区海拔高度为1260~1910米，代表测风塔80米高处年平均风速8.05米/秒，平均风功率密度446.8瓦/平方米；南部山区海拔高度为1400~1700米，代表测风塔70米高处年平均风速 7.3 米/秒，平均风功率密度 379.23 瓦/平方米，较适宜开发风电项目。到 2020 年，全县风电开发规模为 5 万千瓦。

第十五节　交通运输

阳原境内多山地丘陵，桑干河横贯县境，曾为两岸阻隔，交通十分不便。民国《阳原县志》记载："唯本县前十年时，往返治城、天镇间，曾有汽车，后以道路不平、乘客稀少，汽车公司亏累颇巨，停业至今，尚未恢复。故所有运输方法，仍系旧式之车畜并用法。"

民国十八年（1929），县建设局设筑路委员会，募款修建阳原境内第一条公路——西城至化稍营公路。

1954 年，县成立运输站，张家口专区开通张家口至阳原隔日班车。次年，改为日班车。此后，相继开通阳原至宣化、化稍营、南辛庄、东白家泉、大同、天镇、阳高、怀安、小石庄、大田洼十条客运线。1966 年，揣骨疃桑干河电柱板桥建成通车。

1981 年，阳原县客运进入张家口地区先进行列。1984 年，阳原县客运量名列全区第一，县运输站被评为"河北省甲级站"。1985 年，揣骨疃桑干河大桥竣工，这是张家口地区第一座二级公路标准大桥。1986 年，县运输站客运组被中华全国总工会和国家经委联合命名为全国先进班组，获全国"五一劳动奖状"。

20 世纪 90 年代以来，阳原交通运输飞速发展。三条国道，即 109（北京至拉萨）、112（北京环线）、207（锡林浩特至海安）和大秦铁路（大同至秦皇岛）、宣大高速（宣化至大同）、天走公路（天镇至走马驿）、张石高速（张家口至石家庄）均经过阳原，使得阳原交通状况大为改善。

1992 年至 1999 年，由地方各煤运公司投资，建成五条与大秦铁路阳原站接轨的煤炭专用线，煤台税收曾占全县财政收入的"半壁江山"。

进入 21 世纪以来，县内多座桑干河大桥建成通车，桑干河两岸交通更为便捷。"村村通"工程又使得村际间道路得以硬化，交通更加便利。

2002 年 10 月，县城开通公交线路。随着私家车的不断增多和物流业的发展，阳原交通运输业更加壮大。

第十六节　旅游产业

阳原县具有独特的历史文化资源优势和环京津、邻晋蒙的区位交通优势，被列入河北省"环京津旅游休闲产业带"和张家口市五个旅游大区之"历史文化大区"。《河北省环京津休闲旅游产业带规划》对阳原县的功能定位是隶属于京西北运动康体休闲区，品牌定位是人类祖源、故乡阳原，发展重点是泥河湾文化旅游区。全县旅游资源单体数量达103项，涵盖了7个主类19个亚类，在地文景观、遗址遗迹、建筑与设施及旅游商品4个类别中具有较高的富集度。

全县有泥河湾国家遗址公园，3A级景区阳原国际裘皮城，2A级旅游景区小长梁泥河湾博物馆和泥河湾生态城。旅游商品企业有泥河湾民间艺术传播有限公司、泥河湾产业发展有限公司、泥河湾酒业有限公司、泥河湾绿色食品销售中心和泥河石文化产业有限公司。

旅游景点青天背、澍鹜寺、开阳堡、泥河湾博物馆和毛皮文化博物馆。另外还有大觉寺、竹林寺、东城玉皇阁等多处有观赏价值的自然景观和人文景观。

旅行社服务网点有宣化交通旅行社阳原分社、张家口鸿雁旅行社阳原门市部、张家口蓝天旅行社化稍营门市部、张家口假日国际旅行社阳原门市部、张家口大自然旅行社阳原门市部和张家口金秋旅行社阳原门市部。

第十七节　乡镇企业

20世纪五六十年代，乡镇企业被称为社队工副业，70年代称为社队企业。1951年，东城村开办全县首家副业毛皮小组。1952年，全县出现第一家手工业私营合作社——西城印刷照相刻字生产合作社（县印刷厂前身）。1958年，在人民公社运动中，化稍营、东城、东井集、揣骨疃铁木业社转为社营修配厂。1961年，全县有公社办集体工业企业24家。1962年，30%的社办企业下马。

1970年，国务院召开北方地区农业会议后，社队企业开始恢复发展。1971年前后，各公社都办起了农机修造厂（站）。1975年，队办企业兴起。

1978年，县成立社队企业管理局。1979年，全县农业企业134个。1981年，出现联户、个体企业。

1983年，县委、县政府把发展社队企业作为发展农村经济的战略措施来抓。1984年，社队企业改称乡镇企业，范围扩至村办企业和个体企业。从此，乡镇企业异军突起。东城汽车配件厂生产的CA—15型气缸盖被评为"一级品"，进入省内同类产品的先进行列。金家庄石墨矿生产的鳞片石墨，远销日本、美国。

1993年，全县乡镇企业发展到9833个，张家口地委、行署在阳原县召开全区乡镇企业现场会，实地参观高墙暖气片厂等20多家乡镇企业。高墙暖气片厂聘请清华大学机械铸造系教授盛达为常年技术顾问，引进国家级先进工艺设备——离心铸管浇铸生产线。化稍营镇皮毛厂，引进鞣制、染色、烫剪新技术，产品参加第二届中国乡镇企业出口商品展销会，获得荣誉证书。

阳原县工业局（后更名经贸局、工信局），管理着全县20多个国有和集体企业。主要有农机修造厂、地毯总厂、阳原县一瓷厂、龙普陶瓷有限公司、皮毛公司、水泥厂、机械厂、造纸厂等。

1994年，全县独立核算工业企业4060家，全部产值49806万元。1998年，全县工业总产值133724万元，其中规模以上工业16家，产值15055.5万元。

揣骨疃村办企业在全县较为突出。1983年，该村村办企业总收入占到全村总收入的60%~70%。1984年，县委、县政府在该村召开乡村企业发展现场会，300多人参加。地委副书记张成启、县委书记李世清、县长卢政出席会议。揣骨疃村总支书记樊宝英做了经验介绍。地委树立了五面红旗，揣骨疃村榜上有名。1985年10月4、8、18、24日，11月2日《张家口日报》头版连载。当时，揣骨疃村办企业有皮毛、地毯、砖瓦、电镀、铸造、塑料编织、腐竹、综合厂、建筑队、加油站、白灰厂、运输队等，年产值110万元，利税21万元。仅皮毛从业300多人。村办企业达到鼎盛时期，每户企业就业人员1~2人，户均收入占比达到50%。

第十八节　民营企业

1980年，全县注册登记个体工商户60户，从业人员60人。

2000年，全县私营企业发展到75家，个体工商户发展到11329户，全部从业人员24138人。

2006年，全县形成以煤炭运销、皮毛加工、矿产开发等为重点的民营产业格局。为促进民营经济发展，县委、县政府制定《发展壮大民营经济的若干意见》，加大对民营经济的扶持力度。县建立领导干部、县直部门包扶民营企业责任制，重点扶持国通、京原、富兴、苏原、东方浩然五大煤台和北元毛皮有限公司、昌盛奶制品加工厂等十几家较大的民营企业。

北元毛皮有限公司与58个国外客户建立长期合作关系。集加工、贸易、科研、服务于一体的阳原昌升皮毛大市场建设工程全面展开。全县形成固定资产上千万元的皮毛加工龙头企业12家，其中7家取得自营出口权，9家在俄罗斯设立经销摊点，带动发展皮毛加工摊点1500多个。

第三章　产业工人

明清时期，阳原从事手工业者有几百人。

民国时期，据民国二十二年（1933年）《察哈尔经济调查实录》记载，全县有劳工2160人，占总人口的2%，在察哈尔省16县中劳工最少。

新中国成立后，百废俱兴，全县职工队伍随着社会主义建设不断深入和国民经济迅速发展而不断壮大。1952年年底，全县有工业企业1102个，从业人员1667人。2009年，全县全部职工为48670人，为解放初期的40倍。

全县职工覆盖国有单位、城镇集体单位、个体私营单位三个类别。其结构按隶属关系，分为中央、省属、市属和县属；按企事业性质，分为企业、事业和机关；按国民经济行业，分为农、林、牧、渔业，采矿业，制造业，电气、燃气及水的生产供应业，建筑业，交通、运输、仓储和邮政业，信息传输、计算机服务和软件业，批发和零售业，住宿和餐饮业，金融业，房地产，租赁和商务服务业，科学研究、技术服务和地质勘察业，居民服务和其他服务业，教育，卫生、社会保障和社会福利业，文化、体育和娱乐业，公共管理和社会组织等十九个行业。阳原县人口及职工情况见下表：

1949—2021年全县人口及职工一览表

年份	户籍人口	职工人数	规模以上工业企业数	备注
1949	198183	480		
1950	200835	630		
1951	203615	779		
1952	207768	1211		1949—1957年无规模以上工业企业统计数字
1953	209912	1639		
1954	214507	2067		
1955	214725	2495		
1956	207588	2923		
1957	209867	3533		

续表

年份	户籍人口	职工人数	规模以上工业企业数	备注
1958	211172	3698	17	
1959	205847	3863	11	
1960	202800	4030	8	
1961	207122	4414	9	
1962	219332	3480	9	
1963	206357	3701	6	
1964	208112	3969	6	
1965	212678	4522	6	
1966	217036	4449	6	
1967	220521	4565	6	
1968	225895	4272	6	
1969	230446	4508	7	
1970	235611	4820	9	
1971	239043	5568	11	
1972	240999	6656	14	
1973	243179	6467	13	
1974	243873	6641	14	
1975	244543	8287	17	
1976	244872	8374	23	
1977	244577	11527	24	
1978	244728	10228	22	
1979	243465	9498	21	
1980	243625	9980	15	
1981	245349	10312	15	
1982	246000	10183	17	
1983	245900	9856	17	
1984	245600	10499	16	
1985	244800	11445	18	

续表

年份	户籍人口	职工人数	规模以上工业企业数	备注
1986	244489	13114	18	
1987	244725	14800	13	
1988	247828	15659	13	
1989	248801	15713	13	
1990	256353	16202	13	
1991	257592	15483	15	
1992	259020	19083	14	
1993	259047	20981	15	
1994	260027	20991	28	
1995	261661	21614	28	
1996	263013	21247	17	
1997	263966	20722	12	
1998	266205	21136	11	
1999	269246	20903	11	
2000	276129	20129	13	
2001	275436	20141	16	
2002	274736	20583	14	
2003	274388	22062	13	
2004	275534	20373	14	
2005	275120	20883	14	
2006	275144	19698	13	
2007	275965	16987	12	
2008	276748	17970	19	
2009	276826	17427	19	
2010	280899	16333	22	
2011	280441	14633	10	
2012	279116	13788	11	
2013	276799	13741	16	

续表

年份	户籍人口	职工人数	规模以上工业企业数	备注
2014	275959	14147	19	
2015	274983	13290	19	
2016	275871	12520	16	
2017	274407	12364	20	
2018	272610	12054	20	
2019	270782	11749	16	
2020	267137	——	17	
2021	264675	——	20	

注：此表数据来自县统计资料。从2020年起改为抽样统计，无全县职工人数。

2006—2019年全县民营企业职工一览表

年份	企业数	职工人数
2006	8185	32122
2007	8206	32894
2008	8538	37033
2009	15291	41928
2010	15317	53398
2011	15317	53952
2012	15334	56210
2013	15366	55904
2014	16249	59896
2015	16426	63002
2016	16384	62078
2017	16437	68023
2018	16873	67697
2019	17076	64417

注：此表数据来自县统计资料。从2020年起改为抽样统计，无全县民营企业及职工人数。

第三编 工会组织

工会是工人群众的自治组织。中国共产党成立之后，工会成为党领导下的职工自愿结合的工人阶级的群众组织，成为党联系广大职工的桥梁纽带。阳原县的工会组织，包括县级总工会和各基层工会。县级总工会是全县各基层工会的领导机关，同时接受县委和上级工会的双重领导。

第一章　县总工会

阳原县县级工会组织成立于民国十八年（1929）1月。该年，党委指导成立各种职业工会，全县由各工会代表大会选定李凤成、刘恒年、田雨、刘连仲、李登云5人为执行委员，赵万库、戴正荣、高进财3人为监察委员，成立了阳原县总工会。拟定《阳原县总工会章程》，共有五章二十三条。《章程》规定："本会以团结全县工会、改善工友生活、提高知识地位、解除压迫、增进福利为宗旨。"总工会会址设在县城鲁班庙（位于县城西北木头巷西）。

民国二十一年（1932），遵照《工会法》，阳原县改选刘恒年、宋汉三、李凤成、张发、冯维章5人为理事，郭靖、李鱼江2人为候补理事，高进财、伍全玉2人为监事，李成全、袁永英为后补监事，成立阳原县工会。拟定《阳原县工会章程》，共有十三条。

民国三十三年（1944）4月，蔚阳联合县建立抗日联合会，辖2个区联合会。联合会下设工人部，联合会主任白志远兼任工人部部长，组织开展工运工作。次年9月，蔚阳联合县撤销。民国三十六年（1947）1月，遵照中共察哈尔省六地委指示，恢复蔚阳联合县。次年12月，蔚阳联合县由察南地委撤销。

民国三十四年（1945）10月，阳原县第一次解放，中共阳原县委成立县工会，王宫担任县工会主任。全县各区也成立工会，归属抗日救国联合会领导。民国三十五年（1946）11月，中共阳原县委实行战略转移，工会组织随之撤销。

1948年3月，阳原县第二次解放。1950年1月，中共阳原县委成立工会筹备委员会，县委指派邵全功和邢贵两人负责工会筹建工作。察南地委选派天镇县张荣喜到阳原县帮助筹建县工会。1952年3月，召开阳原县第一届职工代表大会，正式成立了阳原县工会联合会。出席这次会议的职工代表有30多人，会议选举张荣喜为县工会联合会主任。

1958年9月,阳原县与蔚县合并,阳原县工会联合会改为蔚县工会福利部。1961年5月,恢复阳原县建制,同年7月,恢复阳原县工会,在县委大院办公。1964年,县直各部门均抽调一批干部到怀安县开展"四清"工作,由于办公人员减少,县工会、县妇联和团县委三个单位合署办公。1965年,县工会搬迁到县城北街,占用一处公产房办公。

1966年,县工会又与县委机关同院办公,占用一间房屋,房屋面积12平方米。工会人员编制3人,主席、副主席、干事各一人,配备一部电话机。1967年,县工会主席鲁忠调到县委政治部,另外2名工会干部也调到了其他单位,工会工作因此停止。1968年,造反派成立"革命工人代表联合会"(按顺序排列为阳原县第十次职工代表大会),以此取代工会,严永才担任"工代会"主任。同年,县革命委员会成立,下设群工组,取代了工、青、妇工作。

1973年4月,根据中央、省、地区指示,中共阳原县委开始重新筹建县工会,成立了以县委副书记靳明为组长、有7名成员的工会筹备领导小组,并指定唐润先负责具体工作。县委印发了《全县职工动员起来,积极整顿,健全工会组织,以实际行动迎接县总工会第十一届职工代表大会胜利召开》的宣传提纲。同年6月,召开了阳原县第十一届职工代表大会。

1977年,县总工会由县委机关大院搬迁到县城北关大礼堂路南的一处小院办公。办公场所建筑面积120平方米,设有办公室、会议室和棋牌室。

1984年,由张家口地区工会办事处申报,经河北省总工会批准,阳原县兴建职工俱乐部工程破土动工。该项工程总投资20万元(其中省总工会划拨18万元),县政府负责提供建筑用地,工程选址在县城电影院北。1986年10月,职工俱乐部竣工,验收合格后投入使用。职工俱乐部大楼为三层结构,建筑面积1591.47平方米,使用面积805.45平方米,内设办公室、会议室、职工培训室、图书室和棋牌室。1990年,地区工会办事处划拨专款5万元,用于对职工俱乐部大楼进行加固。1991年,县总工会购置北京旧吉普车212一辆,进一步改善了办公条件。1992年,地区工会办事处又给阳原县总工会提供了一台锅炉,县政府拨款购置了配套设备,县职工俱乐部大楼由火炉烧煤取暖改成了锅炉暖气供暖。

1994年,县总工会下设办公室、生产生活部和组织宣教部。1995年,购置北京吉普车2020一辆。1996年,总工会机关改设为"一室三部一中心",即办公室、财务部、组宣民管部、经济法保部和困难职工帮扶中心。县总工会设有独立的办公及培训、文化娱乐场所,总面积1517平方米,其中教育培训场所面积100多平方米，有课桌椅30套，并配备了7台电脑、1台打印机和1台复印机，实现了微机联网。县总工会共有29名工作人员，其中3人为行政编制。

2002年，县总工会机构编制核定为"一室二部"，即办公室、经济法保部和组宣民管部。

2005年，总工会购置公务车（SGM7251G）一辆。2009年10月，阳原县总工会通过了河北省总工会开展的县级工会规范化建设达标验收。

2017年，县总工会收回了职工俱乐部大楼一楼出租的房屋，用于建设柜台式职工服务大厅。职工服务大厅开设普惠服务、就业服务、困难帮扶、互助保障、法律援助和咨询服务六个服务窗口，并在主要位置悬挂了政策法律宣传牌和高清电子显示屏，布设了专用光纤，对职工提供"面对面、心贴心"的服务。与此同时，投资20万元，配备了电脑、打印机、扫描仪、传真机、视频会议室。该年12月，县总工会规范化建设达标创优工作通过河北省总工会的验收，被认定为合格。总工会重点打造的阳原县职工服务中心，被评为河北省示范性职工服务中心。2022年，总工会投资32.33万元，对职工服务中心部分基础设施进行改造更新。

2018年，总工会制订了《阳原县总工会改革方案》，重点从改革工会管理体制、创新工会工作方式、完善职工服务体系、加强基层工会建设、转变工会工作作风和加强工会领导工作六个方面进行改革。在机关职能部门的设置上，将原来的"三部、一室、一中心"精简为"一部、一室、一中心"，将基层组建民主管理部和经济技术法律保障部合二为一，组建为基层组建部，将财务部合并到办公室，保留职工服务中心，从而增强了机关的工作整合能力。同年，总工会对职工俱乐部大楼进行了装修，进一步改善了办公条件。按照环保部门的要求，投资20万元，完成了"煤改电"供暖。

2019年，总工会投资89.5万元，着力加强职工服务中心建设，在大楼顶部增加一层建筑（第四层楼），场所面积增加到1200平方米。新增的800平方米职工活动中心，内设职工培训中心、乒乓球室、羽毛球室和旱冰场等活动场所。2020年，职工活动中心全面建成，总工会投资6万余元开发了网上健身预约平台，全县工会会员均可通过总工会微信公众号网上预约健身。

2022年，总工会有编制人员21人，其中行政编制3人；全额财政4人，两兵学生8人，自收自支9人。内设综合办公室、基层工作部和职工服务中心三个部室。领导班子成员包括主席1人，党组书记、常务副主席1人，专职副主席2人，兼职副主席3人。阳原县1929年和1932年的工会章程如下：

阳原县总工会章程
（1929年）

第一章 总纲

一、本会定名为河北省阳原县总工会。

二、本会以团结全县工会、改善工友生活、提高知识地位、解除压迫、增进福利为宗旨。

三、本会会址设县城内鲁班庙。

四、凡某县已经合法组织正式成立，得省党部注册之各种工会，能遵守本会之章程，履行入会之手续，均得为本会之会员。

第二章 组织

五、本会对于欲引加入本会之工人团体，如原有组织未完善者，须经本会之指导改组后，始行加入。

六、本会由本县各工会推出之代表组织代表大会，其出席之人数，按会员名册上之人数之比例及职员团体定之，但每工会至多不得过四人。其选举代表之标准有二原则：（一）以职业团体为标准，凡一组织完善之工会，而人数在百人以下者，推代表一人。（二）以人数为标准，凡工会会员在五百人以下者，推代表一人；五百人以上、千人以下者，推代表二人；千人以上至二千人以下者，推代表三人；二千人以上者，推代表四人。

七、本会由大会选举执行委员七人、候补执行委员五人，组织执行委员会；选举监察委员五人、候补监察委员三人，组织监察委员会。

八、候补委员出席会议时，有发言权，无表决权。如经递补时，其职权与正式委员同。

九、本会之最高机关为代表大会，在闭会期间为执行委员会。

十、代表大会每六个月开例会一次，由执行委员会召集之，其任期以本届开会会期为限。

十一、代表大会之职务如下：（一）拟定和修改章程。（二）选举执行委员及监察委员。（三）决议本会之预决算，审查本会财政之收支。（四）决议本会一切进行事宜。

十二、执行委员会推出三人为常务委员，总理会务。并设以下各科：（一）组织科。（二）宣传科。（三）经济科。（四）训练科。（五）总务科。

各科主任由执行委员兼任，候补执行委员襄理之。各科须视其事务之繁简，酌聘干事。

十三、执行委员会职务如下：（一）执行总会对内外一切事宜。（二）对外代表本工会。（三）保障各工友、各工会之利益，注意工友职业之介绍。（四）统一指挥各工会之活动。（五）执行代表大会一切决议。（六）管理总会财务。

十四、监察委员会之职务如下：（一）监督执行委员会执行职务、代表大会之决议。（二）稽核执行委员会财政之收入。（三）考查执行委员会各科人员之勤惰。（四）监督下级工会执行职务。

十五、执行、监察各委员，如出席代表大会时，有发言权与表决权。

十六、执行委员会及监察委员会之任期，以半年为限，但得连任。

第三章　会务

十七、本会及各工会均须努力实行本会之决议。

十八、本会于必要时，须设定期出版物品，以便报告消息。

十九、本会上级机关对于下级机关分配及督促工作时，下级机关应遵从执行。

第四章　经费

二十、本会之经费由所属各工会负担之，按各工会收入五分之二征收之。

二十一、本会遇必要时，由执行委员会决议得募集特别捐。

第五章　附则

二十二、本章程有未尽事宜，经各届代表大会出席委员三分之二同意，得修正之。

二十三、本章程自公布之日试行。

阳原县总工会章程
（1932年）

一、本会依据中央新版之工会法组织之。

二、本会以谋增进会员之知识技能、发展生产、维持改善劳动条件及生活为宗旨。

三、区域及会址：本会以本会县所辖区界为区域，址设于北关鲁班庙。

四、会员具有下列资格之一，年满十六岁以上者，得加入本工会会员：

（一）曾选任为工会之职员者。（二）曾为同一产业或职业之工人者。（三）凡在专门工艺学校及具有工艺知识者。

五、会员之权利义务：（一）有选举权、被选举权及出席会议表决等权。（二）有恪遵本会章程，保守本会秘密及交纳会费。

六、会员之入会出会：（一）按工会法第二十条，凡法律章程上认为合格之人，不得拒绝入会；认为不合格之人，亦不许入会。（二）出会者得遵照工会法第二十一条手续完全时，即可随时出会。（三）依工会法第二十一条之规定，凡会员之经过全体会员三分之二以上之同意，并且有正当理由者，即可除名。

七、本会应设之职员及其职务如下：（一）设理事五人至九人、候补理事二人，由会员中选任之。（二）理事处理本会一切事务，对外代表工会。（三）本会由大会选设监事三人至五人、候补监事一人。（四）监事掌理审核本会簿记账目，稽查各种事业进行状况。

八、理事及监事之任期均为一年，但得连选任。

九、理事监事因故不能执行事务或出席，得由候补理监事代理之。

十、本会开会分例会、会员大会及临时会议三种，其应行决议事项如下：（一）章程及变更。（二）经费之收支。（三）事业之报告。（四）劳动条件之维持或变更。（五）基金之保管及处分。（六）会内公共事业之创办。（七）工会联合会之组织及其加入或退出。（八）工会之解散、合并或分立。

十一、本会每年六月及十二月内，应呈报审查下列各项表册及账簿：（一）职员履历表。（二）会员名簿。（三）会计簿。（四）事业经营之状况。（五）各项纠纷事件及经过。

十二、会员办理互助事业，在同一产业或职业会呈准主管官署后，得组织工会联合会。

十三、本前章有不妥处，得经过半数会员之通过，并呈准主管官署，方可变更。

阳原县总工会主席名表

姓名	任　期	备注
王宫	1945.10—1946.11	时任工会主任
邢贵	1950.1—1950.2	时任工会筹备委员会主任

续表

姓名	任期	备注
张荣喜	1950.2—1952.3	时任工会筹备委员会主任
	1952.3—1961.11	1952年3月召开第一次全县职工代表大会成立阳原县工会联合会，选举产生，时称主任
刘春秋	1961.12—1964.12	1961年12月召开第六次会员代表大会，选举产生，时称主任
鲁忠	1964.12—1967	刘春秋调离后接任，时称主任
严永才	1968—1973.6	以"革命工人代表联合会"取代工会，担任主任
贺登稳	1973.6—1979.12	1973年6月第十一次会员代表大会选举产生，改称主席
温品	1979.12—1983.7	贺登稳调离后接任
刘贵启	1983.7—1983.12	1983年8月召开第十三次会员代表大会选举产生
帅振义	1983.12—1987.3	刘贵启调离后接任
温和义	1987.3—1990.1	1987年8月召开第十四次会员代表大会选举产生
赵采玉	1990.1—1992.4	
雷志清	1992.5—2002.5	
李永富	2002.5—2007.7	2002年10月县总工会第十四届十五次会议表决通过
张建国	2007.7—2011.9	县委常委兼任
张炳才	2012.4—	县人大常委会副主任兼任

阳原县总工会常务副主席名表

姓名	任期	备注
李永富	2007.7—2012.4	2007年7月始设常务副主席
郭满仓	2012.8—2014.8	

姓名	任　期	备注
杨正贵	2014.8—2017.9	
王首东	2017.7—2022.11	

注：2012年4月至2012年7月，常务副主席空缺。

阳原县总工会党组织成员名表

姓名	任　期	备注
马忠山	1990.1—2002.5	党支部书记，始设
韩国才	2002.5—2007.7	党支部书记
李永富	2007.7—2012.7	党组书记
郭满仓	2012.7—2014.8	党组书记
杨正贵	2014.10—2017.2	党组书记
王首东	2012.12—2017.7	党组成员
王首东	2017.7—2022.11	党组书记
靳世彬	2011.9—2014.8	党组成员
张秀文	2011.9—2017.2	党组成员
石利清	2017.9—	党组成员
高智敏	2017.9—2019.4	党组成员
闫晓华	2023.4—	党组成员

阳原县总工会副主席名表

姓名	任　期	备注
郝雪英	1961.9—1964.8	
张荣喜	1973.6—1983.8	
温　品	1979.12—1983.7	
肖丙清	1979.5—1981.12	
张桂枝	1983.7—1983.12	
亢春梅	1987.8—1990.1	
全凤恺	1987.3—1992.3	
马忠山	1990.1—2002.5	

续表

姓名	任　　期	备注
张志礼	1992—2002.5	
王桂兰	1992.5—1999	
韩国才	2002.5—2007.7	2002年10月县总工会第十四届十五次会议表决通过
张秀文	2002.5—2018.5	2002年10月县总工会第十四届十五次会议表决通过
靳世彬	2006.3—2017.3	
王首东	2012.12—2017.7	
袁喜功	1983.12—1990.1	调研员
石利清	2017.9—	
高智敏	2017.9—2019.4	
闫晓华	2202.5—	

2022年阳原县总工会机关人员名表

姓名	性别	政治面貌	职务职称	备注
张炳才	男	中共党员	县人大副主任、总工会主席	
王首东	男	中共党员	党组书记、常务副主席	
石利清	男	中共党员	副主席	
闫晓华	女	中共党员	副主席	
靳世彬	男	中共党员	副主席	
李莉	女	中共党员	干部	
赵燕梅	女	群众	干部	
王新爱	女	群众	干部	
李海娥	女	群众	干部	
高志涛	女	群众	职工	
陈岚	男	中共党员	职工	
吉建忠	男	中共党员	职工	
牛志军	男	群众	干部	
郭鸣	男	群众	职工	

续表

姓名	性别	政治面貌	职务职称	备注
岳小云	女	群众	干部	
王保平	男	群众	职工	
王双平	男	群众	职工	
王金宝	男	中共党员	职工	
张建平	男	群众	职工	
张晓丽	女	群众	职工	
陈志强	男	中共党员	职工	
李永江	男	群众	职工	
郭永娟	女	群众	社会化工作者	
刘丽娜	女	群众	社会化工作者	
张淼	男	群众	社会化工作者	
杭海迪	女	群众	社会化工作者	

第二章　基层工会

阳原县最早的基层工会，成立时间略早于县级工会。民国十八年（1929），党委指导全县成立各种职业工会，并由各职业工会推选代表组建县总工会。

民国三十四年（1945）十月，阳原县第一次解放后，中共阳原县委成立工会，全县各区也成立工会，归属于抗日救国联合会领导。

1950年4月，全县建起4个工会小组，共有工会会员46名。6月，西城、东城、东井集三个区都建立起基层联合工会，每区有工会会员100余人，主要为铁匠、木匠、泥匠、饼匠和理发人员。西城区工会联合会主席高世明，东井集区工会联合会主席王道新。同月，阳原县手工业联合工会成立，下设8个工会小组，共有职工108人，发展工会会员85人，有5名工会干部。同年12月，全县各区都建立了基层工会联合会。县成立教育工会，负责人薛孝铮，各区也成立了教育工会，由视导员担任工会负责人。

1951年，县委、县政府和县粮食、供销等部门相继建立了工会组织。

1952年，县工会联合会成立后，基层工会不再称联合会。各行业根据行业性质建立基层工会。西城镇城关率先建立起缝纫、搬运等6个基层工会。

1953年，全县共建立29个基层工会，工会会员发展到1032人。1954年，全县基层工会组织发展到33个，工会会员发展到1150人。

1956年年末，全县有基层工会组织19个，工会会员862人（不包括教育系统）。其时，县内尚无厂矿企业，基层工会组织建立在百货、专卖、食品、金融、纺织、粮食、农林牧水、合作社系统等部门单位。工会的主要任务是开展社会主义劳动竞赛和先进生产者运动，开展合理化建议活动和增产节约运动，建立职工俱乐部，帮助解决职工因病导致的生活困难。1957年，全县职工1791人，其中1613人成为工会会员。

1973年5月，全县42个基层工会重建整顿，1361名会员恢复会籍，并新增会员592名。该年12月，基层工会组织发展到46个，会员增加到2800名。

1977年，全县基层工会组织发展到63个（不含教育系统）。

党的十一届三中全会之后，全县致力于创建"职工之家"，通过组建基层工会，强化民主参与、民主管理和民主监督，自觉维护职工合法权益，切实帮助困难职工解决实际问题。1978年，县工会、县文教局、县卫生局联合发出恢复和健全基层工会组织的通知。

1981年年底，全县职工发展到7807人，基层工会发展到124个，工会会员达到4996人。

1984年8月，县工会制定《关于整顿基层工会组织开展"职工之家"活动的具体安排意见》和《关于建设"职工之家"标准的实施计划》，正式启动"整组建家"三年行动。

20世纪90年代，由于国有企业改制，部分工人下岗，全县工会会员有所下降。1991年，全县下设5个系统工会，14个乡（镇）工会，439个基层工会。1993年，全县有基层工会132个，工会会员有10926人。

之后，随着私营企业的发展，私营企业建立工会工作提上了议事日程。1995年5月，河北省总工会、河北省工商行政管理局和河北省私营企业协会联合发出《关于加强私营企业建工会工作的通知》，要求凡依法注册登记、生产经营比较正常、职工队伍相对稳定的私营企业，都要建立工会。自此，阳原县开始了组织私营企业建立工会的工作。

1998年，按照省、市总工会的工作部署，阳原县总工会在各企业中建立"全心全意依靠工人阶级办企业"制度，全县有52家企业建立了"依靠"制度。该年年底，14个乡镇基层工会全部恢复。

1999年，市总工会开展"组织建设年"活动。市委召开全市新建企业工会工作会议，各县、区委主管副书记参加会议并做表态。

2000年5月，县总工会启动全县机关企事业单位工会会员普查，为工会会员更换了会员证。与此同时，积极发展工会新会员。

2002年8月，实行机构改革，对乡镇工会主席进行了调整。同年，县总工会通过验收，认定县第一瓷厂等42个基层工会为2001年度"模范职工之家"。

2004年，县总工会按照省、市总工会部署，开展"基层组织建设年"活动，制订了《关于开展"基层组织建设年"活动的实施方案》，提出了全县工会组织覆盖率达到80%、非公企业工会组建率达到75%、改制企业工会组织的确认和重建率达到100%、2家以上非公企业达到"劳动关系和谐企业"资格认定标准等工作目标。县委、县政府高度重视，成立了以县委副书记和政府副县长为正副组长的"阳原县基层工会组建工作领导小组",各乡镇党委与县委签订了工会组织建设责任书。该年,西城镇被省总工会授予"基层组织建设先进单位"称号。2005年,全县有基层工会396个,工会会员21015人,占职工总数的81.7%,其中,非公有制经济单位工会组织145个,工会会员5544人,占职工总数的71.8%。2006年,11个乡镇更换了工会主席。

2008年,县总工会重新制定《深入开展建设"职工之家"活动的实施细则》,继续推动全县各基层工会在新形势下强化"职工之家"建设活动,把广大职工的智慧和力量凝聚到为搞好企业、加强事业和机关建设做贡献上来。

2009年,根据省、市关于成立乡镇总工会的精神,经县委同意,县总工会会同县委组织部制定了《关于推进乡镇总工会建设的实施方案》和《关于进一步加强党建指导员和工会组织队伍的实施意见》。年末,全县14个乡镇全部建立了总工会。100多个单位获得了县"模范职工之家"称号,县地税局等30个单位被授予省、市"模范职工之家"称号。

2017年,全县工会组织有316家,工会会员24864人。2018年,基层工会组织316家,工会会员发展到34512人。2018年,东城镇总工会、揣骨疃镇总工会和化稍营镇总工会被评为"张家口市基层工会规范化建设优秀单位"。2019年,西城镇总工会、要家庄乡总工会、高墙乡总工会和马圈堡乡总工会被省总工会命名为"河北省基层工会规范化建设优秀单位"。

2022年,全县有基层工会组织316家,工会会员34864名,其中7200名工会会员进行了实名制网上注册。阳原县基层工会组织情况见下表:

图2-1 化稍营镇总工会农民工服务站

部分年份阳原县基层工会组织情况一览表

年份	职工人数 总数	其中女职工	基层工会（个）	会员人数 总数	其中女会员	工会小组（个）	专职工会干部
1952	1205	—	15	578	—	56	3
1954	—	—	33	1150	—	—	—
1957	1791	—	—	1613	—	—	—
1963	2776	—	63	1980	—	—	4
1973	8039	—	46	2800	—	250	5
1978	8374	—	121	3100	—	280	5
1980	6012	—	157	5167	—	309	8
1981	8375	2308	132	5120	1300	311	10
1982	7807	2194	124	4996	1167	317	9
1984	9727	2224	106	7115	1705	508	11
1985	11445	2333	106	7115	1808	466	10
1986	10909	2911	116	8618	2480	588	10
1987	11334	2787	125	9261	2403	527	12
1988	10662	2764	130	9424	2493	532	17
1989	9787	3384	124	9297	3214	432	39
1990	10265	3495	127	9751	3320	438	46
1991	10581	3876	132	10051	3682	446	48
1992	10947	1953	128	10399	3755	449	54
1993	11502	4026	132	10926	3824	457	56

注：本表取自《阳原县志》（新中国成立后首志），部分数字不详。

2005年阳原县工会组织及会员分布一览表

系统＼项目	职工人数 总数	其中女职工	会员人数 总数	其中女职工	基层工会	工会小组	专职工会干部
经贸	4952	1806	2852	1600	8	50	10
供销	2915	1633	2808	1513	24	78	11
金融	309	191	287	173	6	32	7
教育	3320	1501	3315	1501	36	380	54

续表

项目 系统	职工人数 总数	职工人数 其中女职工	会员人数 总数	会员人数 其中女职工	基层工会	工会小组	专职工会干部
卫生	572	281	508	260	5	54	5
粮食	456	139	389	127	12	39	9
商业	1725	1033	1680	923	22	115	23
文化	631	398	512	335	8	35	1
非公经济单位工会	7723	3960	5544	2154	145	372	19
直属基层工会	3120	1003	3120	1003	65	195	14

阳原县部分基层工会一览表

基层工会名称	时段	负责人姓名	备注
蔚（县）广（灵）阳（原）矿区工会	1949.12—	薛存堂	
西城区联合工会	1950.6—	高世明	
东城区联合工会	1950.6—		
东井集区联合工会	1950.6—	王道新	
阳原县手工业联合工会	1950.6—		
中共阳原县委工会	1951—		
阳原县人民政府工会	1951—		
阳原县教育工会委员会	1950.12—	薛孝铮	
		刘成	1965年在岗，任期不详
	1987—1997.2	杨得谟	
	1997.7—2011.3	刘永庆	
	2011.3—2018.8	杜世祥	
	2021.8—2023.4	王峻利	
	2023.4—	李彦军	

续表

基层工会名称	时段	负责人姓名	备注
阳原县经贸局工会委员会	1990—	温品	
		张秀举	
		郝贵富	
	2005.4—2008.7	王首东	
	2012.12—2014.7	杨义杰	
	2014.7—	张生	
阳原县交通系统工会委员会	—2012.5	贾正龙	
	2012.5—	亢学文	
		张学东	
		禹卫东	
		张育宏	
阳原县供销合作社工会委员会	1991—	李晓玲	
	2000—	刘贵永	
阳原县粮食系统工会委员会	1990—	李仲武	
		王永珍	
		张桂花	
		陈建明	
阳原县私营企业工会联合会			2000年6月成立

阳原县省、市"模范职工之家（小家）"名表

单位名称	获得称号	授予单位	授予时间	备注
东城中学工会	张家口地区"模范职工之家"	张家口地区总工会	1988年	
阳原县机械厂工会	河北省"模范职工之家"	河北省总工会	1993年	2007年改制后称阳原县泥河湾机械有限公司
	河北省"模范职工之家"	河北省总工会	1998年	

续表

单位名称	获得称号	授予单位	授予时间	备注
阳原县烟草专卖局工会	张家口市"模范职工之家"	张家口市总工会	1995 年	2006 年改制后称阳原县卷烟经销部
揣骨疃供销社工会	张家口市"模范职工之家"	张家口市总工会	1995 年	
阳原县瓷厂工会二车间分会	张家口市"模范职工之家"	张家口市总工会	1995 年	1998 年企业破产
阳原县农业机械公司工会	张家口市"模范职工之家"	张家口市总工会	1995 年	2000 年企业停产
阳原县地毯厂工会小组	张家口市"模范职工之家"	张家口市总工会	1995 年	2000 年企业停产
高墙中心校工会	张家口市"模范职工之家"	张家口市总工会	1995 年	
阳原县揣骨疃供电公司	河北省"模范职工之家"	河北省总工会	1995 年	
阳原县化稍营信用社工会小组	河北省"模范职工之家"	河北省总工会	1996 年	
阳原县第一瓷厂工会	张家口市"模范职工之家"	张家口市总工会	1998 年	2007 年改制后称阳原县瑞克陶瓷有限公司
阳原县职教中心工会	张家口市"模范职工之家"	张家口市总工会	1998 年	
阳原县第二瓷厂一窑务车间工会	张家口市"模范职工之家"	张家口市总工会	1998 年	2007 年瓷厂改制后称阳原县泥河湾陶瓷有限公司，2008 年停产
揣骨疃供销合作社工会	张家口市"模范职工之家"	张家口市总工会	1998 年	2000 年停业

续表

单位名称	获得称号	授予单位	授予时间	备注
阳原县工商银行工会	河北省"模范职工之家"	河北省总工会	1998年	
阳原县财政局工会	张家口市"模范职工之家"	张家口市总工会	2003年	
	河北省"模范职工之家"	河北省总工会		
河北省通信公司阳原县分公司工会	张家口市"模范职工之家"	张家口市总工会	2003年 2007年	2008年由联通公司兼并后称中国网络集团工会阳原县委员会
阳原县盈信公司工会	河北省"模范职工之家"	河北省总工会	2003年	
阳原县燎原水泥厂工会	河北省"模范职工之家"	河北省总工会	2003年	
阳原县交通局工会	张家口市"模范职工之家"	张家口市总工会	2003年	
阳原县第一中学办公室工会小组	张家口市"模范职工之家"	张家口市总工会	2003年	
阳原县第一瓷厂工会一窑务车间分会	张家口市"模范职工之家"	张家口市总工会	2003年	2007年瓷厂改制后称阳原县瑞克陶瓷有限公司
阳原县地税局工会	张家口市"模范职工之家"	张家口市总工会	2005年	
	河北省"模范职工之家"	河北省总工会		
阳原县招待所工会	河北省"模范职工之家"	河北省总工会	2007年	

续表

单位名称	获得称号	授予单位	授予时间	备注
阳原县农村信用合作社工会	张家口市"模范职工之家"	张家口市总工会	2007年	
阳原县供电公司工会	张家口市"模范职工之家"	张家口市总工会	2007年	
张家口市华益皮草有限公司工会	张家口市"模范职工之家"	张家口市总工会	2007年	设在阳原县
阳原县雅发煤炭销售有限公司工会	张家口市"模范职工之家"	张家口市总工会	2007年	
阳原县地税局工会	河北省"模范职工之家"	河北省总工会	2008年	
阳原县新华书店工会	河北省"模范职工之家"	河北省总工会	2010年	
建设银行阳原支行工会	河北省"模范职工之家"	河北省总工会	2010年	
阳原县兴原铸造厂工会	河北省"模范职工之家"	河北省总工会	2010年	
阳原县禾正电力工会	河北省"模范职工之家"	河北省总工会	2010年	
阳原县第一中学工会	河北省"模范职工之家"	河北省总工会	2010年	
阳原县第二中学工会	河北省"模范职工之家"	河北省总工会	2010年	
阳原县第三中学工会（小家）	河北省"模范职工之家"	河北省总工会	2010年	
阳原县人民医院工会	河北省"模范职工之家"	河北省总工会	2010年	
阳原县屈式编织工会	河北省"模范职工之家"	河北省总工会	2010年	

续表

单位名称	获得称号	授予单位	授予时间	备注
阳原县第二中学教师技能装备处工会（小家）	河北省"模范职工之家"	河北省总工会	2010年	
阳原县东井集卫生院工会	河北省"模范职工之家"	河北省总工会	2011年	
阳原县西城镇供电公司工会（小家）	河北省"模范职工之家"	河北省总工会	2011年	
阳原县林业局工会	河北省"模范职工之家"	河北省总工会	2013年	
阳原县要家庄乡总工会	河北省"模范职工之家"	河北省总工会	2013年	
阳原县化稍营镇供电公司工会（小家）	河北省"模范职工之家"	河北省总工会	2013年	
阳原县自来水公司工会（小家）	河北省"模范职工之家"	河北省总工会	2013年	
阳原县弘阳机械厂工会	河北省"模范职工之家"	河北省总工会	2013年	
阳原县飞龙家居公司工会	河北省"模范职工之家"	河北省总工会	2013年	
阳原县井儿沟乡总工会	河北省"模范职工之家"	河北省总工会	2019年	
阳原县东坊城堡乡总工会	河北省"模范职工之家"	河北省总工会	2019年	
阳原县西城镇总工会	河北省"模范职工之家"	河北省总工会	2019年	
阳原县马圈堡乡总工会	河北省"模范职工之家"	河北省总工会	2019年	
阳原县社保局工会	河北省"模范职工之家"	河北省总工会	2019年	
阳原县网通公司工会	河北省"模范职工之家"	河北省总工会	2019年	

2022年12月阳原县基层工会组织一览表

阳原县人民代表大会常务委员会办公室工会委员会
中国人民政治协商会议河北省阳原县委员会工会委员会
中共阳原县委办公室工会委员会
阳原县民兵训练基地工会委员会
阳原县信访局工会委员会
中共阳原县委组织部工会委员会
中共阳原县委宣传部工会委员会
中共阳原县委统战部工会委员会
阳原县纪检委工会委员会
中共阳原县委机构编制委员会办公室工会委员会
阳原县档案馆工会委员会
阳原县委党校工会委员会
中共阳原县委县直机关工作委员会工会委员会
阳原县国防教育办公室工会委员会
阳原县发展和改革局工会委员会
阳原县投资促进中心工会委员会
阳原县毛皮产业发展中心工会委员会
中共阳原县委政法委员会工会委员会
阳原县公安局工会委员会
阳原县公安交通警察大队工会委员会
阳原县委网络安全和信息化委员会办公室工会委员会
阳原县民政局工会委员会
阳原县司法局工会委员会
阳原县财政局工会委员会
阳原县审计局工会委员会
阳原县人力资源和社会保障局工会委员会
阳原县社会养老保险事业管理中心工会委员会
阳原县就业服务中心工会委员会
阳原县自然资源和规划局工会委员会

续表

阳原县农业农村局工会委员会
阳原县水务局工会委员会
阳原县住房和城乡建设局工会委员会
阳原县交通运输局工会委员会
阳原县工业和信息化局工会委员会
阳原县文化广电和旅游局工会委员会
阳原县融媒体中心工会委员会
阳原县教育体育和科学技术局工会委员会
阳原县东井集镇东井集中心学校工会委员会
阳原县东井集镇小石庄中心学校工会委员会
阳原县要家庄乡要家庄中心学校工会委员会
阳原县第四中学工会委员会
阳原县西城镇北关中心学校工会委员会
阳原县西城镇黄粮坡中心学校工会委员会
阳原县东坊城堡乡东坊城堡中心学校工会委员会
阳原县井儿沟乡井儿沟中心学校工会委员会
阳原县东城镇东城中心校工会委员会
阳原县东城镇七马坊中心学校工会委员会
阳原县三马坊乡三马坊中心学校工会委员会
阳原县化稍营中心学校工会委员会
阳原县泥河湾中心学校工会委员会
阳原县高墙乡金家庄中心学校工会委员会
阳原县大田洼乡大田洼中心学校工会委员会
阳原县辛堡乡辛堡中心学校工会委员会
阳原县辛堡乡南辛庄中心学校工会委员会
阳原县马圈堡乡马圈堡中心学校工会委员会
阳原县浮图讲乡浮图讲中心学校工会委员会
阳原县揣骨疃镇揣骨疃中心学校工会委员会
阳原县教师进修学校工会委员会
阳原县第一中学工会委员会

续表

阳原县第二中学工会委员会
阳原县第三中学工会委员会
阳原县职业技术教育中心工会委员会
阳原县东城镇初级中学工会委员会
阳原县化稍营中学工会委员会
阳原县县直机关幼儿园工会委员会
阳原县特殊教育学校工会委员会
阳原县实验小学工会委员会
阳原县第二实验小学工会委员会
阳原县第三实验小学工会委员会
阳原县第四实验小学工会委员会
阳原县第二幼儿园工会委员会
阳原县第五实验小学工会委员会
阳原县卫生健康局工会委员会
阳原县人民医院工会委员会
阳原县中医院工会委员会
阳原县妇幼保健院工会委员会
阳原县疾病预防控制中心工会委员会
阳原县卫生监督所工会委员会
阳原县市场监督管理局工会委员会
阳原县人民法院工会委员会
阳原县统计局工会委员会
阳原县应急管理局工会委员会
阳原县煤炭安全监管服务中心工会委员会
阳原县机关事务管理中心工会委员会
阳原县人民政府机关工会委员会
阳原县公共资源交易中心工会委员会
阳原县行政审批局工会委员会
阳原县医疗保障局工会委员会
河北泥河湾遗址群保护区管理委员会工会委员会

续表

阳原县泥河湾管理办公室工会委员会
阳原县乡村振兴局工会委员会
阳原县总工会机关工会委员会
中国共产主义青年团阳原县委员会工会委员会
阳原县妇女联合会工会委员会
阳原县工商业联合会工会委员会
阳原县文学艺术界联合会工会委员会
阳原县红十字会工会委员会
阳原县残疾人联合会工会委员会
阳原县接待服务中心工会委员会
阳原县化稍营镇总工会
阳原县高墙乡总工会
阳原县大田洼乡总工会
阳原县东城镇总工会
阳原县井儿沟乡总工会
阳原县东坊城堡乡总工会
阳原县要家庄乡总工会
阳原县东井集镇总工会
阳原县揣骨疃镇总工会
阳原县浮图讲乡总工会
阳原县马圈堡乡总工会
阳原县辛堡乡总工会
阳原县西城镇总工会
阳原县三马坊乡总工会
河北阳原经济开发区管理委员会工会委员会
阳原县供销合作社联合社工会委员会
阳原县退役军人事务局工会委员会
阳原县裕宏运输有限公司工会委员会
阳原县保障性住房管理中心工会委员会
阳原县房产交易中心工会委员会

续表

阳原县人民检察院工会委员会
阳原县园林绿化管理处工会委员会
阳原河畔种植专业合作社工会委员会
河北泥河湾遗址群保护区管理委员会工会委员会
阳原鑫龙养殖专业合作社工会委员会
阳原县井儿沟中心卫生院工会委员会
阳原县兴达奶牛养殖专业合作社工会委员会
阳原县供水总公司工会委员会
好帮手家政服务有限公司工会委员会
阳原县西城镇青禾琴行工会委员会
阳原县建阳环境卫生保洁有限公司工会委员会
阳原县惠风物业管理有限公司工会委员会
阳原县城市管理执法大队工会委员会
阳原县疾控中心工会委员会
张家口市生态环境局阳原县分局工会委员会
阳原县科技培训中心工会委员会
阳原县第四建筑有限公司工会委员会
张家口易源北魏温泉有限公司工会委员会
阳原县企业煤炭办工会委员会
阳原县征收中心工会委员会
阳原县永兴种植专业合作社工会委员会
阳原县卫生监督所工会委员会
阳原县风光河谷能源开发有限公司工会委员会
张家口市开阳滩林场工会委员会
阳原县保安服务有限公司工会委员会
阳原县欧歌森雅艺术培训学校工会委员会
阳原县西城镇梅兰家居生活馆工会委员会
阳原县地震局工会委员会
阳原县揣骨疃中心卫生院工会委员会
阳原县化稍营中心卫生院工会委员会

续表

阳原县西城中心卫生院工会委员会
阳原县东井集中心卫生院工会委员会
阳原县要家庄中心卫生院工会委员会
阳原县东城中心卫生院工会委员会
阳原县李佳皮草进出口有限公司工会委员会
阳原县金生源皮草有限公司工会委员会
阳原县众腾电器有限公司工会委员会
阳原县曲美家居工会委员会
阳原弘州交通建设有限公司工会委员会
阳原源泰人力资源有限责任公司工会委员会
河北彩庭家居工会委员会
阳原县食品公司工会委员会
阳原县弘阳机械厂工会委员会
中国人民银行阳原县支行工会委员会
阳原县银泰商业有限公司工会委员会
中国联合网络通信有限公司阳原县分公司工会委员会
阳原县燎原建筑有限责任公司工会委员会
阳原县三义庄有限公司工会委员会
阳原县水利开发中心工会委员会
阳原县新世纪电器公司工会委员会
阳原县飞龙家具有限公司工会委员会
中国农业发展银行阳原县支行工会委员会
河北阳原农村商业银行股份有限公司工会委员会
阳原县众义亨通运输有限公司工会委员会
阳原县弘福工矿机械有限公司工会委员会
中国建设银行股份有限公司阳原支行工会委员会
张家口正奥新农业集团有限公司工会委员会
阳原县盐业公司工会委员会
张家口市新华书店有限责任公司阳原分公司工会委员会
阳原县当代电影院工会委员会

续表

阳原县舍人庄村砖厂工会委员会
阳原县第二建筑工程有限公司工会委员会
阳原县第一建筑建材工业总公司工会委员会
阳原县供电公司工会委员会
河北省广电信息网络集团股份有限公司阳原分公司工会委员会
阳原东润新能源开发有限公司工会委员会
阳原县新的社会阶层人士联谊会工会委员会
阳原慈善义工联合会工会委员会
阳原县乒乓球协会工会委员会
阳原县金源加油站工会委员会
阳原县京同加油站工会委员会
阳原县化稍营建忠加油站工会委员会
阳原县中心加油站工会委员会
阳原县东井集镇华西加油站工会委员会
阳原县智能双语幼儿园工会委员会
阳原县惠民大药房工会委员会
阳原县浮图讲乡弘源花卉苗木培育有限公司工会委员会
阳原县和成物资经销有限公司工会委员会
阳原县月童农贸商贸有限公司工会委员会
阳原县京原煤炭运销有限公司工会委员会
阳原县荣泰农牧有限公司工会委员会
阳原县东井集顺运煤炭有限责任公司工会委员会
阳原县志清养殖有限公司工会委员会
阳原县绿晟园农牧科技有限公司工会委员会
阳原宾馆工会委员会
阳原县森雅皮草有限责任公司工会委员会
阳原县宴宾楼饭店有限公司工会委员会
阳原县顺达公路工程队工会委员会
阳原县金锁安防工程有限公司工会委员会
阳原县路畅公路工程有限公司工会委员会

续表

张家口天诺农业发展有限公司工会委员会
阳原县润宇建筑工程有限公司工会委员会
阳原旭源新能源科技有限公司工会委员会
阳原小长梁自来水有限责任公司工会委员会
阳原盛璟新能源科技有限公司工会委员会
阳原县华益皮草有限公司工会委员会
阳原县兴园绿化有限公司工会委员会
阳原县乾元能源有限公司工会委员会
阳原瑞雪毛皮有限公司工会委员会
阳原县三进食品有限公司工会委员会
阳原县裕宏运输有限公司工会委员会
阳原县众鑫皮草有限公司工会委员会
阳原县膨润土有限公司工会委员会
阳原县龙山石料有限公司工会委员会
阳原县三马坊康路温泉度假村工会委员会
阳原县公共交通有限公司工会委员会
北京东方浩然煤炭经销有限公司阳原分公司工会委员会
河北龙凤山炉料有限责任公司（阳原）配货分公司工会委员会
阳原旭源新能源科技有限公司工会委员会
河北三只袋鼠电子商务有限公司工会委员会
河北淘购电子商务有限公司工会委员会
中商全联阳原能源有限公司工会委员会
阳原县炎桦裘皮有限公司工会委员会
张家口有爱健康医疗咨询服务有限公司工会委员会
阳原县网库信息技术有限公司工会委员会
阳原县弘运出租车客运服务有限责任公司工会委员会
阳原县屈氏皮草有限公司工会委员会
张家口大地建材科技有限公司工会委员会
张家口市创美农业开发有限责任公司工会委员会
嘉博文养地科技阳原有限公司工会委员会

续表

张家口市通天矿业有限公司工会委员会
阳原正隆房地产开发有限责任公司工会委员会
阳原县泰康养殖设备有限公司工会委员会
阳原雅涛园艺工程有限公司工会委员会
阳原县百通运输有限公司工会委员会
阳原县景泰房地产开发有限公司工会委员会
张家口市华工建设有限公司阳原分公司工会委员会
河北省阳原通源煤炭公司工会委员会
阳原国际裘皮城有限公司工会委员会
阳原县润宇建筑工程有限公司工会委员会
阳原县中广农产品贸易有限公司工会委员会
阳原县华福商贸有限责任公司工会委员会
张家口市灏城农业科技有限公司工会委员会
阳原县当代农林科技有限公司工会委员会
阳原县利达电器经销有限公司工会委员会
张家口通泰运输集团有限公司阳原分公司工会委员会
阳原县众发煤炭经销有限公司工会委员会
阳原县东井集镇宏远农贸大市场工会委员会
张家口伸科化工有限公司工会委员会
张家口太诺新能源科技有限公司工会委员会
阳原县榆条沟九年一贯制学校工会委员会
阳原县绿思源养殖专业合作社工会委员会
阳原县百信蔬菜种植专业合作社工会委员会
阳原县籍箕疃生猪养殖专业合作社工会委员会
阳原县农友蔬菜种植专业合作社工会委员会
阳原县众和养殖合作社工会委员会
阳原县农业专业合作社工会委员会
阳原县润田农业合作社工会委员会
阳原县化稍营天诺畜禽养殖合作社工会委员会
阳原县化稍营富兴养殖合作社工会委员会

续表

阳原县泥河湾绿色蔬菜种植专业合作社工会委员会
阳原县化稍营天诺种植专业合作社工会委员会
阳原县同富畜牧养殖专业合作社工会委员会
阳原县兴达奶牛养殖专业合作社工会委员会
阳原县化稍营五丰种植专业合作社工会委员会
阳原县化稍营禾穗种植专业合作社工会委员会
阳原县牧丰养殖专业合作社工会委员会
阳原县旺蔬菜种植专业合作社工会委员会
阳原县建宏养殖专业合作社工会委员会
圣源养殖专业合作社工会委员会
益惠农专业合作社工会委员会
兴祥养殖专业合作社工会委员会
阳原县诚信菊芋种植专业合作社工会委员会
阳原县西城福昌超市工会委员会
阳原县西城爱好文体店工会委员会
阳原县西城稻花香经销店工会委员会
阳原县西城锦平电器销售维修中心工会委员会
阳原县西城稻米香礼品中心工会委员会
阳原县西城纽罗滨蛋糕屋工会委员会
阳原县西城肤之恋内衣店工会委员会
阳原县西城永盛烟酒特产粮油批发部工会委员会
阳原县西城清香草原特产经销部工会委员会
阳原县西城实佳批发部工会委员会
阳原县西城欧雅壁纸商店工会委员会
阳原县西城摄友广告图文设计店工会委员会
阳原县通达农机有限责任公司工会委员会
张家口明盛房地产开发有限公司工会委员会
阳原中明能源开发科技有限公司工会委员会
阳原晋通物流有限公司工会委员会
河北泥河湾农业发展股份有限公司工会委员会

续表

河北凯瑞皮草有限公司工会委员会
阳原中久能源开发科技有限公司工会委员会
阳原县风光河谷能源开发有限公司工会委员会
阳原华恒新能源开发有限公司工会委员会
阳原恒博新能源科技有限公司工会委员会
阳原国兴新能源科技有限公司工会委员会
阳原福源光伏有限公司工会委员会
阳原臻龙电力设备科技有限公司工会委员会
阳原县仁恒精细黏土有限责任公司工会委员会
阳原龙阳钙业有限责任公司工会委员会
阳原聚格光电科技有限公司工会委员会
阳原县盛汇源天然气有限公司工会委员会
河北连顺农业发展有限公司工会委员会
阳原县兴安热力有限公司工会委员会
阳原县百惠皮毛制品有限公司工会委员会
阳原县东恒电子商务有限公司工会委员会
阳原县锦祥韵裘皮服饰有限公司工会委员会

第三章　系统工会

据《河北省阳原县组织史资料（1937—1987 年）》记载，1961 年至 1987 年，阳原县总工会下辖工业系统工会、财贸系统工会、商业系统工会、粮食系统工会、教育系统工会、卫生系统工会和县直机关工会。之后，增加交通系统工会。商业系统工会和粮食系统工会随着供销社和粮库等公营单位的解体而消失。

进入 21 世纪后，随着私营企业的增多，成立了阳原县私营企业工会联合会。

第一节　教育系统工会

阳原县教育工会成立于 1950 年 12 月，首任负责人薛孝铮。县教育工会成立之后，全县各区也成立了教育工会，工会工作由各区的视导员负责。

1958 年 4 月，县教育工会召开基层工会主席会议。会议通过"教育跃进"计划，29 名基层工会主席表态发言，西城、井儿沟两所小学工会向全县学校工会发出了友谊竞赛邀请。

1965 年，县教育系统工会由刘成主抓，在县工会办公，同时负责职工业余教育，有刘瑞喜等 2 名专职教师。

1983 年 10 月，在第八次全国职工代表大会上，阳原县金家庄小学工会主席张明昶被全国总工会命名为"优秀工会工作积极分子"。

1984 年 10 月，县教育系统工会召开基层工会主席、校长会议，研讨教育系统全面整顿基层工会组织和推行教工代表大会事宜。与会人员现场观摩了县第二中学首届教工代表会，听取了化稍营中心校推行教代会经验介绍。县委副书记张怀珍和县工会、县教育局负责人出席会议。

1985 年，全县教职工 2424 人，90%的教师家属无固定工作，教师工资微薄，655户教师年人均收入不足300元，生活十分艰苦。该年，县总工会与县教育工会在全县启动教师家属扶贫工作。一是筹措扶贫资金。到1988年，全县教育系统共筹集扶贫基金19.9864万元，争取到农业银行教师家属扶贫贷款150万元，争取到地区工会办事处无息贷款（周转金）4万元。县制定了《教师家属扶贫资金使用办法》，保障贷款、担保和偿还的良性循环。二是因地制宜，分类指导。在山区引导教师家属搞畜牧业和养殖业；在平川，引导教师家属大搞种植经济作物；在农村积极发展庭院经济，在集镇努力建立商业和皮毛加工点。到1989年年底，全县教师家属参加固定生产项目达10大类35项，从业1896人，纯收入77.5901万元。三是制定标准，配套政策。县工会联合有关部门制定了教师家属扶贫10条优惠政策。1994年，657名教师享受到政策优惠：131名山区教师享受了津贴补助；9名民办教师转为正式教师；140名教师家属优先办理了营业执照，并免收管理费和摊位费；土地管理部门优先为310名教师审批宅基地；劳动人事部门优先安排67名教师家属子女就业。县农业银行在严控贷款规模的情况下，优先为教师家属贷款45万元。

1987年6月，县教育工会主席杨得谟应邀参加了全国教育工会在哈尔滨市召开的教育扶贫现场会，并以《教工脱了贫，育人有奔头》为题做了书面经验介绍。1988年6月，河北省教委、省教育工会联合召开"河北省农村教师扶贫工作阳原现场经验交流会"，全国教育工会副主席范立祥、省总工会副主席李纯修、省教委副主任安效珍、省教育工会主席刘巧端、张家口地委副书记张成起、行署副专员陈亮等领导出席会议。同年9月11日，《光明日报》头版刊登了《阳原县积极做好教师家属扶贫工作》的文章。

图3-1　《光明日报》报道阳原县教师家属扶贫情况

12月，国家教委和全国教育工会转发了阳原县教师家属扶贫的工作经验。该年，县教育工会主席杨得谟被全国总工会授予"优秀工会工作者"称号。

1989年1月，县委、县政府召开了教师扶贫成果发布暨表彰大会，安排

12个单位介绍经验，阳原县教育工会等19个集体和8名校长、11名工会工作者、6名教师、13名教师家属受到了表彰。2月，县委、县政府召开劳动模范表彰大会，命名县教育工会为"成绩卓著单位"。10月，县教育工会主席杨得谟应邀出席了全国第二次农村教师家属扶贫工作四川省万县地区现场经验交流会，并在会上发言。

图3-2　阳原县教育工会主席杨得谟在全国第二次农村教师家属扶贫工作会议上发言

1990年，全县教职工2536人，其中民办教师503人，基层工会35个，工会小组125个。1991年，阳原县教育工会被全国教育工会命名为"农村教师家属扶贫先进集体"，4家全国性报刊、4家省级报刊和《张家口日报》都报道了阳原县教师家属扶贫的工作经验，承德地区教育工会和安徽省教育工会相继到阳原县参观学习。

1992年6月，阳原县退（离）休教育工作者协会成立。全国教育工会副主席范立祥、省总工会副主席李纯修、省教育工会主席刘巧端出席成立大会。同年7月，县教委、县总工会和县教育工会联合召开了深化农村教师家属扶贫理论研讨会，全国教育工会副主席张易安、省教育工会主席刘巧端出席会议。会议交流13篇论文，辑印成册。

1994年，县教育工会继续深入开展教师家属扶贫工作，全县346个教工家属和1483人通过发展养殖业、种植业、加工业摆脱了贫困。县总工会和教育工会会同有关单位联合制定了《关于农村教师家属扶贫工作优惠政策》，受到了上级部门的表彰和奖励。全县1100户教师家属从事扶贫生产项目53项，从业1709人，创收180万元，2724户教职工全部脱贫，年人均收入800元以上的有2153户，致富达标率达到89.8%，76人受到了市级以上表彰。开展教师家属扶贫，不仅改善了教职工的生活，还免除了教师的后顾之忧，扭转了教师"人在课堂心在家"的局面，有力地促进了全县教学质量的提升和县域经济的发展。

1997年10月，县教育工会又启动了教职工互助补充医疗保险试点工作，吸收教师会员近3000人，筹集互助金30余万元，从而为教职工发生意外事故或遭受自然灾害搭建起一条可靠的救助渠道。

第二节 私营企业工会联合会

2000年6月，阳原县私营企业工会联合会成立。

2001年，省总工会在私营企业县永盛纸箱厂召开工资集体协商现场经验交流会。

2005年，全县非公企业工会组织发展到145家。国能秦发煤炭运销有限公司、长城大酒店等工会组织，在企业中开展厂（店）务公开、集体合同、工资协商等工作。2004年和2005年，私营企业弘阳机械厂和阳原县燎原水泥有限公司相继被评为"张家口市劳动关系和谐企业"。

第四章　职工代表大会

职工代表大会是职工当家作主,参与决策管理、行使民主权利的权力机构。

第一节　全县职工代表大会

阳原县职工代表大会,于1952年召开首届首次大会,迄今共召开十七届次大会。历届大会情况分述如下:

第一届

第一届全县职工代表大会于1952年3月在县城召开。参加会议的职工代表有30多人。县委书记赵建国出席大会。此次会议,选举张荣喜为阳原县工会联合会主任。县工会联合会成立后,基层工会不再称工会联合会,而是根据行业性质称之为基层工会。

第二届

第二届全县职工代表大会于1953年12月25日至26日在县城召开。出席会议的职工代表有28人。会议选举产生县工会委员7人,张荣喜为主任,选举产生经费审查委员会委员5人,选举产生出席地区职工代表大会代表1人。

第三届

第三届全县职工代表大会于1954年4月13日至14日在县城召开。出席会议的职工代表有31人,列席会议8人。工会主任张荣喜作工作报告,会议号召全县职工群众开展总路线教育和工农联盟教育,选举张荣喜继任县工会联合会主任。

第四届

第四届全县职工代表大会于1956年召开。会议选举张荣喜继任县工会联合会主任。其他情况不详。

第五届

第五届全县职工代表大会于 1957 年 4 月 8 日至 10 日在县城召开。出席会议的职工代表有 34 人。会议选举产生阳原县工会联合会委员 11 人，张荣喜担任主席。

第六届

第六届全县职工代表大会于 1961 年 12 月召开。会议选举刘春秋为县工会联合会主席，郝雪英为副主席。

第七届

第七届全县职工代表大会于 1962 年 12 月召开。会议选举刘春秋继任县工会主席，郝雪英继任副主席。

第八届

第八届全县职工代表大会于 1963 年 12 月召开。会议选举刘春秋继任县工会主席，郝雪英继任副主席。

第九届

第九届全县职工代表大会于 1964 年 8 月召开。出席会议的职工代表有 108 人。会议选举刘春秋继任县工会主席，郝雪英继任副主席。

第十届

1968 年，成立了"革命工人代表联合会"，以此取代县工会，按顺序排为第十次代表大会。

第十一届

第十一届全县职工代表大会于 1973 年 6 月 10 日至 13 日在县城召开。出席会议的职工代表有 200 人。会上，贺登稳作题为《团结起来，为巩固无产阶级专政而斗争》的工作报告。会议选举产生本届代表大会委员 23 名，其中常委 9 名，人员为贺登稳、张荣喜、王佃俊、王桂兰、刑春梅、芦翠云、王才、李正贵（缺一人）。贺登稳担任主任，张荣喜和王佃俊（不驻会）担任副主任。

1975 年 1 月，召开十一届五次全委扩大会议，学习四届全国人大通过的新宪法和省、地总工会召开的全委扩大会议精神，研究全年工作。同年 7 月，召开十一届六次全委扩大会议，传达省委全会、省总工会四届四次全委会和地区工会全委扩大会议精神，总结上半年工作，研究部署下半年工作。

1976 年 4 月，召开第十一届七次全委扩大会议，学习中央文件和毛泽东主席指示，总结上半年工会工作。

1977 年 4 月，召开第十一届八次全委扩大会议。

第十二届

第十二届全县职工代表大会于 1979 年 4 月 11 日至 13 日在县城召开。参加会议的职工代表有 340 名。会上，肖丙清致开幕词，贺登稳作题为《全县工人阶级动员起来，为加速实现新时期的总任务而奋斗》的工作报告，张荣喜致闭幕词。会议选举产生 33 名委员，其中常委 13 人，人员为王文华、王泽恩、李正贵、白吉坦、肖丙清、张荣喜、杨兆全、芦翠云、徐福奎、薛建忠、陈树繁、温品、贺登稳。会议选举贺登稳担任主席，张荣喜、温品、肖丙清担任副主席。

第十三届

第十三届全县职工代表大会于 1983 年 8 月 2 日至 3 日在县城召开。出席会议的职工代表有 301 人。会议通过刘贵启代表上届委员会所作的《振奋精神，勇于创新，努力开创工会工作新局面》工作报告和张桂枝所作的《财务工作报告》。选举产生县工会委员会委员 22 人，其中常委 6 人，人员为白吉坦、王绪亮、王泽恩、刘贵启、张桂枝、李禄（暂缺 1 人）。刘贵启当选为主席，张桂枝当选为副主席。选举产生经费审查委员会，委员 6 人，张桂枝当选为主任，李禄当选为副主任。县委副书记卢政出席会议并作讲话。

第十四届

第十四届全县职工代表大会于 1987 年 8 月 11 日至 12 日在西城召开，出席会议的职工代表有 137 名。会议通过温和义代表上届委员会所作的《工作报告》和亢春梅所作的《财务预决算报告》。选举产生十四届工会委员会委员 21 人，其中常委 7 人，人员为王志有、李禄、杨德谟、温品、温和义、亢春梅、全凤恺。温和义当选为主席，亢春梅、全凤恺为副主席。选举产生经费审查委员会委员 7 人，主任常春贵，副主任李禄。张家口地区工会办事处主任陈景元，阳原县委书记李世清、县长卢政、县委副书记刘惠、县委常委组织部部长张文萍及县人大、政协、团县委、妇联、侨办等单位负责人出席会议。

1988 年 7 月，召开第十四届代表大会第二次会议，会议推选全凤恺、李子洪两人出席河北省第七次职工代表大会。

1989 年 3 月，召开十四届二次全委扩大会议，会议通过《关于动员全体职工深入开展"双增双节"运动的决议》。

第十五届

第十五届全县职工代表大会于 2003 年 9 月 25 日召开，出席会议的职工代表有 55 人。大会听取李永富所作的题为《努力实践"三个代表"，团结带领全县职工为全面建设小康社会而奋斗》的工作报告。选举产生第十五届职工代表大会委员会委员17名，人员为（以姓氏笔画为序）：石占山、申小兵、田建刚、刘永庆、李莉、李永富、李满仓、张秀文、宋瑞利、杨富、陈岚、陈晓东、武桂芳、贾正龙、唐利军、曹仲英、韩国才。

委员会召开第一次会议，选举产生常务委员9名，人员为（以姓氏笔画为序）：李莉、李永富、张秀文、陈岚、陈晓东、武桂芳、唐利军、曹仲英、韩国才。李永富当选为主席，韩国才、张秀文当选为副主席。选举产生经费审查委员会主任张秀文。县总工会内设机构为办公室（挂组宣民管部和经济法保部）。

第十六届

第十六届全县职工代表大会于2012年8月召开，应到职工代表108人，实到职工代表88人。会议选举产生第十六届职工委员会委员35人，人员为（以姓氏笔画为序）：于海琛、王义、王金生、王晓明、王艳霞、王新爱、王朋、石宝虎、朱永成、李有、刘来东、李宏宝、李树林、杜世祥、张秀文、杨志强、张青、苏泽宏、张炳才、周必林、亢学文、赵志军、郝志亮、郭志敏、赵岭、赵艳梅、郝铧、郭满仓、贾作梁、梁胜林、曹仲英、喇东升、韩丽、温国星、靳世彬。选举产生常委9人，人员为（以姓氏笔画为序）：王艳霞、王新爱、张秀文、张青、张炳才、赵艳梅、曹仲英、郭满仓、靳世彬。

本届总工会主席张炳才，常务副主席相继为郭满仓、杨正贵，副主席为张秀文、靳世彬、王首东。经费审查委员会主任张秀文。内设机构办公室（挂组宣民管部和经济法保部）。

第十七届

第十七届全县职工代表大会于2017年9月召开。应到职工代表108人，实到职工代表90人。县委常委、组织部部长韩俊峰，市总工会副主席高海林出席会议。会议选举产生第十七届职工委员会委员37人，人员为（以姓氏笔画为序）：王宝、王志军、王首东、王晓波、王铉裴、王继纲、王新爱、石利清、吉建忠、杜世祥、李玉喜、李永金、李江、杨旭军、杨志富、杨雁飞、张生、张志军、张青、张学东、张宜中、张彦强、张炳才、张淑平、陈冬梅、周凤宝、庞有锋、郑耀辉、赵江、赵春国、赵艳梅、禹佩伟、高翔、高智敏、唐利军、韩彦青、温国星。

选举产生常务委员11人，人员为（以姓氏笔画为序）：王首东、王新爱、石利清、张青、张炳才、陈冬梅、周凤宝、赵春国、赵艳梅、高智敏、温国星。

本届总工会主席张炳才，常务副主席王首东，副主席石利清、高智敏、赵春国（兼）、周凤宝（兼）、温国星（兼）。选举石利清为经费审查委员会主任。

根据县委 2018 年 8 月机构改革精神，2022 年 9 月，县编委批准县总工会内设机构为办公室和基层工作部，职工服务中心作为县总工会所属事业单位。

第二节　行业系统职工代表大会

1951 年 7 月，阳原县供销社召开第一届会员代表大会，出席会议的代表有 97 人。县社主任任寿增作《工作总结和安排》报告。会议选举产生理事会、监事会组成人员。县委宣传部部长韩晓川出席会议并讲话。

1954 年，阳原县教育工会召开第一次职工代表会。张家口地区教育工会副主任郭元出席会议并讲话。

1981 年，全县贯彻《国有企业职工代表大会暂行条例》，在饮食服务公司开展试点工作。

1993 年年底，经委、财贸、文教、农林牧水系统的 67 个单位，都建立了职工代表大会制度。

建立职工代表大会制度以后，各单位将职工代表大会作为协商、表决事关广大职工切身利益的重大事项的重要工作方式。

2004 年 3 月，阳原县第三中学召开第一届教职工代表大会。41 名正式代表全部参加，提交提案四十条，涉及教育、教学、管理、后勤保障、评优晋级、职工福利等方面。会议对提案给予明确答复，审议通过了考勤制度、中考奖励制度、非毕业年级教师年终考核办法、专业技术人员考核办法、专业技术职务评聘办法五项议案。2009 年 4 月，学校召开第二届职工代表大会，39 名正式代表参加，4 名非代表中层干部列席，会议收到提案三十六件，一一进行研究处理。

2022 年 1 月，县医院召开 2021 年度职工代表大会，医院领导班子全体成员、工会主席及 84 名职工代表参加。会议审议通过了院长张鑫所作的《阳原县人民医院 2021 年工作报告》、工会主席喇东升所作的《阳原县人民医院工会工作报告》和党总支书记周斌所作的《阳原县人民医院财务工作报告》。

第五章　工会经费

第一节　经费来源

　　工会经费来源原则上有五个渠道：一是工会会员缴纳的会费；二是建立工会组织的全民所有制和集体所有制企业事业单位、机关按每月全部职工工资总额的百分之二提取工会经费并税前列支；三是工会所属的企业、事业单位上缴的收入；四是人民政府的补助；五是其他收入。

　　阳原县工会系统的经费来源，主要有两个渠道：一是行政、企业基层单位工资总额百分之二税前列支；二是上级工会划拨的奖补资金和专项经费。县总工会的经费，依据全国总工会的有关规定，每月底按基层单位工会本月交缴工会经费的40%划拨。

　　1984年，由张家口地区工会办事处申报，省总工会为阳原县划拨18万元资金，用于建设职工俱乐部大楼（县工会办公楼）。1990年，地区工会办事处给阳原县工会拨款5万元，用于对职工俱乐部大楼进行加固。

　　1993年1月，县总工会执行新《工会法》工会经费规定，工会经费由收缴改为划拨。1994年，县总工会、县财政局转发了张家口市总工会、市财政局《关于财政直接划拨行政、事业、教育单位工会经费的通知》，凡是由财政拨款的行政、事业、教育单位按照应拨缴本单位工会经费总额40%，由财政统一按月划拨到县区总工会。县总工会根据统计全部职工人数、工资总额向县财政提供拨缴经费数据。

　　2005年10月，根据全国总工会财务部《关于委托税务部门代收工会经费手续费的补充规定》，县总工会和县地方税务局按照省、市文件精神，签订《委托代收工会经费协议书》，从待征范围、待征标准、交纳与管理、违规处理、双方责任等方面达成协议。从这一年开始，企业向县总工会上交经费由县地税局代收后转拨县总工会。2008年，工会经费总额为86.88万元，收缴率45%以上。县财政划拨工会经费55.776万元，划拨率100%。

2017年，县职工服务中心被省总工会评定为河北省示范性职工服务中心，省总工会划拨奖励资金80万元。

2018年4月，县财政局、县总工会联合下发《关于做好财政拨款的行政事业单位上解工会经费的通知》，要求按本单位全体职工工资总额的2%预算工会经费，列入财政预算；工会经费40%上解县总工会，60%留本单位工会管理使用。

2020年，县总工会得到上级划拨专项资金17.5752万元，其中中央专项资金9.2552万元（生活救助6.336万元，医疗救助2.9192万元），省级专项资金8.32万元（生活救助2.76万元，助学救助1.16万元，医疗救助4.4万元）。同年，县总工会职工服务中心被省总工会评为"河北省模范职工服务中心"，获得一次性工作经费补助30万元。

2022年，按照上级要求，阳原县筹建劳动公园，省、市总工会均给予20万元补助资金。

第二节　财务管理

1979年10月，县工会和县财税局联合下发通知，在全县范围内开展财务工作大检查。

1980年，县工会发出文件，在基层工会开展以收好经费为重点的工会财务工作百分赛。

1981年1月，县工会召开工会财务干部会议，评选出1980年度财务竞赛优胜单位予以奖励，并签订1981年度工会财务工作竞赛协议书。

1982年4月，县工会转发县糖业烟酒公司整顿财务工作经验材料，供全县各系统各单位工会学习。

1992年6月，县总工会对全县基层工会进行财务大检查和财产清查。

根据《工会法》《会计法》及上级工会财务管理规定，县总工会制定了《财务管理制度》和《财务人员工作守则》。工会财务工作坚持统筹兼顾、保证重点、量入为出、收支平衡和勤俭节约的原则，节约开支，提高经费的使用效益。会计人员按现行会计制度规定设置账户和账簿，负责对原始凭证和记账凭证进行稽核，发现账簿记录与实物、款项不符时，应按有关规定进行处理；无权自行处理的，应立即向经费审查委员会报告，请求查明原因，做出处理；对违反规划财务制度规定的收支不予办理。会计人员负责账簿、账表、账证核对，确保规划年度决算的真实，每年及时编报工会财务会计报表。及时做好会计凭证、账册、报表等财会资料的收集、汇编，协助档案管理员做好工会会计档案归档工作。工会经费使用严格执行国家财经政策、规定和开支范围、标准，认真执行工会财务制度，遵守财务纪律。坚持经费独立管理原则，工会经费开支由工会主席（常务副主席）"一支笔"审批。坚持预算管理原则，一切经费均纳入预算管理。严格按照工会经费开支范围使用工会经费，不得用于非工会活动开支；不得为单位和个人提供资金拆借、经济担保和抵押。确保工会经费重点用于维护职工权益、为职工服务和工会活动方面的开支。定期公开账目，接受会员监督和经审会审查。

第三节　经费使用

工会经费使用，主要用于职工业余教育费、宣传活动费、体育活动费、会员困难补助费和日常办公费。

按照上级工会要求，工会经费使用实行"面向基层、增强活力、服务职工、服务工会建设"的原则。

1981年，在张家口地区工会组织的财务竞赛中，阳原县工会获得了"财务竞赛优胜单位"。

人员供养经费。"文化大革命"前后，县工会人员较少，一直实行财政供养。1990年后，县工会人员全部实行自收自支。2012年后，县总工会人员开支实行县财政供养和自收自支两条渠道。

第四节　经费审查

县职工代表大会选举产生县工会经费审查委员会，经费审查委员会主任一般由县总工会副主席兼任。

经费审查委员的主要工作职责：依法对本级工会年度经费预算执行情况的真实性、合法性、合理性进行审计；对本级工会的基金、基建、投资进行专项审计。经审结果以书面形式向经审委员进行汇报，接受经审委员的审议，使经审委员能及时掌握真实情况，并充分发表意见，充分行使监督职能，完善和促进工会财务管理。按照工会经费使用管理制度，定期对工会经费收支情况进行审查监督，对全年的工会经费收支及使用情况进行审查并出具审查报告。促进工会财务规范化、公开化。坚持勤俭节约原则，管好、用好工会经费，提高经费使用效率。

2019年4月，县总工会举办基层工会财务经审培训班，邀请市总工会3位专业人员，就《河北省基层工会经费收支管理实施细则》《工会经审工作》《工会经费收管用》等内容进行培训，全县各乡镇总工会、基层工会主席和财务人员共计300多人参加培训。

图5-1 阳原县总工会举办基层工会财务经审培训班

2019年5月，阳原县总工会按照《中国工会审计条例》和省、市总工会要求，委托张家口鑫正会计师事务所有限责任公司对化稍营镇、东城镇、东井集镇、揣骨疃镇4镇总工会和县医院、住建局、国土局、林业局、交通局、第一中学、第三中学、县实验小学、第二实验小学9个单位工会2016年至2018年工会经费收支情况进行专项审计。阳原县总工会经费情况见下表：

阳原县总工会经费情况一览表

年度	财政划拨（万元）	税务代征（万元）	备注
1952	0.6007		
1953—1955			情况不详
1956	1.1944		
1957—1979			情况不详

续表

年度	财政划拨（万元）	税务代征（万元）	备注
1980	3.1605		
1981—1983			情况不详
1984	3.5		
1985—1987			情况不详
1988	8.1330		
1989	9.2462		
1990—1993			情况不详
1994	16.1500		
1995—1997			情况不详
1998	26.9862		
1999	29.1140		
2000	30.9583		
2001	23.4442		
2002	31.2829		
2003	35.6494		
2004	37.7800		
2005	46.0592	66.0999	2005年开始试行地税代征
2006	49.1705	78.9399	
2007	90.4457	40.9330	
2008	86.8834	31.5699	
2009	78.8731	23.5846	
2010	63.81	26.3863	
2011	71.28	34.3139	
2012	68.70	56.2794	
2013	58.0847	90.1900	
2014	62.5417	96.0510	
2015	55.8923	80.1266	
2016	126.5596	79.3864	

续表

年度	财政划拨（万元）	税务代征（万元）	备注
2017	146.8041	93.0719	
2018	189.9680	95.3989	地税合并
2019	178.29	150.4790	
2020	173.12	116.7376	
2021	163.29	116.5092	
2022	170.889	110.9298	

第六章　规范化建设

1976年，全县提出建设"职工之家"和"职工小家"，以此加强工会组织的规范化建设。此项工作得以延续。党的十一届三中全会之后，全县进一步加强"职工之家"建设。

1984年8月，县工会召开常委会，研究制定了《关于整顿基层工会组织开展"职工之家"活动的具体安排意见》和《关于建设"职工之家"标准的实施计划》，正式启动了"整组建家"三年行动。之后，县工会召开基层工会主席会议部署工作，确定县大修厂工会为工作试点。该年，全县有基层工会106个，9127名职工中有7115人是工会会员。年底，第一批整顿的58个基层工会，有45个验收合格。

1985年，县工会确定第二批"整顿建家"单位56个，年底全部通过达标验收。

1986年，全县114个基层工会基本达标，101个单位建成合格的"职工之家"。阳原县汽车站客运组受到全国总工会和国家经委的表彰，被命名为"模范班组"。同年12月，张家口地委宣传部、地区经委、工会办事处联合在阳原县召开班组思想政治工作会议，地委副书记张成起出席会议并讲话。会议要求全地区职工向阳原县汽车站客运组学习，开展好班组建设工作。

1987年，阳原县汽车站客运组被河北省总工会命名为"先进班组"。地区工会办事处命名阳原县汽车站客运组和西城供销社商场为"模范班组"。年底，全县达到合格"职工之家"标准的基层工会有108个，其中先进职工之家24个，模范职工之家14个。县瓷厂工会在建设"职工之家"活动中，注重抓职工思想工作，教育职工正确认识改革与企业发展的关系，举办"三年知道"展览，使职工了解企业现状和发展规划。在企业推行"满负荷"工作法之后，厂工会积极配合后勤部门抓生活、办食堂、搞好幼儿园，尽力为职工解除后顾之忧。还经常组织开展职工文体活动，活跃职工生活，培养了一支在全县很有影响的文艺宣传队和篮球队。县瓷厂工会被张家口地区工会办事处命名为"模范职工之家"。

1989年9月,县总工会召开工会工作理论研究会。同年9月,县总工会下发《关于继续开展建设"职工之家"活动的实施意见》。11月,县委召开工会工作会议,研究全心全意依靠工人阶级问题,张家口地区工会办事处主任陈景远出席会议。

在加强基层工会建设的同时,县总工会积极与基层党政领导联系,做好工会干部的推荐任用工作。一般较大单位系统由党政副职兼任工会主席。

1990年,经县委常委会研究同意,授权县总工会考察一批200人以上单位的专职工会主席。经县总工会考察,为县长城水泥厂、益民食品厂、交通局、县社、建筑公司、粮食局、县委机关配备了专职工会主席,并由县委下文确认。地区工会办事处以《情况通报》将这一做法转发全区。

1994年,县总工会采取"抓两头、带中间"的办法,加大"职工之家"建设力度。

1998年,按照省、市总工会工作部署,县总工会在各企业中建立"全心全意依靠工人阶级办企业"制度,全县有52家企业建立健全"依靠"制度。年底,14个乡镇基层工会全部恢复。在强化"职工之家"建设的过程中,采取"抓两头、带中间"的办法,对职工之家的软、硬件分别进行检查验收,针对个别单位重视不够等问题进行专项督查。当年,全县评出"模范职工之家"15个,"先进职工之家"28个,"合格职工之家"79个。县机械厂工会被河北省总工会评为"模范职工之家"。

2000年5月,启动全县机关企事业单位工会会员普查,更换会员证,发展新会员。

2002年8月,实行机构改革,对乡镇工会委员会主席进行调整。同年,县总工会通过验收,认定县第一瓷厂等42个基层工会为2001年度"模范职工之家"。

2003年1月,县总工会制定《目标管理考核办法》《领导干部廉洁自律实施意见》和《规范公务接待的实施意见》等多项制度。

2004年,县总工会按照省、市总工会部署,开展"基层组织建设年"活动。制订了《关于开展"基层组织建设年"活动的实施方案》,提出了全县工会组织覆盖率达80%、非公企业工会组建率达到75%、改制企业工会组织的确认和重建率达到100%、2家以上非公企业达到"劳动关系和谐企业"资格认定标准等目标。县委、县政府高度重视,成立以县委副书记和政府副县长为正副组长的"阳原县基层工会组建工作领导小组",各乡镇党委与县委签订工会组织建设责任书。同年 6 月，县制定《阳原县人民政府与县总工会联席会议制度》。西城镇被省总工会授予"基层组织建设先进单位"称号。该年，市总工会为各县、区安装了数据库系统，并对计算机操作人员进行了培训。

2005 年，县总工会与市总工会签订了加强工会基层组织建设目标责任书。该年，全县基层工会发展到 396 个，会员 21015 人，占职工总数的 81.7%，其中，非公有制经济单位工会 145 个，会员 5544 人，占职工总数的 71.8%。

2006 年，市总工会与市委组织部联合制定了《关于建立和完善非公有制经济组织"党建带动工建、工建服务党建、党建工建整体推进"工作机制实施意见》。阳原县总工会制订了《2006 年机关效能建设实施方案》。同年，阳原县 11 个乡镇更换工会主席。

2008 年，县总工会重新制定《深入开展建设"职工之家"活动的实施细则》，继续推动全县各基层工会在新形势下强化"职工之家"建设活动，把广大职工的智慧和力量凝聚到为搞好企业、加强事业和机关建设做贡献上来。

2009 年，根据省、市关于成立乡镇总工会的精神，经县委同意，县总工会会同县委组织部制订了《关于推进乡镇总工会建设的实施方案》和《关于进一步加强党建指导员和工会组织队伍的实施意见》。年末，全县 14 个乡镇全部成立总工会。有 100 多家单位获得县"模范职工之家"称号，县地税局等 30 个单位被授予省、市"模范职工之家"称号。

2009 年 10 月，县总工会通过河北省总工会县级工会规范化建设达标验收。规范化建设达标材料整理成册，共计 6 册。

2017 年，总工会制定会议议事规则、公务活动、公文办理、干部人事管理、民主集中制建设、工作学习培训、财务、经审、资产管理等工作制度 10 多项。该年，县总工会规范化建设通过省总工会达标验收，并评为"县级工会规范化建设优胜单位"，县职工服务中心被省总工会评定为"示范性职工服务中心"。2018 年，总工会将规范化建设材料整理成册，共计 8 册。

2020 年，县职工服务中心又被省总工会评定为"模范职工服务中心"。

2022 年，阳原县总工会被市总工会确定为"提升职工生活品质试点"。

第四编 04 工会工作

工会组织是党联系广大职工的桥梁纽带,是工会会员和广大职工的利益代表者和权益维护者。工会组织的基本职责和主要工作,就是在党的领导下,服务于发展大局,服务于职工群众,自觉维护广大职工的合法权益。

第一章 劳动保障

第一节 职工劳动

1951年,县工会筹委会一手抓发动群众建立工会组织,一手抓宣传党的劳资政策,提出"劳资两利、提高技术、发展生产、节约原料"这一口号。

1958年1月,县工会召开工作会议,传达张家口地区工会工作会议精神,讨论通过第一季度工作计划,确定贯彻"勤俭建国、勤俭持家、勤俭办一切事业"的方针,掀起整改、生产和爱国主义卫生运动高潮。

1983年,县工会响应省委、省政府"振作精神、振兴河北"的号召,在全县职工中开展"大干九十天,反浪费、挖潜力、增效益,每人增收节支100元"活动。

1987年8月,张家口地区工会办事处召开"双增双节"成果发布会,阳原县工会副主席亢春梅出席会议并提交了《围绕中心,发挥优势,抓好双增双节运动》经验材料。

1991年3月,县工会动员全县职工在"质量、品种、效益年"中大显身手,建功立业。

到了20世纪90年代后期,全县公办企业普遍趋于衰落,集体性的职工劳动随之减少。

第二节 劳动竞赛

新中国成立初期,阳原县工业和手工业很不发达,且处于对资本主义工商业改造阶段,故在工业企业中开展的劳动竞赛活动较少。

1952年4月24日至30日，县工会联合会组织开展了"增产节约竞赛周"活动。该年，县保险公司和药店、油业（榨油）工会持续开展"增产节约"竞赛活动，取得了明显的成效。县制定的行政任务为8000万元（旧币），实际完成1.104亿元（旧币），超额完成了任务指标的25.3%。

1953年，县工会联合会在金融、贸易、合作社系统发动职工开展爱国主义竞赛运动，目的是超额完成购销任务，发展工农业生产、沟通城乡交流，支援国家经济建设和"抗美援朝"。搬运工会开展了以爱护国家财物，及时、准确、安全地开展工作为内容的增产节约竞赛运动。

1956年，县工会在百货、烟酒专卖、食品、纺织、金融、采购、粮食和农林牧水等单位开展社会主义劳动竞赛和先进工作者评选活动。

从1958年开始，县工会在开展以"比先进、学先进、赶先进"为主要内容的社会主义劳动竞赛的基础上，又增加了"帮后进"和"超先进"两项内容，竞赛活动简称"比学赶帮超"。"文化大革命"期间，此项竞赛活动停止。

从1964年开始，县工会在全县工业企业中开展"工业学大庆"竞赛活动。

1977年，全国"工业学大庆"会议之后，全县工业系统掀起了"工业学大庆，赶开滦，普及大庆式企业"的活动高潮。县工会充分发动群众，广泛开展行业之间，厂与厂、车间与车间、班组与班组之间以及人与人之间的多种形式的社会主义劳动竞赛，制定了《关于开展社会主义劳动竞赛的试行意见》，确定了"赛学习，比联系实际；赛生产，比贡献；赛团结，比风格；赛管理，比遵守纪律"的竞赛内容。"五一"国际劳动节前，县工会发出庆祝"五一"国际劳动节通知，要求全县工业战线认真贯彻"鞍钢宪法"，深入开展行业之间、厂际之间、班组之间以及职工之间的多种形式的社会主义劳动竞赛，夺取劳动和生产新成绩。

1980年2月，县工会发出通知，要求"把工会工作真正转移到以生产为中心的轨道上来，把增产节约搞好"。同时制定了劳动竞赛和考评奖励办法。

1982年3月，县工会发出通知，在全县工矿企业职工中广泛开展先进班组竞赛活动。4月，县工会召开锅炉司炉工会议，制定了竞赛条件和规则，举办了竞赛活动。

1986年5月，县工会根据地区技术练兵、合理化建议领导小组的安排，在全县职工中开展了为实现"七五"计划建功立业的社会主义劳动竞赛。

20世纪80年代后期，县工会从改革开放和社会主义现代化建设的实际需要出发，确定合理的竞赛形式与内容，有效地调动广大职工群众的劳动积极性和创造性，大大提升了竞赛水平。

1991年，县工会动员全县职工在"质量、品种、效益年"中大显身手，建功立业。

1993年6月，县总工会在厂矿企业中开展了"大干一百天，人均利税增百元"的竞赛活动。

1994年，县总工会在广大职工中开展了以"一化（职工合理化建议）、三技（技术比武、技术练兵、技术协作）"为主要内容的社会主义劳动竞赛活动。在"我为搞活企业献一计"活动中，全县职工提出合理化建议1900条，被采纳450条，创造经济效益300多万元。此项活动安排受到了省、市总工会的表彰。

1995年5月，县总工会以劳动竞赛委员会的名义发文，在全县开展"学习邯郸经验，开展社会主义劳动竞赛"这一活动。1996年，在全县职工中又开展了"我为建设经济强县做贡献"的竞赛活动，号召每个职工提出一条合理化建议，每个职工增收1000元，每个职工节约100元，每个职工练好一项基本功或学会一门新知识、新技术。在活动中，全县评选出10个优胜单位、20个优胜车间（班组）、10名最佳主人和100名生产标兵，创造经济效益86万元。

1998年，全县开展了"保增长、保稳定、奋力决战百天"的竞赛活动，参赛单位有100个，参赛职工7300多人。县第一瓷厂、龙普陶瓷有限责任公司和县机械厂同时参加了张家口市的竞赛活动，受到了市总工会的表彰。同年7月，全县又开展了文明职工"六比六赛"活动（比理论学习好，赛思想观念强；比工作贡献大，赛主人翁意识强；比宗旨观念牢，赛道德风尚好；比法治观念强，赛维护职能好；比掌握知识多，赛职业技能高；比文体活动开展好，赛体魄健壮情操高），促使职工队伍在思想上做到"三个牢固树立"（牢固树立建设中国特色社会主义的共同理想，牢固树立坚持党的基本路线不动摇的坚定信念，牢固树立凝聚实干、艰苦创业的主人翁精神），行动上实现"两个明显提高"（以道德修养、科学文化水平、民主法治观念为主要内容的整体素质有一个明显提高，以积极健康、丰富多彩、寓教于乐、陶冶情操为主要目标的职工文化生活质量有一个明显提高）。活动结束后，评选出文明职工标兵100名予以表彰。

1999年，县总工会与安全生产主管部门联合开展"安康杯"竞赛活动，以此加强对职工安全生产技能的培训和对企业安全生产工作的监督，鼓励职工争当"能工巧匠"和"金牌工人"。在开展"工校企"联合技能培训服务中，县总工会联合县职教中心、劳动就业服务局和达鑫陶瓷等企业积极开展职工技能培训，先后举办培训班11期，培训职工2325人次。

2003年，阳原县突发"非典"（非典型性肺炎）疫情，县总工会按照一手抓"非典"防治，一手抓经济建设的指示精神，组织全县工业战线职工，开展以"抗非增效保过半"为主题的社会主义劳动竞赛，将"非典"产生的负面影响降到最低程度，从而实现了抗击"非典"和发展经济的"双赢"。

2009年5月，县总工会联合县发展改革局、县环境保护局、县建设局、中小企业局在全县组织开展了"同舟共济保增长，建功立业促发展"系列劳动竞赛活动。竞赛活动主要有三项内容：一是总工会与发改局、环保局共同制定了《关于组织开展"我为节能减排献一计"劳动竞赛活动实施意见》，9个节能减排重点乡镇和6个节能减排重点企业参赛。乡镇竞赛内容主要有比工作进度、比大局意识、比结构调整、比遵纪守法、比生态环保5个方面，企业竞赛内容主要有比工作进度、比管理水平、比技术进步、比降低排污、比降低消耗5个方面，并对参赛班组和参赛职工分别制定了竞赛内容。二是与建设局制定了《关于组织开展"三年大变样"2009年重点工程劳动竞赛活动的实施意见》，参赛范围为县城主城区"三年大变样"20个重点工程的所有施工单位及有关单位及其职工。竞赛主要内容：围绕加速推进"三年大变样"的总体要求，开展以"比工程质量、比工程进度、比安全生产、比技术创新、比节能降耗、比科学管理和创精品工程"的"六比一创"活动。按照"统一竞赛内容，统一启动时间，统一竞赛标识，统一表彰奖励"的方法扎实推进。三是与中小企业局共同制定了《关于组织开展"六比双赢争百强"劳动竞赛活动实施意见》，参赛范围为全县规模以上民营企业及所在企业的全体职工。竞赛主要内容为："六比"——比自主创新、比产品质量、比科学管理、比节能降耗、比安全生产、比诚信经营；"双赢"——实现企业增效、职工增收的"双赢"目标；"争百强"——参加每两年一届的河北省百强民营企业认定。全县80多家企业参加了三个系列的竞赛活动，涉及9个行业，参赛面达到85%，参赛职工10000多人。整个竞赛活动精心组织，加强领导，制度健全，措施落实，加大宣传，营造氛围，加强督查，务求实效，最大限度地激发了工人阶级在应对国际金融危机冲击、促进县域经济平稳较快发展中的主力军作用。

2017年以来，县总工会通过笔试和技能操作相结合的方式，相继举办全县卫生系统、电力行业和毛皮行业技能大赛，激励职工争创"工人先锋号"，争当"能工巧匠"和"金牌工人"。

2018年12月,县总工会提请县政府和市总工会联合举办了张家口市首届毛皮产业工匠人才职业技能大赛。120名毛皮产业职工参赛,分水貂拉尾、水貂整皮、水貂穿网、水貂整皮缝制、狐狸碎皮裁制和狐狸碎皮缝制六个小组进行比赛,选出36人获奖(金奖6人,银奖12人,优秀奖18人,分别给予每人2000元、1000元、500元的奖励),并由阳原县人才领导小组授予"毛皮产业优秀人才"称号。本次大赛由县委组织部和县总工会联合承办,阳原国际裘皮城和中国邮政储蓄银行阳原县支行协办。全市各县区总工会负责人参加。张家口市总工会党组书记、常务副主席张志刚出席活动仪式并讲话,阳原县政府县长李德致欢迎词。

图1-1 2018年全市首届皮毛加工技能大赛在阳原县举行

2019年9月,河北省职工技能大赛毛皮加工(貂皮)决赛在阳原县国际裘皮城举行。来自辛集、唐山、衡水、保定和张家口等地的6支代表队的34名工匠同台竞技,分为17个竞赛小组,最后决出团体前6名和个人前10名予以表彰奖励。决赛由河北省总工会、人力资源和社会保障厅、科学技术厅、工业和信息化厅、住房和城乡建设厅、农业农村厅、卫生健康委员会、气象局、地质矿产勘查开发局联合举办,张家口市总工会承办,阳原县总工会协办。

2022年,按照市总工会《关于在全市重点建设项目广泛开展"建功'十四五'、争当排头兵"劳动和技能竞赛的通知》,县总工会筛选了5个县级重点项目作为县级比赛项目。8月，在全县重点建设项目工地开展了钢筋工和木工技能大赛，50人参加决赛。

图1-2 2019年全省皮毛加工技能大赛决赛在阳原县举行

第三节 技术创新

1958年8月，县工会召开基层工会主席会议，42人参加。会议要求向职工群众宣传"总路线"，发动职工开展技术革命和文化革命，努力改良和制造工具，为实现县委提出的改良20万件工具任务而努力。

20世纪70年代，多数企业成立了技术科，把有一定专长特长的技术人员充实到技术科室。

20世纪80年代，各企业普遍配备了科技副厂长。县委、县政府制定了引进科技人才和科学技术的优惠政策，聘请清华大学等高等院校和科研单位，为工业企业举办陶瓷、化工、机械铸造和机电等技术培训班10多期，培训管理干部和技术人员1000多人次。聘请清华大学的专家、教授和研究生进行生产技术攻关，相继解决了地毯厂的染色、水泥厂的微机控制和生料配比、活性炭厂的节能和防治污染等技术难题。

1984年12月，成立了阳原县职工技术协作委员会，由17名委员组成，亢春梅担任主任，杨兆全和张栓庄担任副主任。

1987年，县工会在全县开展了"双增双节"（增产节约，增收节支）运动。为完成地区下达的双增双节70万元的任务，县成立了"双增双节"领导小组，在55个企业中开展了"百千万"（个人增百元、班组增千元，车间增万元）活动，"反浪费、算细账、查漏洞、挖潜力、献良策、增效益"活动和"五个一"（树理想，做一件好事；增活力，参加一项改革；当主人，提一条合理化建议；学本领，练好一门基本功；做贡献，人均增产一百元）活动，发动组织广大职工献计献策，挖潜革新，千方百计地增产增收，时时处处节约开支。这一年，全县增收节支95万元。县瓷厂三成型车间主任张喜玉，积极组织职工开展"双增双节"活动，制定了完善的规章制度，使产品合格率由厂部规定的90.5%提高到93%，开展创优夺高产以来，车间每月超产10万件青坯，获得高产奖840元，节约原辅材料价值14860元，获得分成节约奖1486元，被评为"生产节约标兵"。1990年，组织全县125个单位开展"双增双节"活动，增产节约资金91万元。

1992年，县政府聘请清华大学冯乃谦、李荣先等10名专家、教授为阳原县骨干企业的经济或技术顾问，分别与县瓷厂、机械厂、地毯厂、长城水泥厂等11个企业直接挂钩，为企业培训技术人才，解决技术难题。1993年，县委、县政府制定了《关于进一步依托高等院校发展县乡工业的意见》。

从2000年起，县总工会在全县企业和职工中开始实施"经济技术创新工程"。这年，全县78个企业1万多名职工参加了活动，创新成果22项，10300名职工提出合理化建议4150件，采纳实施890件。2002年，82家企业、11218名职工参加了活动，在全县培养创新带头人2名、安全示范岗一个，实现技术创新成果25项，创造经济价值50万元。

2003年，县龙普陶瓷有限责任公司进行成型滚压设备提效改造，收到减机减员、节约资金10万元的效果，通过原料滤泥用水技改和隧道窑余热节能改造，年节约资金19万元。

2004年，县总工会制订了《开展职工技术创新振兴工业企业活动实施方案》，动员、组织广大职工围绕振兴工业企业提建议、献良策、攻难关、增效益。创新内容主要有操作技能创新、工艺流程创新、产品开发创新、技术改造创新、经营管理创新和营销方式创新。基层工会实施群众性的技术创新活动和技术比武，按照本企业和本行业的技术标准，组织有关人员进行成果认定，评选出一等奖5名，二等奖10名，三等奖30名。全县参加此项活动的职工8000多人，提出合理化建议2500条，开展技术练兵100多次，实行技术革新6项，创新技术成果20项，创造经济效益600多万元。

2006年，在全县职工中开展了"首席员工"和"金牌工人"的争创评选活动。

2007年，又开展了"争创工人先锋号"活动，举办技术技能培训班30

期，培训职工 3500 人次。

2009 年，"经济技术工程创新"活动的范围扩展到全县 86 家企事业单位，为推动企业振兴、促进全县经济发展打下了坚实的基础，并培养出一大批"金牌工人"和技术革新能手。县泥河湾陶瓷有限公司彩烤车间副主任李家钰，爱岗敬业，努力投身于创新工作，在实践中总结量化制定程序标准，规划出"线化分类生产线"，从而降低了产品破损率，她摸索出的"检修结合"的工作方法，使一大批产品通过检修提高了等级。2003 年，撰写的《鼎力打造国际质量认证体系基础上的强势特色品牌》一文被张家口市科委评定为优秀论文二等奖，并作为科研成果推荐给市委、市政府。由于工作成绩突出，李家钰先后 35 次受到省、市、县表彰，2004 年被授予河北省劳动模范称号，并出席了全国总工会第十三次代表大会，受到了党和国家领导人的接见。李家钰先后当选为县人大代表、县政协常委、市人大代表、市团代会代表、市职代会代表、省总工会委员和全国总工会代表。下面是阳原县机械厂的技术改造情况：

阳原县机械厂的技术改造

阳原县机械厂成立于 1958 年 5 月，由西城铁木业社组、自行车修配组和东城翻砂组等集体手工业社组组合而成，是阳原县第一家地方性国营工业企业。同年 9 月蔚阳合县后，改称蔚县农机三厂。1961 年 5 月恢复阳原县建制后，改称阳原县农具修配厂。1966 年，改称阳原县五七农机厂，1972 年，改称阳原县柴油机厂。1979 年，柴油机产品下马后，转型生产缝纫机。1982 年，因缝纫机市场饱和，企业由自有品牌生产转向外接加工生产，恢复阳原县机械厂的名称。1995 年 12 月，企业改制，更名为阳原县机械制造股份（合作）有限公司。回顾阳原县机械厂的历史，企业在不断进行技术改造，在技术改造中实现转型发展。

建厂伊始，主要生产烟锅头和简单农具，并进行白铁加工。1966 年，开始试制磨粉机。此后，国家陆续分配来一批专业对口的大中专毕业生，厂子日益注重通过技术培训提高职工素质。1969 年，开始试制 X195 柴油机。大家分工协作，攻坚克难，经过 10 多个月的奋战，终于制成了 3 台样机。一台样机安装到本厂自制的小货车上，运行良好。另外两台进行了 4 个月的不停机耐火试验，各项性能达到标准，经上级批准，开始进行柴油机批量生产。为稳定、提高产品质量，扩大生产规模，需要购置通用设备，自制专用机床。1970 年年底，厂里设计制成了双面铣床、多孔镗床、多孔钻床、高频率火炉和电力测功机等26台专用设备,柴油机的年生产能力提高到3000多台。1971年8月,张家口地区首届柴油机训练班在阳原县举办,阳原县选派郝永义为培训班主讲柴油机的工作原理、用途、安全操作和维修保养等技术,该训练班为张家口地区培养了第一批柴油机手。1972年,厂子设立铸造、锻造、机加工、热处理、铆焊、装配和电工等车间,还有相应的管理科室,总占地面积93000平方米,建筑面积12000平方米。全厂职工300多人,成为产业工人并加入了工会组织,厂子配备了工会主席。厂子为老职工和技术骨干购建了家属房,切实帮助职工解决生活实际问题。

图1-3 阳原县机械厂自制的柴油机生产设备

1974年9月,省和地区要求试制功率更大的495柴油机。经过一年多的连续奋战,到1975年年底,样机试制成功,同时设计制成了加工机体、齿轮塞盖、飞轮壳体和曲轴四条专用线,其中包括瓦口铣床、多面铣床、组合镗床等20台专用组合机床,使495柴油机的年生产能力达到800台,X195柴油机的年生产能力达到8000台,年产值达到346.8万元,实现利润19.22万元。阳原县柴油机厂在1972年至1978年省组织的柴油机行检中受到好评,并交流了马力大、外观好的经验。河北省有32个工厂为其加工零部件,县内大修厂等8家企业为其加工零配件。阳原县柴油机厂闻名遐迩,《人民日报》以《山窝飞出金凤凰》为题进行报道。厂领导王佃俊和肖丙清应邀参加了国庆观礼,见到了伟大领袖毛主席。

1979年,由于全省有13家柴油机厂,生产能力大,产品积压多,省要求多数厂家转产,自寻转产项目。阳原县柴油机厂领导仝仲、杨兆全多方捕捉信息,并派郝永义、刘新平、王嘉瑞、刘祥4人到沙岭子新生铸造厂,天津、北京的自行车厂和缝纫机厂参观学习，考察适合的生产项目。经过20多天的详细考察，厂研究决定生产缝纫机。当时，因为买不到产品图纸和工艺装备图纸，只能自己绘制。厂子买了一台质量较好的JBI—3型蜜蜂牌缝纫机，拆开测绘机壳、底板、方架、边角等，自制零件图纸，从市场购买专用件。厂子设计制造了16台加工缝纫机零件的仿型铣床、多轴镗床和多孔钻床等专用机床。经过六个月的苦战，制成5台样机。经缝纫社试用，地区计委和工业局的联合鉴定，准予批量生产。1981年年初，加工设备安装调试完成后投入生产，当年生产出5060台缝纫机，满足了社会的产品需求，并实现产值60多万元。在这种情况下，迁址新建了阳原县缝纫机厂，荣奎担任厂党支部书记，姚统文担任厂长，年生产双羊牌缝纫机12000台。原柴油机厂设立了留守处。

1982年，缝纫机市场饱和，企业转向外接加工生产。1月，为完成上级交给的当年生产20000台虎钳的出口任务，厂子奋战5个月，改造专用机床11台，制作台模夹具32套，建成了6条机加工生产线。到年底，生产4个品种的台虎钳21000台，创汇60多万元。

1984年，国家把能源列为重点，煤机产品热销。阳原县机械厂与张家口煤机厂联营，为其生产各种轴套。张家口煤机厂为扩大生产规模，决定将灰口铸铁件、球墨铸铁件的铸造业务全部交给阳原县机械厂，另有部分机件加工。由于产品机械性能要求高、需量大，现有厂房、设备和工艺无法满足生产需求，于是吸收国内先进经验，新造了先进的冲天炉、远红外线烤芯窑和天车，球化剂用稀土镁合金代替了镁合金，并改进了浇注和热处理工艺。经过100多天的试验，铁水温度由1350度提高到1390度至1410度，质量高于设计要求，成品率由60%提高到91.2%。1985年，产量由上年的500吨提高到1400吨。同年，在煤炭部组织的煤炭机械行检中，张家口煤机厂加工的150B型部件成品率获得满分，整机获得国家金牌奖。这年秋天，英国煤机行业专家考察团到张家口煤机厂考察，在物理实验室看到球铁QT50—5的抗拉强度达到586.9N/Mm^2，延伸率达到11.07%~21%，感到非常惊奇，认为中国人很了不起，要求到生产厂家看看。但由于阳原县当时不属于开放地区未能成行，他们感到非常遗憾。就在这一年，阳原县机械厂被张家口煤矿机械制造公司接纳为成员厂家。

1985年年底，试制小煤矿用AGD420/18.5型刮板输送机，设计制作工艺装备66台套。1986年10月制成样机，12月省经委托地区经委鉴定合格。这些工作为以后生产打下了良好的基础。随着产品质量的提高，加之价格合理，交货及时，阳原县机械厂的信誉越来越好。张家口石油机械厂、张家口电焊机厂、东北蛟河煤机厂、西北煤机厂纷纷前来订货。为满足用户需要，扩大再生产，1987年又新建了3050平方米的铸造车间，铸件产量达到1500吨至1700吨。之后，阳原县机械厂又成为宣化工程机械厂的成员厂家。

（本文由郝永义撰写并提供照片，作者历任阳原县机械厂技术科副科长、科长、副厂长、总工程师）

第四节　劳动权益

维护职工的合法劳动权益是工会的基本职责。在新的经济形势下，县总工会全面履行职责，不断健全和完善主动维权、依法维权、科学维权的保障机制。

劳动维权

1945年，在发动群众开展"减租减息"运动中，全县工会组织重点解决徒工和店员工资偏低的问题。在这种情况下，五马坊村8名放羊工和1名木工都增加了工资，并签订了劳资合同。

1946年，全县各级工会组织继续解决工人的增资问题。

1951年，县工会筹委会一手抓发动群众建立工会组织，一手抓宣传党的劳资政策，提出"劳资两利、提高技术、发展生产、节约原料"的口号。

1957年5月，县工会联合会召开劳保会议，进一步明确劳动保险基金开支范围和方法。

1980年11月，县工会转发全总颁发的《基层工会和车间工会劳动保护工作委员会工作条例》和《工会小组劳动保护调查员工作条例》，要求各基层工会组织按照条例做好劳动保护工作。

1996年，《中华人民共和国劳动法》颁布，县工会依据《中华人民共和国劳动法》规定，理顺劳资关系，明确责权利，把维护职工具体利益作为重要的任务来抓，把工会的维护职能落到实处。该年年底，在县水泥厂开展签订集体合同试点工作。

1997年，分别召开了厂长、经理和职工群众座谈会，把签订集体合同在全县企业中推广开来。县工会会同县经贸局、劳动人事局联合发文，对效益和管理形式不同的企业签订集体合同提出具体要求。该年年底，全县74家企业签订了集体合同，超额完成了市总下达的任务指标。

2000年8月，县总工会与县劳动人事局联合制定了《关于加强全县企业建立平等协商和集体合同制度的意见》，县委办和政府办联合转发。该年，对合同到期的36户企业进行了续签工作。2001年8月，河北省总工会在阳原县私营企业永盛纸箱厂召开了工资集体协商现场经验交流会。

2002年5月和11月，县总工会对部分企业的签约和履约情况进行了专项检查。经检查，全县企业签约率达到100%，履约率达95%。县龙普陶瓷公司、燎原水泥有限公司和永盛纸箱制造公司等7家企业实行了工资集体协商。2003年，县建立了劳动关系协商机制，从宏观上保障了和谐稳定的劳动关系。

2004年，县总工会与县政府建立了联席会议制度。通过推行劳动合同、集体合同制度，开展劳动争议仲裁、调解、协商等，强化劳动关系的保障机制。

2009年，为应对国际金融危机给全县企业和职工带来的困难，按照省、市总工会的统一部署，县总工会会同县劳动和社会保障局、县工商联在全县范围内开展了"共同约定不裁员、不减薪行动"。70家企业积极响应倡议，郑重承诺切实搞好生产经营，在企业经营困难的情况下，不裁员、不减薪，不把职工推向社会，不把困难留给职工，从而保障了职工家庭生活和社会生活的稳定。该年年底，全县100多家各类企业建立了集体合同制度，70家企业建立了工资集体协商制度。

劳动关系三方协调

劳动关系三方协调机制是政府、工会、企业代表三方就建立稳定和谐的劳动关系进行协商的有效机制。

2002年9月，县总工会会同县劳动人事局、经贸局组织协调劳动关系三方会议，协调和解决全县重大的劳动关系问题，对全县劳动关系方面带有全局性、倾向性及职工关心的热点、难点问题进行协调。协调内容包括企业改制、改组过程中的劳动关系，推进和完善平等协商、集体合同制度以及劳动合同制度，国有企业工资收入分配和各类企业的薪酬管理，最低工资、工作时间和休息休假、劳动安全卫生、女职工特殊保护、生活福利待遇、职业技能培训等劳动标准的制定和实施，以及企业劳动争议的预防、处理和办案等问题。三方会议定于每年的4月和10月各召开一次。

2005年，三方协商会议重点协商了建筑行业农民工入会和欠薪问题，确定进一步加强几家较大建筑公司的工会组织建设和工会工作，吸收农民工加入工会组织。为解决欠薪问题，县建设局与各建筑公司签订了农民工工资责任合同。县总工会与县建设局建立了联席会议制度。

2009年3月，为加快建立和完善企业职工工资共决机制、工资增长机制和支付保障机制，在全县企业中认真开展了工资集体协商"百日行动"。县总工会聘用了一名长期担任工会领导的退休干部为工资集体协商指导员。工资集体协商遵循三个合法原则：双方主体合法，签约程序合法，合同内容合法。根据本县特点，主抓了建筑业、餐饮业和服装经营三个行业的集体协商工作。协商重点是计件工资、计时工资、工伤、福利待遇、工资发放时间、支付办法等有关工人切身利益的内容。

2010年，全县工资集体协商工作收到明显成效。县第一建筑公司多年来是建筑业的"老大"，工会组织在开工前主动和企业开展工资集体协商，通过反复协商、上下协商，工人工资比2009年增长20%，技工日工资达到150元，壮工日工资达到60元，工资日清月发，改变了过去"工人辛苦干一年，岁末春节拿工钱"的不良局面。其他行业的工资集体协商也大见成效。服装经营企业职工月工资在600元左右，餐饮业企业职工月工资在800元左右（都未加提成工资），较上年提高15%左右。

2010年至2014年，全县签订企业工资集体协商合同分别为72份、76份、156份、156份、152份。2015年之后，基本稳定在142份。由于思想认识到位，工资协商内容到位，保障措施到位，三方协商机制在组织建设、劳动就业、收入分配、社会保障、劳动安全卫生等方面起到了积极作用，切实维护和保障了职工的合法权益，保障了和谐稳定的劳动关系。

2018年，全县签订企业单项合同142份，区域合同1份，行业合同2份，签约率达87%，覆盖企业439个，涉及职工22070人。其中，达到A类企业的有42个，占比31%。企事业单位建立职代会、实行厂务公开167个，基本达到应建应公开。全县有3个百人以上非公企业，即飞龙家具、达鑫陶瓷和弘阳机械厂，共有职工555人，建立董事会17人，监事会13人，成员来自经营者、中层管理人员、技术员和一线工人。三个企业均签订了集体合同、企业工资集体协商合同、女职工保护条例合同和工伤保险合同。

企业工资集体协商

为提高企业工资集体协商水平，实行工资集体协商"八步法"，即明确主体，产生代表；提出要约，启动协商；协商准备，初步沟通；召开会议，正式协商；提交审议，讨论通过；双方盖章，首席签字；及时上报，审查备案；公布实施，监督履行。

2009年，河北省总工会开始聘用企业工资集体协商指导员，阳原县聘用县总工会原党支部书记马忠山指导全县的企业工资集体协商工作，到2017年年底结束。

2010年，县委、县政府印发《关于阳原县企业开展工资集体协商的通知》，并成立领导小组。县长谢海峰任组长，县人大常委会副主任、县总工会主席张炳才任副组长，有关部门负责人为成员。

2013年，县总工会、人社局、工商联联合发文，对企业工资集体协商工作进行等级评价，并把企业工资集体协商成效作为评先重要依据，实行"一票否决制"。

2015年，调整县企业工资集体协商领导小组，县长李德担任组长。县总工会、人社局、工商联三方定期召开会议，布置工资协商、劳动用工检查和创建劳动关系和谐企业等工作。县人社局每年对企业工资集体协商合同审查意见书进行认定。

2017年，全县实行工资集体协商企业309家，建制、覆盖率达到100%。县级企业工资集体协商等级划分为A、B、C三个等级。

2018年，经省、市总工会验收，阳原县企业工资集体协商达到A类企业42个，其中有阳原县弘阳机械厂、工商行、县宾馆、卷烟营业部、农行、邮政局、农商银行（信用联社）、中行、建行、农发行、东城卫生院、泥河湾机械公司、商业银行、公路工程公司、供电公司、飞龙家具、硝染公司、一建一项目部、县运输公司、财险公司、人寿保险公司、联通公司、盐业公司、食品公司、三义庄铁矿、移动公司、自来水公司、华原房地产公司、阳原县高速服务处、辛堡卫生院、精细黏土公司、宏明电器、物资公司、万人商厦、新华书店、屈氏皮草、腐植酸厂、阳原晋剧团、华益皮草。阳原县飞龙家具、达鑫陶瓷、弘阳机械厂被市总工会评为"市级A类企业"。

2020年，县总工会对企业集体协商质效进行评估。全县基层工会覆盖企业439个，其中175个企业单独签订了工资专项集体合同，涉及职工23132人。

2022年，按照市总工会《关于做好2022年培育集体协商典型工作的通知》，县总工会继续对阳原县弘阳机械厂进行劳动关系动态监测，积极开展集体协商"共同约定"行动。选取阳原县弘阳机械厂、飞龙家具有限公司、永胜硝染有限公司、新世纪电器城、新华书店、阳原宾馆、第一建筑建材总公司、烟草公司等8户企业为重点培育企业。

创建劳动关系和谐企业

2005年9月，县总工会与县劳动人事和社会保障局、县工商业联合会共同制订了《阳原县"劳动关系和谐企业"创建活动的实施方案》，在全县80%以上的企业开展了"劳动关系和谐企业"创建活动。此项活动，以"企业发展、职工受益、和谐稳定、互利双赢"为基本目标，坚持依法运作，注重实效，逐步完善，坚持规范人力资源管理，坚持企业自主申报，逐级进行审核，定期挂牌命名。通过企业自查，由企业直接向县总工会报送申报材料，经考查、验收、评审、公示，对未发现问题者颁发"劳动关系和谐星级企业"牌匾和证书，并通过新闻媒体予以公布。

2008年，阳原县泥河湾机械制造有限公司、县交通局检测站、屈氏皮草有限公司、张家口供电公司阳原分公司和河北省烟草公司阳原销售部等5家企业获得了张家口市"劳动关系和谐企业"（三星级）荣誉称号。

安全生产

县总工会自成立以来，始终把安全生产和职工健康当作大事来抓。每年"五一"国际劳动节前后，由县政府牵头，连同县劳动人事部门和县经委、县检察院等单位，到企业普遍进行一次安全检查。特别是进入21世纪之后，在"以人为本"的理念指导下，保障安全生产和职工健康的工作力度进一步加强。

2008年，县总工会组织开展了以"落实责任、强化管理、确保安全、促进发展"为主题的"安康杯"竞赛活动。全县参赛企业102家，涉及9个行业，参赛面达到25%，参赛职工有11000多人。

2009年4月，县总工会与县委宣传部、县安全监督局、公安局、广播局、团县委等单位联合开展了2009年安全生产月活动，进一步宣传安全生产政策，弘扬安全文化，普及安全生产法律法规和安全生产知识，提高全体职工的安全意识。活动期间，共发放宣传材料10000多份，发动职工10000多名。同年9月，县总工会又下发了《关于做好当前安全生产和职工队伍稳定工作的实施方案》，在全县高危行业和社会公共安全重点领域开展安全生产检查，集中检查安全隐患。各基层工会充分发挥劳动保护监督检查委员会和检查员的作用，加强了安全检查工作力度，不断强化班组的安全生产工作。在矿山、建筑、电力、化工等行业开展了"查隐患，保安全，我为安全生产献一计"

的合理化建议活动。同时，积极开展《职业病防治法》的宣传普及，督促企业对有毒有害岗位职工进行健康体检，防止职业卫生伤害事件的发生，从而预防和减少了各类事故，促进了企业的安全生产，维护了职工的劳动安全卫生权益。

法律援助

2009年5月，根据省总工会和省司法厅下发的《关于建立和完善职工法律援助制度的通知》精神，县总工会和县司法局联合下发了《关于建立和完善定向职工法律援助制度的意见》，并成立了由县总工会、县司法局有关人员和部分律师组成的工作机构——职工法律援助中心，办公地点设在县总工会。职工法律援助中心的主要任务是根据全县企业分布、行业性质、劳动关系和职工需求等实际情况，结合法律援助人员的自身特长，建立法律援助人员与一定数量企业联系的制度。定向法律援助人员实行动态化管理方式，执行"统一处理、统一审查、统一指派"的工作原则，定期到企业了解情况，面向职工提供法律咨询和法律援助，从而有效地减少了劳资纠纷，维护了社会稳定。建立和完善定向职工法律援助制度，从源头上解决了职工权益的保障问题。

2017年，职工法律援助中心开通了12315服务热线，聘请1名律师作为长期法律顾问。截至2022年，法律援助中心共为职工提供法律咨询服务165次，免费代写诉状39件。

县总工会建立了劳动法律监督委员会，并与县人力资源和社会保障局建立起协同调解机制。

农民工维权

改革开放后，阳原县一些产业逐步发展壮大，形成了皮毛加工、煤炭运销和建筑建材等特色产业。这些产业分布较为分散，且数量众多，从业人员大多为农民工。为把这些农民工吸收到工会组织当中，更好地维护农民工的合法权益，县总工会积极开展了组建行业性工会工作，通过行业工会把维护本行业职工合法权益工作落到实处。

2007年，相继建成了东城皮毛行业工会联合会和县城西街商贸一条街工会联合会。这两个工会联合会均能正常开展工作，认真履行工作职能。

2020年，全县23132名职工与企业签订了工资专项合同，其中农民工占

17890人。

女职工维权

为切实加强对女职工合法权益的维护，县总工会做了大量工作。1994年4月，全国总工会颁布《工会女职工委员会条例》之后，县总工会和各基层工会相继建立了各级女职工委员会。在工会工作中，注重加强对女职工特殊权益的保护。该年，县商业系统经营困难，女职工的卫生费不能及时发放。针对这种情况，县总工会女工委按照有关文件精神，多次进行交涉，终于解决了该系统300多名女工卫生费的发放问题。县第一建筑公司女工同工不同酬，经县总工会女工委的反复工作，这一问题也得到了解决。

县总工会女工委每年都根据《女职工劳动保护规定》，对全县女职工劳动保护开展检查。同时，还多次组织开展了针对女职工"五期"（经期、孕期、生育期、哺乳期、更年期）待遇及保护的专项检查，并开展妇女病普查，从多方面维护女职工的正当权益，从而调动了女职工的工作积极性。

第二章　民主管理

第一节　合理化建议

开展合理化建议活动，为企业献计出力是工人阶级发挥主人翁精神的具体体现。

1956年，县工会积极组织开展合理化建议活动。县百货公司倡导职工"人人想、人人提"，职工提出合理化建议34条，被采纳14条。

1985年3月，县工会会同县委农工部、县计委等9个单位联合发出通知，在全县职工中开展合理化建议活动。

1987年，县工会在组织劳动竞赛活动中，注重把合理化建议活动与"双增双节"、技术革新活动有机结合起来。全县职工共提出合理化建议1720条，采纳620条，实施416条，创造价值65万元。县农机修造厂职工代表提出用自制"夹板锤"代替价值10万元的空气锤，节约资金9万元。

1988年，全县职工提出合理化建议932条，采纳373条，实施149条，创造效益60万元。

1990年，全县开展"我为厂长进一言，我为企业献一计"活动，职工提出合理化建议1467条，采纳564条，实施317条，创造效益107万元。县建筑公司将各建筑队的报废架板回收，把能用的部分重新组装，节约资金7000元。县第一瓷厂在全省陶瓷业不景气的形势下，通过技改挖潜，效益增长23%。各企业设立了合理化建议奖励机制，县第一瓷厂工会对建议被采纳者一次性奖励30元，县农机修造厂制定了按建议所创效益的百分比进行奖励的办法，县机械厂对一名延长了天车线圈使用时间的职工奖励一级工资。

1997年至1998年，县总工会组织开展了以"学邯钢、学涿化、做主人"为主题的社会主义劳动竞赛活动。此次活动对生产性企业和经营性企业分别提出具体要求，由基层工会制订实施方案上报县总工会，74个单位参赛，参赛职工7300多人。全县实施合理化建议608条，创造效益76万元，技术攻关6项，创造效益93万元，技术推广4项，创造产值42万元，技术开发6项，创造产值75万元。县第二瓷厂通过采纳合理化建议进行技术改造，产品出口率提高1%，创造效益12万元。

第二节　民主管理

1952年以后，全县建立了集体合作社（组），这是对个体手工业进行社会主义改造后的新型经济组织，实行民主管理。

20世纪50年代后期，全县各企业开始实行党组织领导下的厂长负责制。

1962年，全县贯彻"鞍钢宪法"，企业管理实行"两参一改三结合"，即干部参加劳动，工人参加管理，改革工具，干部、工人、知识分子相结合。

"文化大革命"开始后，许多企业"踢开党委闹革命"，民主管理遭到破坏。

党的十一届三中全会之后，全县致力于创建"职工之家"，通过组建基层工会，强化民主参与、民主管理和民主监督，积极维护职工的合法权益，帮助困难职工渡过难关。各企业恢复了党组织领导下的厂长负责制。

1982年，全县贯彻《国营工业企业职工代表大会暂行条例》，进一步确立职工代表大会的权力。

1984年5月，全国总工会书记处通过《基层工会工作暂行条例》，《条例》第十八条规定："基层工会承担职工代表大会工作机构的职责。"1986年，《全民所有制工业企业职工代表大会条例》公布实施，全县工业企业逐步建立起厂长全面负责、党组织保障监督、职工民主管理的企业领导体制。

1987年至1989年，县属国有工业企业普遍推行承包经营责任制。1988年，各基层工会组织以《中华人民共和国企业法》为依据，全面落实职工代表大会的五项基本职权：一是认真落实审议企业重大决策的职权；二是认真落实审查同意或否决权；三是认真落实审议决定权；四是认真落实评议监督权；五是认真落实选举厂长权。

1991年，一些企业实行股份制经营试点。县工会在全县开展职代会达标活动。要求职代会名副其实地行使权利，规定凡职代会不达标者不能评先。全县建立职代会81个，9个企业成立了工厂管理委员会，5个单位实行厂、车间、班组三级民主管理。

1992年4月，七届全国人大五次会议通过《中华人民共和国工会法》，明确规定"企业职工代表大会是企业实行民主管理的基本形式，是职工行使民主权利的机构，依照法律规定行使职权。""企业的工会委员会是职代表大会的工作机构，负责职工代表大会的日常工作，检查、督促职工代表大会决议的执行。"

1993年，在企业转换经营机制过程中，县工会向全县推广县水泥厂坚持职工群众参政议政，充分行使职代会政治权力的先进经验。该厂实行"公开—监督"制度，从年度计划、改革方案、技改项目，到职工升级、提干、评模、奖金分配等，都要通过职代会，从而激发了职工群众的生产积极性和创造性，各项经济指标创建厂以来最好水平。

1996年，《中华人民共和国劳动法》颁布实施。根据《中华人民共和国劳动法》"劳动者依据法律规定，通过职工大会、职工代表大会或者其他形式，参与民主管理"规定，县总工会把审议财务预决算，公布企业招待费两项内容充实到职代会行使民主管理权利的内容中。一些单位领导认为：职代会为他们分了忧，解了难，职代会形成的决议比领导班子小圈子定的"条条"水平高，执行起来群众基础好，可行性强。

1998年4月，县总工会会同县委组织部、宣传部、县经贸局转发《关于在全市国有企业中建立全心全意依靠职工办企业制度的意见》，"依靠制度"共有十一个方面的内容，第一项内容就是"建立和完善以职工（代表）大会为基本形式的职工民主管理制度。"要求按照有关法规，认真落实好职代会职权，健全并认真执行职代会制度。

2000年后，县工会注重加强对职代会的具体指导，对职代会议案的提出、整改到落实，都提出了具体标准和要求，使其内容由福利型逐渐转向管理型，由数量型逐渐转向质量型，从而增强了职工的向心力和企业的凝聚力。县龙普陶瓷公司、农业银行等单位，面对种种困难，坚持依靠职工民主管理，从而使企业的经营、管理保持了良好的发展态势。

第三节　民主监督

1985年，西城、东城、化稍营三地建立了职工物价监督站，县总工会建立了职工物价监督总站，开展物价监督工作。

1997年6月，县总工会组织在4家县办较大企业进行民主评议领导干部，涉及21名厂级领导和83名股级干部。通过评议，厂级领导受奖4人，股级干部免职1人、降职3人、升职9人。

　　1998年以来，全县坚持对企业领导干部特别是主要领导干部进行民主评议，评议工作每年至少一次。评议结果报上级主管部门备查，并作为考核、选用干部的重要依据。

　　2000年，依据《河北省实施〈工会法〉办法》和省总工会《关于健全公司制企业职工董事、职工监事的意见》，县总工会在国有独资公司、公有资产控股的有限责任公司和股份有限公司首次推行职工董事和职工监事制度。在职工董事会中，职工代表不少于董事人数的五分之一，职工监事会中，职工代表不少于监事人数的三分之一。参加董事会、监事会的职工代表由工会组织职工民主选举产生。全县4家改制企业，有11名职工代表进入董事会，16名职工代表进入监事会，4家企业的工会主席全部进入董事会，并担任监事会主席。

　　2006年10月，县总工会会同县安监局发出《关于发挥职工群众监督作用促进企业安全生产的通知》。

　　2019年4月，县总工会领导班子深入阳原县弘阳机械厂、乐丰陶瓷有限公司和飞龙家具有限公司三家上百人民营企业，督导检查民主管理情况。

第四节　厂务公开

　　1999年，在前几年普遍建立依靠工人阶级办企业制度的基础上，全县把认真推行厂务公开作为工会组织的一项重要任务来抓。县总工会为县委起草制定了《关于推行厂务公开、民主监督指导的实施意见》，配合有关部门完善工作机制，规范运作程序，为全县企业推广厂务公开制定了切实可行的措施。为搞好典型引路，县总工会派出工作组深入基层，抓典型，出经验。该年7月，在县第一瓷厂召开了全县企业单位党政工一把手参加的厂务公开经验交流会。县第一瓷厂厂长申全民和县电信局局长孙国瑞等4个工作起步较早、成效显著的单位代表做了经验介绍，为全县推行厂务公开，加强民主监督打下了坚实的基础。县总工会陈晓东撰写的《抓好四项工作，深化厂务公开》一文被市总工会评为工会工作理论政策研究论文三等奖。

　　2000年6月，县总工会成立专门检查组，对全县24家国有和集体企业的厂务公开工作进行了专项检查。全县出现了厂长经理愿意厂务公开，职工满意厂务公开的局面，进而理顺了干群关系，促进了企业发展。

2003年，县总工会加强了厂务公开的规范化建设，明确厂务公开要做到"四规范"和"两提高"，即领导体制规范，公开内容规范，工作秩序规范，监督考核规范，工作实效性提高，群众满意度提高。

2008年，全县有81家企业实行了厂务公开制度，共办公开栏324期。县总工会制定了《厂务公开实施细则》，要求企业成立党、政、工三方面负责人和职工代表参加的厂务公开领导小组，通过全体职工代表大会和党、政、工联席会以及意见箱、公开栏等多种形式进行厂务公开。

2013年，县委、县政府联合发出通知，就企业事业单位建立职代会、实行厂务公开提出具体要求。要求职工工资增幅不低于当年的GDP增幅。县总工会和县政府建立起联席会议制度，每年召开一次联席会，就工会工作的重点、难点问题进行协商。阳原县企业职工合理化建议情况见下表：

1994—2005年阳原县企业职工合理化建议一览表

年度	提合理化建议条数	被采纳条数	实施条数	创经济效益（万元）
1994	7251	2100	2100	290
1995	5000	1900	1530	310
1996	9008	3211	3002	288
1997	10531	3005	2077	450
1998	7500	4900	4000	690
1999	7320	4050	3900	550
2000	6500	3310	2800	421
2001	3056	2198	1966	315
2002	2937	1800	1800	298
2003	4996	2188	2060	458
2004	5060	3500	3300	500
2005	4435	2700	2101	420

第三章　职工教育

第一节　基本情况

1949年以前，全县从事手工业的职工多为文盲半文盲。1951年1月，阳原县工会筹委会成立全县第一所职工业余学校，校址在县城西顺圣街路北县工会院内。职工业余学校办学条件极为简陋，教室无桌椅设备，平地放几块砖当课桌，学员有33名，分为3个教学班，配备兼职教师1人，利用早晚工余时间进行教学。该年12月，学校制作长桌10个，长凳10条，在县工会修缮教室1间，学员增加到72名。

1952年5月1日，县工会联合会召开纪念"五一"国际劳动节大会。该年3月，县工会联合会在东井集成立了职工业余第二学校，招收学员39人，分高、初年级3个教学班，配备兼职教师1人。1953年，县教育工会成立了阳原县教师进修学校。

1954年，县工会在东城成立了职工业余第三学校。至此，全县共有西城、东井集、东城3所职工学校，学员共计98人，兼职教员3名，每校1名。职工业余学校周一至周六晚6：30到校，在图书馆看报半小时后，7：00上课，8：30下课，课程有算术、国文、识字、政治。主要任务是扫除职工文盲。县工会建有一个图书馆，全县基层工会有固定图书1165册。

1956年，在县委领导下，县工会对全县职工开展政治思想和劳动纪律教育。商业战线组织职工阅读苏联小说《我们的切身利益》，并组织职工积极参加公私合营商业组织，对民营商业进行社会主义改造。全县建有职工业余学校4所，有扫盲识字班9个，小学班2个，学员共计616人。

1961年，县工农教育委员会对职工教育进行普查：全县25个厂矿有职工1070人，其中文盲、半文盲192人，占职工总数的19.2%。普查之后，对职工学校进行整顿，充实了教学力量。到1963年，全县职工全部脱盲。为巩固扫盲成果，又把25个企业单位的422名职工编为5个教学班，其中扫盲班学员48人，高小班学员84人，初中班学员290人。职工学习出勤率达到70%以上。

"文化大革命"期间，全县职工业余学校停办，出现了各种类型的"五·七"学校，"七·二一"大学。

1974年5月1日，召开阳原县庆祝"五一"国际劳动节大会。该年，县工会发出通知，号召全县职工学习石家庄列车段客运第三组的经验。全县各级工会共培训理论骨干591名，召开各种类型会议730多次。同年8月，县工会召开第四次常委扩大会议，研究县工会如何加强理论队伍建设和贯彻落实上级文件精神。

1976年5月1日，县工会召开庆祝"五一"国际劳动节群众大会。该年，开办职工图书阅览室。

1977年1月，县工会发出通知，以实际行动迎接全省和全国"工业学大庆"会议的胜利召开。

1980年，县工会联合县教委开始对全县职工进行"双补"教育，即对1968年至1980年招收的青年职工实际文化水平不及初中毕业的成员进行补课，对1968年至1978年年底参加工作的二级以上固定工和1971年前参加工作的临时工，进行短期业务技术培训。全县举办各种文化技术补习班37个，1460人参加学习。到1982年10月，通过文化测验和技术考核，86.5%的应补课职工取得了文化补课合格证书，74.6%的应培训职工受到初等技术培训，累计合格率达到92%。

1981年12月，县工会、团县委和县妇联联合发出通知，在全县职工中开展"学雷锋，树新风，建设社会主义精神文明"教育活动。

1984年，县工会在全县职工中开展"振兴中华读书活动"，6000多名职工参加，建立读书小组450个。职工李亚平代表阳原县参加地区职工爱国主义教育读书演讲会。

1985年，县职工俱乐部大楼建成后，正式恢复了职工业余学校，由主管文教的副县长、文教局长、业教办主任和县工会主管副主席组成校务委员会。当年，招收第一期高中文化班学员55人。1986年经地区成人教育办公室考核验收，取得毕业证书。

1987年9月，又招收了第二期高中文化班，共有学员110人。同年，县工会与县经委联合开办了工业会计统计班，招收学员35人，从北京聘请讲师任教,学期半年,结业后全部分配工作,从而充实了企业的会统队伍,解决了企业会统人才青黄不接的问题。县工会与县劳动局联合举办了陶瓷专业、土木建筑专业、工业会计专业、企业管理专业函授班,由清华大学教师负责函授,利用寒暑假进行1~2周的面授,学期一年半,经考核共150名学员结业。此外,还举办了多期短期培训班,职工业余学校为提高广大职工的文化素质发挥了很大的作用。

1990年11月,县教委、县委组织部、县总工会联合举办干部职工业余高中学校,招收学员150名,1991年全部毕业。到1993年,干部职工业余高中班累计毕业学员400多名。

除县工会举办的职工业余学校外,全县有条件的系统和较大的基层工会也办起了职工业余学校。先后办起的职工业余学校有县农机修造厂职工技术学校、县农业银行的职工函授中专、粮食系统职工学校、供销系统职工学校、卫生进修学校、司法局的政法函授大学、工商银行的金融函授中专班等。

1986年年底,全县有职工学校12所,专职教师7人,兼职教师30人。参加各种初等文化技术学习的职工有4273人,占职工总数的65.8%,参加中等专业学校学习的职工有494人,参加高等学校学习职工302人。县农机修造厂职工技术学校创建于1983年,该校根据厂内工种需要和职工文化技术状况,采取厂内培训与厂外培训结合,全厂培训与车间培训结合,脱产培训与业余自学结合,正规教材与自编教材结合等形式,广泛开展职工岗位技术培训,培养出一批新型技术工人。1987年入厂的20名工人,经过一年培训,有14人达到了二级工技术标准。县卫生进修学校建于1978年,培训全县各级医院初、中级卫生技术人员和乡村医生。到1987年,共举办各种培训班14期,培训各类卫生人员512名。此外,还先后邀请专家、学者30余人,到学校讲学18次共27场,听众1400多人次。

1990年至1998年,县工会重点开展职工岗位培训。全县开办职工技校27所,其中20所技校有固定教室,配备电视机31台,录音机25台,专、兼职教师189人。粮食系统自办脱产培训班4期,培训职工106人,这部分培训人员回到工作岗位后大都成为骨干力量。一些受训人员深有感触地说:"人无知识前进难,有了知识迈步宽。"

1991年5月,河北省人民政府授予阳原县农机修造厂"职工教育先进集体"称号。

1992年4月,县工会会同县委宣传部、司法局联合下发《关于认真学习宣传新工会法的通知》,印发宣传提纲155份。县工会召开各大系统、厂矿工会主席会议，研究学习《工会法》。23个基层工会开展学习《工会法》知识竞赛，1352名职工参赛。6月，全县近千名干部职工听取了全区劳模巡回报告团演讲，曾在老山前线参加过对越自卫反击战的县交通局干部袁大利为地区劳模巡回报告团成员。

1995年6月，县总工会举办全县职工《中华人民共和国劳动法》知识竞赛总决赛，12个代表队参加决赛。

1997年4月至5月，县总工会在全县职工中开展"庆五一、迎香港回归"系列专题活动。

1998年5月，县总工会实施职工素质行动计划，制定了《职工素质行动计划实施细则》，本着活动重点在基层、主体在企业的原则，着力组织职工学知识、学技术。7月，总工会出台了《关于开展文明职工竞赛活动安排意见》，在全县职工中启动文明职工竞赛，动员职工积极参加创建文明县城活动。该年，各单位由工会组织职工计算机知识培训，第一批1418名职工掌握了计算机理论知识并能上机操作。县第一瓷厂在职工素质行动中，培训职工1000人次，全厂有16人取得初级职称，40人取得中级职称，58人获得大专毕业文凭。

2001年4月，县总工会在全县企业职工中开展"向'新时期职工楷模'赵国锋学习、争先进创一流"活动。

2002年8月，县总工会在全县各系统工会和基层工会开展《工会法》和《河北省实施工会法办法》知识竞赛。2003年11月，县总工会会同县安监局开展"安康杯"竞赛活动，加强职工的安全生产技能培训。

2006年12月，县总工会制订了《开展法制宣传教育第五个五年计划和实施方案》。

2008年3月，县总工会在全县企业中开展"争创工人先锋号"和"创建学习型组织，争当知识型职工"活动。

2020年3月，县总工会组织召开网络安全暨保密工作培训会，邀请县机要保密局赵永宏和县公安局网安大队赵敏做专题讲座，总工会全体干部职工参加。

2022年，总工会组织开展了育婴员和家政服务就业创业技能培训，培训200人。举办了三期冰壶培训班，培训192人。

图 3-1 阳原县总工会举办的育婴培训班

第二节 思想教育

在注重对职工进行系统文化知识教育和技能培训的同时，县总工会和各基层工会围绕党在各个时期的中心任务，坚持经常地对职工进行思想政治教育、爱国主义教育、社会公德教育、革命传统教育和法律法规教育，并多次开展专题教育。

1981年，开展了"学雷锋、树新风、建设社会主义精神文明"专题教育。1982年，组织开展了"五讲四美"活动。

1985年12月，张家口地委宣传部、地区经委和地区工会办事处联合在阳原县召开班组思想政治工作会议，200多人参加会议。1987年5月，张家口地区工会办事处召开坚持正面教育经验交流会，阳原县农机修造厂以《我们是如何对职工进行坚持四项基本原则教育的》为题做经验交流。8月，张家口地区工会办事处召开职业道德教育经验交流会，阳原县西城供销社商场工会小组王玉美做了《抓职业道德建设，当优质服务先锋》为题的经验介绍。

1988年，开展了"坚持四项基本原则，反对资产阶级自由化"教育。1989年7月，县委、县政府在县农机修造厂召开企业思想政治工作现场会。1990年至1992年，对全县职工进行了基本国情与基本路线的"双基"教育。1991年，开展了"爱党、爱国、爱社会主义"的"三热爱"教育。

1992年，开展了邓小平理论及《中华人民共和国工会法》专题教育。1996年，开展了《中华人民共和国劳动法》教育。该年6月，县总工会联合县劳动人事局举行《中华人民共和国劳动法》知识竞赛，12个代表队参加决赛，1276人参赛，受到了县领导的肯定和表扬。

2001年，开展了反对"法轮功"邪教组织的教育。2006年，开展了法制宣传教育，制订了法制宣传"五五"规划。2009年，开展了深入学习实践科学发展观活动。县总工会举办职工专题教育师资培训班，为各系统、各单位培训辅导骨干，使教育活动得以顺利开展。

党的十八大以来，重点开展了习近平新时代中国特色社会主义思想主题教育、"不忘初心、牢记使命"主题教育和中国共产党百年党史学习教育。

2019年1月，县总工会召开学习全总"十七大"、省总"十三大"会议精神宣讲报告会，全总"十七大"代表、宣钢高级技师范秀川，省总"十三大"代表、县人大常委会副主任、县总工会主席张炳才，分别宣讲了全总"十七大"和省总"十三大"会议精神。9月，县总工会召开"不忘初心、牢记使命"主题教育动员部署会。11月，县人大常委会副主席、总工会主席张炳才，在县宾馆为全县工会干部讲一节《王仲一与早期工人运动》党课，全县各乡镇总工会主席、县直各单位工会主席和县总工会机关全体党员干部参加学习。12月，县第一中学工会举办"不忘初心、牢记使命"主题教育报告会，邀请中央民族乐团原党委书记、国家一级演员、中国戏剧梅花奖得主孙毅做专题报告。

图3-2 阳原县人大常委会副主任、总工会主席张炳才讲党课

2022年10月至12月，县总工会组织全县工会系统重点学习党的二十大精神。

第三节 岗位练兵

效益要提高,不仅要有先进的设备技术,还必须有掌握先进技术的人才。为增加企业经济效益,提高职工的技术水平,1984年4月,县工会与县经委等5个部门联合发出通知,在全县工建交、金融、财贸等系统开展岗位技术练兵、技术比赛活动,并成立领导小组,具体领导活动的开展。各系统根据各自行业特点,开展了不同形式的练兵活动。全县参加练兵的职工5495人,占职工总数的71%,确定了21个练兵项目。县人民银行采取"三练三学"的方法开展练兵活动,业务水平大幅度提高,在地区人行系统技术比赛中,取得了信贷专业个人第一名、第二名和储蓄专业第二名的好成绩,职工王建军代表地区赴省参加比赛。县社系统开展了"一口清、一把抓、数钱、量布、珠算、包装、安装农机具"等技术练兵项目,在地区供销系统技术比赛中,会计项目获得团体第三名,统计项目获得团体第二名。县瓷厂工会3月在各车间、班组开展了创优质夺高产标兵活动,6月组织了全厂性的技术练兵比赛,参加活动的有4个车间、15个班组、300多名职工,最后评选出优质高产班组3个、技术能手9名。年底,该厂又评选出优质高产标兵38名,青年工人韩曙光连续9个月夺标,获得高产奖210元。通过这一活动,有效地激发了全厂职工的劳动积极性,大大提高了经济效益,全厂盈利13.38万元,职工工资比上年提高了32.6%。

1988年,县总工会开展了万名职工"学技术、学业务、上档次、上水平"活动。

1998年,开展了"十行百岗千手"职工技术选拔活动。县大修厂新工王志强、李建中研制的磨玉机,比原来提高工效5倍多,从而节约资金2万多元。

2002年,县总工会在全县各系统工会和基层工会开展了《工会法》和《河北省实施工会法办法》知识竞赛。

2016年,县总工会与县安监局联合开展了"安康杯"竞赛活动,建筑、交通、邮电、医药、电力等25个单位参赛,竞赛内容涉及安全生产、职业病防治、劳动法、工会法等,共有271人参赛。

2017年,县总工会联合县卫生局共同举办了医疗卫生系统知识技能竞赛,参赛70人,分医疗组、公共卫生组、护理组三个类别,按笔试、操作、评委打分程序确定竞赛结果,每组决出 1 个一等奖、2 个二等奖、3 个三等奖和 4 个优秀奖。同年,县总工会联合国网阳原县供电分公司举办电力系统知识竞赛,参赛 50 人,按理论测试加实践操作程序,最后决出金奖 1 名、银奖 2 名、铜奖 3 名和优秀奖 4 名。

图 3-3 阳原县卫生系统职工技能大赛

2018年和2019年，县总工会相继提请市总工会和省总工会举办了全市和全省毛皮加工技能大赛。

第四节　职工素质提升工程

1999年，县总工会按照省总工会和市总工会安排，以全面提高职工队伍的思想道德素质和科学文化素质，培养跨世纪"四有"职工队伍为目标，在全县启动实施"职工素质行动"计划。县成立了领导小组，制定了《职工素质行动计划实施细则》。全县各基层工会积极行动，加强领导，建立办事机构。本着活动重点在基层、主体在企业的原则，着力组织职工学知识、学技术。各单位由工会组织牵头开展职工计算机知识培训，第一批1418名职工掌握了计算机理论知识并能上机操作。该年，全县参加各类职工读书活动和岗位技能培训的职工2500多人。

2001年，县总工会在全县企业中开展向"新时期职工楷模"赵国锋学习、争先进创一流活动，号召全县职工以赵国锋为榜样，立足本职岗位，争当有理想、有本领的新型劳动者。全县涌现出诸如龙普陶瓷女工李家钰、电信分公司职工吉少东等一大批爱岗敬业、无私奉献的职工标兵。

2004年，县总工会以"创建学习型组织，争做知识型职工"活动为载体，强力推进"职工素质工程"。以学习型工会的创建带动学习型车间、班组的创建，促进学习型企业的创建；在职工中树立"终身学习，团队学习"的理念，形成"工作学习化，学习工作化"的氛围。通过帮助职工学习新知识、掌握新技能，更好地维护职工的生存权、学习权和发展权。该年，全县各级工会组织开展百名以上职工参加的培训活动200多次。

2009年7月，县总工会下发了《关于继续开展"职工素质工程"的安排意见》，确定"职工素质工程"的总体目标为：以提高创业创新能力为核心，通过开展岗位练兵、技术比武等职工经济技术活动，教育引导广大职工学习成才、岗位成才。在全县开展了学习一门新知识、掌握一门新技能、改革一项新工艺、创造一项新业绩、文化层次迈上一个新台阶的"五个一"岗位创新活动。

"职工素质工程（行动）"实施12年来，共培训职工40000多人次。县第一瓷厂在素质行动活动中，培训职工1000人次，全厂有16人取得初级职称，40人取得中级职称，58人取得大学专科毕业证书。

2022年，县总工会注重加强产业工人队伍建设，确定李佳皮草进出口有限公司、阳原县弘阳机械厂、阳原县弘福工矿机械有限公司和阳原县飞龙家具有限公司四家私营企业为县级产业工人队伍建设改革试点，推选张家口正奥农业集团有限公司为市级改革试点。

第四章 慰问职工

每年中秋、元旦和春节等节日期间，全县各级工会组织都要对伤病职工、贫困职工、离退休职工、知识分子、先进人物和劳动模范进行家访慰问，了解职工的具体困难，协同有关部门帮助解决问题，把党和政府的关怀送给职工，让职工感受到党和政府的温暖。这一活动被称为"送温暖"活动。

1982年11月，县工会组织9个县属工业企业工会干部和后勤管理人员，对企业职工的生活情况进行调查。

1989年3月，县总工会发出通知，组织全县123个基层工会广泛开展"送温暖"活动。此次活动，共有1974人参加，走访了2003名职工，发现问题759件，帮助解决681件，发放困难补助4800元，用于补助115名困难职工。

1991年1月，县总工会组织全县基层工会在春节前开展了"送温暖"活动。80多个基层工会组织108个"送温暖"小组，慰问家访职工1415人次，发放慰问款物价值18000多元。

1995年8月，县总工会成立阳原县"送温暖工程"基金会。1996年，制定了具体实施办法。各系统工会建立起13个分会，会员1700多人，筹集"送温暖"基金7万元。县总工会会同有关部门联合制定了《关于发放特困职工优待证和对特困职工实行优惠政策的意见》，发放特困证140个，并建立了特困职工和困难职工档案。

1997年9月，县总工会为阳原县第一建筑公司烧伤职工郭志兵和县柴油机厂留守处退休有病职工赵守同分别筹集帮扶资金88000元和3500元。1998年，全县各级工会慰问伤病和离退休职工1862人次，发放慰问金24.8万元。

2000年4月至5月，县总工会组织慰问演出团，先后到县通源煤炭公司和县第一瓷厂等企业演出6场次。

2005年，县总工会开展为困难职工排忧解难的"捐一日工资献一份爱心"活动,发动全县各界共同帮助困难职工。

2013年,春节生活救助264人,发放救助金9万元。中秋节生活救助71人,发放救助金4.8万元。金秋助学资助40名学生,发放助学金8.2万元。春风行动助学10人,发放助学金1万元。

2014年,春节慰问及生活救助218人,发放慰问救助金12.37万元。医疗救助60人,发放救助金6.63万元。春风行动助学37人,发放助学金3.7万元。慰问残疾职工8人,发放慰问金0.8万元。省总工会入户慰问困难职工2人,发放慰问金2000元。临时生活救助7人,发放救助金0.35万元。中秋节生活救助169人,发放救助金8.64万元。救助残疾学生5人,发放救助金0.5万元。救助环卫工人10人,发放救助金2万元。救助达鑫陶瓷厂职工10人,发放救助金2万元。临时医疗救助4人,发放救助金1.76万元。金秋助学31人,发放助学金8.7万元。

2015年,春风行动助学135人,发放助学金13.5万元。精准帮扶135人,发放帮扶金17.5197万元。春节生活救助321人,发放救助金16.741万元。临时生活救助7人,发放救助金0.7万元。救助残疾学生9人,发放救助金0.9万元。金秋助学67人,发放助学金17.2万元。中秋节生活救助264人,发放救助金13.2万元。救助环卫工人30人,发放救助金1.5万元。医疗救助55人,发放救助金22.571万元。

2016年,救助困难职工子女329人,发放救助金32.9万元。春风行动助学203人,发放助学金20.31万元。春节生活救助309人,发放慰问金7.34万元、慰问品8.99万元。精准帮扶54人,发放帮扶资金5.4万元。中秋节慰问256人,发放慰问金3.84万元、慰问品8.58万元。医疗救助22人,发放救助金24.8万元。

2017年,国庆、中秋"两节",慰问困难职工619人次,发放慰问金16.58万元,发放米面油价值17.5679万元。金秋助学为532名学生发放助学金53.2万元。对22名罹患大病或生活陷入困境的职工,发放救助金24.8万元。

2018年,春节慰问140人,发放慰问金3.04万元、慰问品3.05万元。精准帮扶99人,发放帮扶资金12.06万元。7月,县总工会为县交警队一线交警和有关窗口单位工作人员送上茶叶等防暑品。县委常委、统战部部长郝崭文,县人大副主任、总工会主席张炳才,总工会党组书记、常务副主席王首东参加了慰问活动。8月,县总工会开展"夏送清凉慰问考古实习大学生"活动,为在阳原泥河湾石沟遗址进行考古实习的河北师范大学学生送去茶叶、

图 4-1 阳原县总工会金秋助学活动

防暑糖和矿泉水等物品。参加慰问活动的有县人大副主任、总工会主席张炳才，总工会党组书记、常务副主席王首东，河北泥河湾遗址群保护区管理委员会常务副主任孙莉，副主任闫树启，河北东方人类探源工程首席科学家谢飞等。9月，县人大副主任、总工会主席张炳才一行4人，深入困难职工家中进行中秋节慰问，送去慰问金和月饼、米、面、油等慰问品，共慰问了33名困难职工，发放慰问金和慰问品价值4万多元。对县实验小学和化稍营中心校2所学校的65名贫困学生进行资助，每生1000元。医疗救助38人，发放救助金37.1万元。

2019年"六一"前夕，开展了贫困生慰问活动，对东井集、化稍营、揣骨疃、马圈堡、辛堡5个乡镇的120名单亲儿童和留守儿童进行慰问，送去了书包、雨衣和文具等慰问品。7月，对142名省驻村工作队员进行慰问，每人发放价值500余元的慰问品。

2020年1月，县总工会开展送福迎春活动。县人大常委会副主任、总工会主席张炳才，总工会党组书记、常务副主席王首东，为一线职工送上"福"字春联。2月，县总工会慰问医学隔离点疫情防控人员。县人大常委会副主任、总工会主席张炳才，总工会党组书记、常务副主席王首东，总工会副主席石利清，到县医院和西宁宾馆两个医学隔离点，为疫情防控人员送上价值

6000元的慰问品。

图4-2 阳原县总工会新春送福活动

2021年1月，县总工会会同县委组织部联合开展"送温暖"活动，慰问省、市扶贫驻村干部，送去价值5万多元的慰问品。到中医院、县医院、县疾控中心、西城镇卫生院、县妇幼保健站和住建局城管执法大队菜市场防疫点看望了疫情防控人员，送去口罩、春联、水果等慰问品。对支援石家庄疫区的7名医护人员每人送去1000元慰问金和价值500多元的慰问品。7月，县总工会开展"夏送清凉"的活动，陪同县委、县政府领导慰问高温下坚守岗位的交警、环卫工人和新冠疫苗接种医务人员。县委书记郝燕飞，县委常委、统战部部长张应红，县委常委、县委办主任王建江，县人大副主任、总工会主席张炳才，政府副县长贾景宣、杨怿欣等出席活动，慰问职工436人，发放慰问品价值20余万元。县总工会党组书记、常务副主席王首东，总工会副主席石利清陪同慰问。

2022年1月，县总工会举行2022新春劳模座谈会。县人大常委会副主任、总工会主席张炳才，总工会党组书记、常务副主席王首东，与省、市级劳动模范欢聚一堂，共话阳原发展变化，祝福北京冬奥会圆满成功。同月，县总工会对节日期间坚守在境内高速路口、109国道、天走线道路等7个疫情防控检查站的357名一线执勤人员进行慰问，并对在崇礼区203名冬奥服务保障人员家属进行慰问。6月1日,总工会主要领导深入东井集、小石庄、井儿沟3所中心小学慰问困境儿童71名,送去书包和夏凉被等慰问品。在"夏送清凉"活动中,总工会对省、市、县重点项目工地380工人进行慰问,发放慰问品16万元。8月,总工会会同有关部门组织"相约七夕"联谊活动,为60多名单身男女提供联谊平台。阳原县总工会送温暖活动情况见下表:

图4-3 阳原县总工会"六一"儿童节慰问活动

图4-4 阳原县总工会开展人才联谊活动

1989—2009年阳原县总工会送温暖活动一览表

年份	参加活动人数	访问职工数（户）	解决问题（件）	慰问金 款数（元）	慰问金 户数
1989	1974	2003	681	4800	115
1990	781	2040		18800	582
1997	1225	2210		162000	900
1999	1188	1952		52250	412
2000	1316	2142		54500	421
2002	1276	2010		53800	215
2007	1284	2019		30860	186
2009	1386	2120		61400	232

第五章　职工救助

第一节　组织帮扶

1956年，县工会为325名因病因事造成生活困难的职工补助8265元资金，占申请人员的87%。

1991年7月，县工会制定《阳原县职工扶贫工作第八个五年计划（1991—1995）》并组织实施。

1996年，县总工会组织6个调查组，深入厂矿企业和有关单位，对拖欠职工工资和特困职工情况进行摸底调查。之后，会同县财政、粮食、工商、劳动人事、经贸、国税、地税、教育、卫生、环保10个部门，联合制定了《关于发放特困职工优待证和对特困职工实行优惠政策的意见》（以下简称意见）。《意见》规定特困职工范围、特困职工条件、优待证发放办法以及对特困职工的11项优惠政策。同年，104名特困职工（全家人均月收入不足90元）领取了优待证，并享受到政策优惠。此后，县总工会逐年完善特困职工信息档案数据库，对特困职工实行流动管理。到2009年，共发放优待证1868人次，发放救助款和慰问金426000元，其中862名职工在帮扶下解困。

1998年，县总工会联合县就业局为400多名下岗职工开展职业技能培训，并与金融企业联系为他们每人提供2万元小额贷款。

第二节　解困脱困

1954年，全县成立了5个工会蓄金会，共有385名职工参加，积累资金496元。有困难的职工可以申请借些钱，待下月发工资后偿还。

1998年6月，在县政府和张家口市总工会的支持下，县总工会本着"边启动、边运营、边发展"的思路，自筹资金1万元，开办了"阳原县职工消费合作社配送站"，并在基层设立了送货点。由于是从厂家直接进货，直接面对职工消费者，减少了中间环节，节省了开支，降低了成本，深受职工的欢迎。

1999年，县总工会按照省、市要求，结合实际启动"三个一"工程，即建立一个职业介绍所，建立一个再就业培训中心，建立一个下岗职工生产自救基地。

2001年，县总工会投资12万元，利用现有职工俱乐部房屋建成了职业介绍所和培训中心，配备了计算机、打印机、传真机、电化教学设施等成套现代化办公设备，软硬件设施配套齐全。建立了下岗职工求职档案，与多家职业介绍机构建立了信息合作关系。介绍所和培训中心设置信访接待、法律援助、职业介绍、助学救助、生活救助、医疗救助和职业培训等多个窗口。培训中心与市、县有关技术学校建立业务网络联系，为下岗职工和待业人员开办了家电维修、服装裁剪、雕刻和美发美容等技术培训班，帮助他们掌握1~2项技术。在工商、城建等部门的配合下，在县城龙泉路、中苑路开辟了下岗、特困职工市场，下岗职工和特困职工凭证可享受优惠政策。确定阳原县成功饲料有限责任公司为下岗职工生产自救基地，该公司投产以来，招收的工人大多数为下岗职工。

"三个一"工程实施以来，累计培训下岗职工、待业青年1600多人次。与此同时，利用工会组织网络健全、信息丰富等优势，为用工单位和困难职工牵线搭桥，与石家庄市光大技校、承德兴隆保安公司和家政服务公司等单位合作，使1200多人实现了再就业。2002年，省总工会授予阳原县总工会"劳动福利事业先进集体"称号。

2003年，根据胡锦涛总书记"拓展帮扶范围，完善帮扶方式，提高帮扶水平"的帮扶指示，县总工会正式挂牌成立"阳原县困难职工帮扶中心"，制定了困难职工帮扶办法和帮扶中心工作人员守则，建立了县总工会领导与特困职工家庭联系的工作制度。

2005年，在全县干部职工中开展了"捐一日工资献一份爱心"的"一日捐"活动，发动全县各界共同关注困难职工，帮助困难职工，共计捐款9.8万元。此外，还开展了危急病困难职工子女上学难等救助活动。

2007年3月，成立了阳原县维护职工队伍稳定领导小组。4月，县总工会组织各基层工会开展企业特困职工基本情况调查和金秋助学活动摸底调查。

9月，县总工会成立了法律援助工作站，总工会副主席张秀文兼任站长。

2008年1月，县总工会启动了职工重大疾病医疗互助活动。全县9740名职工参加，筹集互助金35.064万元。按照规定，参与活动的职工每年交纳36元互助金，年内遇到重大疾病最高可获得3万元补助资金；工会会员患重大疾病时可增加10%的补助；连续5年交纳互助金的职工退休后患重大疾病的仍按在册职工标准给予一次性补助；参加重大疾病医疗互助的职工无工作配偶或不满18周岁子女有一方患病的也可享受一次性帮扶。

2009年2月，阳原县委九届五次会议和县人大十四届四次会议均将职工重大疾病医疗互助列为全县的民生工程。3月，县总工会会同县劳动人事局和工商联在全县开展了"共同约定不裁员、不减薪"活动。4月，第二期大病互助活动正式启动，起报金额由2008年的最低3000元降低至2000元，报销比例由上期的10%提高到20%。全县共有10240名职工参加了这一活动，筹集互助资金36.864万元，同比增长5%。非公企业参加活动的比例也有所上升，有4家企业的200多名职工参加了这一活动。全县80名职工领取大病互助补助17万元。大病互助活动成为职工因病致困的可靠防线，有效缓解了患病职工家庭的经济负担和思想压力。6月，县总工会制订了《关于开展察实情、摸实底、建实账大调研活动实施方案》，成立了领导小组，启动了调研工作。

2017年，全市召开创业就业扶持专项行动推进会之后，县总工会对困难职工进行摸底，对有创业就业意愿的职工进行走访。对基层工会申报的150多个扶贫项目进行筛选，确定了14个创业就业扶持对象，扶持项目涉及加工制造、餐饮食品、商业零售、种植养殖等。最终，经张家口市总工会审核，13个扶持项目获得审批，另有1个项目申报了省总工会。对于这项项目，主要通过提供生产资料的形式给予支持，另有一个项目通过无息借款的方式提供资金支持。通过"两审核、一把关、一公示"的程序，即基层工会和乡镇审核，县总工会把关，最后公示，对困难职工加以认定，建立了电子档案和书面档案，实行动态管理。2017年，对22名患大病和生活陷入困难职工发放救助金24.8万元。12月，县总工会在阳原宾馆举行了第二批特约商家签约授牌仪式。继2016年与阳原宾馆、新世纪电器城有限公司、金源加油站、华福商贸有限责任公司（常三百货）、阳原县煜豪生态农业发展有限公司（独山村）等5个商家签约之后，县总工会又发展了西城化妆品世界、张家口易源北魏温泉有限公司、阳原温泉宾馆、三马坊康路温泉度假村、西城福昌超市和阳原当代电影院6个服务商家。

图 5-1　阳原县总工会联手签约商家开展职工普惠服务

2018年1月，县总工会召开签约商家座谈会，11个签约商家负责人参加。4月，总工会联合县人社局、团县委、县妇联在泥河湾文化广场举办了2018"春风行动"专场招聘会。招聘会以"聚力就业优先、助推脱贫攻坚"为主题，26家企业参与，其中有朝阳区人社局组织的11家驻京企业和驻阳原县周边地区15家企业，提供就业岗位1.3万个。活动现场上万人参加，初步达成就业意向近2000人次，其中与朝阳区企业达成初步就业意向417人次。

图 5-2　阳原县总工会召开特约商家座谈会

同年，通过"两审核、一把关、一公示"程序，对困难职工加以认定，共确定33名困难职工，建立了电子档案和书面档案，进行重点资助。中秋时节，为每户困难职工送去慰问金和生活用品价值1396元，资金总计46068元。发放工会会员卡7000多张，全县持卡职工达到24107人，普惠化服务商家达到23家。按照市总工会要求，实现网上平台、工会会员卡、智慧数据库互联互通，让职工"一键找到工会""一网享受服务"。

2019年8月，县总工会按照省、市总工会部署，开展在档困难女职工关爱行动，为2019年工会帮扶工作管理系统的全国级建档立卡5名困难女职工免费进行"两癌"（宫颈癌、乳腺癌）筛查。11月，县总工会召开第13期职工大病医疗互助活动启动仪式暨工会会员网上认证推进会。同月，县总工会携手新世纪电器城与创维集团开展"节能换新双项补贴"普惠职工活动，每张补贴卡最高可抵1200元现金。同年，县总工会对全县困难职工进行全面摸底，按照国家标准为29户困难职工建档立卡给予重点帮扶，年内22户困难职工实现脱贫。2020年，全县困难职工全部实现脱贫出列。

2022年，县总工会微信公众号开通就业招聘服务链接，与全国总工会"工E就业"和县人社部门就业服务平台对接，不定期发布就业信息，促进职工就业。

县总工会将困难职工子女也纳入了救助范围。2019年儿童节前夕，慰问了5个乡镇的120名单亲儿童、留守儿童和困难儿童。2021年，慰问了95名孤儿和50名事实孤儿。2022年，先后到东井集中心小学、小石庄中心小学、井儿沟中心小学等地慰问困境儿童72名。阳原县职工大病医疗互助情况见下表：

阳原县职工大病医疗互助情况一览表

年度	参与职工人数	筹集资金（万元）	上缴市总工会资金（万元）	市总工会回拨资金（万元）	救助情况			
					救助职工人数	支付互助金（万元）	其中救助患重大疾病职工人数	支付互助金（万元）
2008	9752	35.1072	35.1072	14.0429	11	2.0753	5	1.1754
2009	10168	36.6048	36.6048	18.4320	112	24.3976	18	12.7273
2010	9076	32.6736	32.6736	34.0454	158	24.2890	35	12.3937
2011	9065	32.6340	32.6340	32.6340	166	39.4952	49	26.4589
2012	9091	32.7276	32.7276	32.0731	211	32.3324	57	17.6330
2013	8091	40.4550	40.4550	40.4550	201	38.3734	68	24.5119

续表

年度	参与职工人数	筹集资金（万元）	上缴市总工会资金（万元）	市总工会回拨资金（万元）	救助情况			
					救助职工人数	支付互助金（万元）	其中救助患重大疾病职工人数	支付互助金（万元）
2014	8455	42.2750	42.2750	52.2750	182	57.0741	56	41.2620
2015	8346	41.7300	41.7300	38.9700	163	36.9490	46	23.6231
2016	8293	41.4650	41.4650	56.4650	228	40.4976	63	22.7026
2017	8521	42.6050	42.6050	65.7950	429	65.7875	125	38.7674
2018	8828	44.1400	44.1400	58.8850	233	56.2807	56	24.8904
2019	8868	44.3400	44.3400	58.0000	275	75.4506	91	47.6997
2020	8911	44.5550	44.5550	77.0000	200	54.3173	67	37.5689
2021	8650	43.25	43.25	43	248	89.9536	117	75.1985
2022	8569	42.96	42.96	41	190	77.1442	90	57.5705

第六章　职工活动

第一节　文体活动

职工体育活动兴起于 20 世纪 50 年代，活动项目以篮球为主，此外还有乒乓球、象棋、扑克等。

1956 年，县工会联合会利用结余经费修建成立了职工俱乐部（位于县城西大街路北原文化馆楼）。俱乐部的任务是在党委和工会委员会的领导下，通过开展各种文化、艺术、体育等活动，提高职工群众的政治、文化、技术水平，增进职工的身体健康，树立集体主义与共产主义思想，发挥职工群众的积极性与创造性。1957 年，县工会为加强对职工俱乐部管理，成立了管理委员会，由 9 人组成，另吸收 10 名工会积极分子参加。俱乐部下设图书、音乐、文娱、体育、广播五个小组，每周六下午和周日为活动时间，活动内容有图书借阅、报纸杂志阅览、音乐舞会、游艺体育和科学讲座等。图书组配备图书 2800 册，日均借阅 120 册左右，阅读人数达百人以上。通过开展俱乐部活动，有效地丰富了职工的业余生活，提高了职工的政治文化知识水平，陶冶了职工情操，为把广大职工团结到工会周围起到了桥梁和纽带作用。

1965 年，许多单位也增设了体育器械，供职工进行体育锻炼。

1966 年，"文化大革命"全面爆发后，职工俱乐部停止活动。

从 1973 年开始，县工会在每年的"五一""十一"和元旦等节假日，都要举行职工篮球、乒乓球和棋类比赛，以此推动职工群众体育活动的开展。

1976 年 4 月，职工俱乐部恢复活动，开办了职工图书馆和阅览室（地址在县城北大街旧工会院内），配备了专职管理员，由工会成员付忠汝专门负责。

1984 年，省、地区、县三级工会筹资 20 万元，在县城南大街路东兴建了阳原县职工俱乐部，建筑面积1200平方米，有图书馆、阅览室、乒乓球室、台球室和职工活动室，并增加了录像机、投影机、电视机、电子游艺机、照相机等设备，吸引了众多的职工参加活动，每天可达200多人次，较好地发挥了俱乐部"学校"和"乐园"两个作用。同年3月，在"河北音乐之春"阳原县第四次音乐会上，县工会组织22个单位、300多名职工在人民礼堂自编自演节目。7月，县工会组织开展了县直厂矿、企业、机关、学校职工篮球、乒乓球比赛。

1985年6月，县工会组织男女队参加地区工会办事处举办的职工业余乒乓球比赛，男队获得团体第三名。

1988年2月，县工会会同县体委、教委、老干部局、劳动人事局联合举办了职工篮球、象棋、围棋、环城长跑和拔河比赛，386名职工参加比赛。

1988年，职工俱乐部进行改革，由原来的单纯服务变为经营服务，县工会实行招标承包经营。

1990年9月，县工会举行了"迎亚运""庆十一"体育比赛。

1993年，县总工会组建了职工业余服装表演队。表演队在地委、地区行署在阳原县召开的乡镇企业现场会上和国家教委视察阳原教改工作时进行表演，积极宣传阳原裘皮服装和毛皮文化。

1996年4月，县总工会举办了"庆祝中华全国总工会成立70周年"职工文艺晚会。

1997年6月至7月，县总工会举办了"庆七一、迎回归"职工书法、美术展览。

1998年，县总工会与县教育局联合举办职工运动会。同年4月，县总工会举办了"庆五一"演讲会。县第二瓷厂李家钰等5名职工作了事迹演讲。

1999年10月，举办了以"庆祖国五十华诞，迎澳门百年回归"为主题的职工书法、美术展览。全县100多名职工的200多幅作品参加了展览，并聘请专家评选出优秀作品。

2002年，县总工会与县教育局联合举办了"通讯杯"职工篮球比赛。

2002年以后，各级工会积极组织职工开展篮球、歌咏、拔河等喜闻乐见的活动，并以此陶冶职工情操，增强工会组织的凝聚力。县龙普陶瓷有限责任公司的职工排出了表演唱《四大嫂参观龙普》节目，以电视短剧的形式走上了张家口电视台。

2004年4月，县总工会与县教育局联合举办了"五一·中行杯"职工篮球比赛。

2006年10月，在南关文化广场举办了老年健身舞、太极拳、花鼓、象棋、门球和交际舞6个项目的老年人体育比赛。

2007年5月18日，县总工会举办了"迎奥运"职工、学生长跑比赛。

2008年4月，县总工会举办了"移动杯""庆五一、迎奥运"职工长跑比赛。会同县委宣传部、县教育和科学技术局联合举办了"我爱家乡——阳原"广场群众文化活动，以"周周有活动，月月有主题"为主线，积极彰显阳原的民俗文化、节庆文化、群众文化和企业文化。各基层工会根据本单位特点，广泛开展了内容丰富、形式多样的文体活动。县第一中学工会举办了以"雏鹰展翅"为主题的书画展，龙普公司工会和县第一瓷厂工会组建了企业篮球队和文艺表演队，经常开展篮球赛、乒乓球赛、歌咏比赛等活动，并办起了厂报，自编了厂歌，极大地丰富了职工的文化生活。

2016年，县委组织部、县文明办和县总工会联合举办了全县党员干部职工庆"七一"乒乓球比赛，分男子团体赛和男女单打赛，67名职工参加了比赛。

2017年8月，县总工会举办了首届全县职工象棋比赛。按照国际象棋比赛规则，分预赛、复赛、决赛三个阶段，参赛职工43人，获奖职工8人，于佳新、刘文、郭学兵三人分别获得前三名。

2019年4月，县总工会和县电视台联合举办了阳原县庆"五一"首届职

图6-1 职工广场舞大赛

工广场舞大赛决赛，14个乡镇代表队和10个县直单位代表队参赛，分别决出一、二、三等奖各一名。颁奖仪式在泥河湾文化广场举行，对一、二、三等奖获得者颁发证书，并分别给予3000元、2000元、1000元奖金，同时表彰了优秀组织单位。6月，县总工会举办全县职工诵读比赛，喜迎中国共产党成立98周年和新中国成立70周年。16组选手通过决赛，决出3组获胜选手，分别获得1000元、800元、600元奖金。12月，县总工会与县委宣传部、县电视台、县教育体育和科学技术局联合承办了县委、县政府主办的阳原县首届冰雪运动会。同月，县总工会举办2019年迎新年职工乒乓球比赛，28个代表队、84名职工参加，县自然资源和规划局、县供电分公司、县公安局、西城镇代表队分别获得一、二、三、四等奖，县检察院、教师进修学校、交警队、司法局代表队获得优秀奖。

图6-2 职工乒乓球比赛

2020年7月，开展"唱支红歌给党听"活动。9月，县总工会与县摄影家协会联合举办迎国庆"古建遗存摄影展"，收到参赛作品909幅，评选出100幅优秀作品集印成册，对30幅作品给予奖励。10月，举办"中国梦·劳动美——阳原县职工广播体操决赛"，来自县一中、二中、职中、实验小学的四支代表队参加决赛，县一中和实验小学分别获得第一名和第二名。同月，县总工会承办了张家口市职工乒乓球比赛，设男子团体、女子团体、男子单打、女子单打四个项目，来自全市县区的16支代表队参赛，决出男女团体前6名和男女个人前8名给予奖励。12月，县总工会与县教体科局、县委宣传部共同承办了第二届阳原县冰雪运动会。

图 6-3　阳原县职工歌手大赛

图 6-4　阳原县职工广播体操大赛

2021年12月，县总工会举行了"把一切献给党，劳动创造幸福"征文颁奖仪式，此次征文收到22位作者的77篇稿件，评选出一等奖3篇，二等奖5篇，三等奖7篇，优秀奖7篇，获奖作品辑印成册。

2022年，县总工会开展了"冬奥知识竞赛"，全县200名基层工会人员参加竞赛。会同有关单位承办了阳原县第三届冰雪运动会，1000多名职工参加了比赛。组织工会会员参加"河北省职工云上运动会"，全县组团92个，共有3100人参加。

第二节 爱心活动

1954年，县工会号召全县广大职工认购经济建设公债500万元（旧币），支援国家重工业建设。

1994年6月，县总工会号召工会女工开展"伸出一双手，奉献一颗爱心"活动。23名工会女工捐献503件衣服、229元现金和部分图书玩具及学习用品，价值人民币3250元，发放到贫困山区儿童手中。此事被《张家口日报》予以报道。

2004年，县总工会在全县职工中开展捐"一日工资"扶贫助困募捐活动，全县120个单位的职工共捐款98812元。

2020年2月初，县总工会发出《致全县职工的一封信》，号召全县职工积极防控新型冠状病毒感染疫情。县总工会与团县委、县妇联联合行动，招募职工志愿者400名，参加疫情防控工作。2月24日，召开疫情防控志愿者工作推进会，安排防控工作。之后，县疫情防控工作志愿者服务行动协调组对志愿者进行培训，将300多名志愿者编为16个行动小组、2个防控队和1个宣传引导队开展工作。

第三节 包村扶贫

2016年，按照县委统一安排，县总工会包扶揣骨疃镇香草沟村。总工会选派3名工作人员长期驻村开展扶贫工作。29名机关干部职工全员出动，采取"一包五"（每人包扶五户）的形式实行定点帮扶。

2018年，县总工会投资20万元，为香草沟村"两委"（村支委和村委）兴建了6间办公室，安装了8组路灯，购置了文艺表演服装和乐器。总工会党组书记、常务副主席王首东多次带队入村慰问，节日期间为村民送去饺馅、面粉，捐赠村民衣服317件。同年9月，县总工会党组书记、常务副主席王首东、副主席石利清、高慧敏一行10人，深入到香草沟村开展"脱贫攻坚见行动,中秋慰问暖人心"活动,为109个贫困户送去中秋月饼。

2019年10月,县总工会领导班子成员及"一包五"责任人在党组书记、常务副主席王首东的带领下,深入到香草沟村进行"入户大走访",开展"四个一"暖心行动,即为所帮户打扫一次卫生、办一件实事、同吃一顿饭、宣讲一次政策。同年,总工会积极争取县扶贫办和揣骨疃镇的支持,截流山泉潜水引水入户,从而实现为村民不间断免费供水,结束了村民付费用水、三天供应一次的历史。县总工会在帮助该村加强基础设施建设的同时,积极做好后进支部转化工作,努力增强村支部的战斗力。2020年,香草沟村如期脱贫。

图6-5 阳原县总工会党组书记、常务副主席王首东(右)到包扶村慰问村民

第四节 疫情防控

2020年年初,面对突如其来的新型冠状病毒感染疫情(简称"新冠疫情"),县总工会利用公众号第一时间发出一封公开信,号召全县广大干部职工认真做好疫情防控,并印制了两万多份宣传资料。随后,300多名职工主动请缨,成为疫情防控志愿者,组成19个小组分头行动,为疫情防控做了大量工作。

新冠疫情持续蔓延,总工会组织职工开展深入持久的疫情防控工作,并多次对疫情防控人员进行慰问。对总工会机关所包联的世纪广场小区,实行轮流值守,认真做好人员摸底、排查、出入登记和全面消毒等工作,确保了小区的安全,受到了居民的好评。

2022年,按照全县统一安排,总工会负责县城第十五片区(南街片)疫情防控工作。十五片区的管控范围为:东至东苑南路,南至弘州大道,西至西苑路,北至昌盛东街,东西长约1000米,南北宽约1400米,片区面积大,街巷四通八达。根据实地勘察，共有大小路口51处，有13条"死巷子"，片区总人口4636人，其中平房区人口3749人。

总工会在片区内共设置人力封控管控点4处，集中核酸采集点8个。配备了地锥桶60个，警戒线58盘（每盘50米），警示灯20个，荧光棒20个，自喷漆30桶。每处配备12名工作人员轮流值守，对进出人员查验24小时核酸、健康码、行程码，并督促其进行核酸检测。购买小喇叭25个，印制明白纸10000份，悬挂条幅30条，制作告示牌22块，以加大宣传力度。并成立了20人的应急小队、30人的巡查队和物资保障组，在整个封控管控和全员核酸检测期间较好地完成了县疫情防控领导小组下达的各项任务。

2022年12月，根据国家政策，疫情防控不再实行集中管控，总工会不再派遣人员到小区值守。

第五编 05
先进典型

第一章　劳动模范

劳动模范简称"劳模",分为全国劳模、省(部)委级劳模、市级劳模和县级劳模四个等级。此外,一些企业或其他单位也自行评选劳模。劳模评选,最早出现在土地革命战争时期中共苏区的公营企业和革命竞赛当中,尔后出现在抗日战争时期陕甘宁边区大生产运动和各项建设当中,解放战争时期又出现了"支前劳模"和新解放城市中的"工业劳模"。新中国成立后,开始评选各行各业劳模,劳模类型也由个人扩展到集体。除评选各级劳模外(一般由同级党委、政府联合表彰),工会系统还设立了"五一劳动奖状"和"五一劳动奖章",分别用以表彰劳动先进集体和先进个人。

阳原县的劳模评选与表彰,始于新中国成立之后。1950年,阳原县开始首批县级劳模的评选表彰。

第一节　劳模评选

劳模的产生方式,从最初的上级指定到后来的群众评选。评选工作由各级工会组织。解放初期,依据社会主义劳动竞赛和生产运动,评选产生劳动模范和先进工作者。"文化大革命"期间,劳模评选工作中止。"文化大革命"之后,恢复劳模评选,并进一步扩大劳模评选范围,评选方式也更加民主科学,评选过程更加程序化,逐步形成了基层单位群众推荐、相关部门联合审查、主管工作机构审批、进行社会公示监督等各个环节有机结合的评选机制。

县级劳模

阳原县县级劳模的评选,始于1950年。该年12月,经各工会小组评选,全县评选出王财、韩有等8名劳动模范并予以表彰。南梁庄马荣互助组马荣被评选为出席省劳模大会的代表。全县还表彰了模范集体，最早的临时互助组——揣骨疃张瑞互助组被评为一等劳模。

1954年，阳原县工会系统评选出3名劳动模范，予以表彰奖励。1958年后，主要评选"红旗手"和劳动模范。

20世纪60年代，浮图讲公社六角大队牲畜配种员杨进业，被评为劳动模范。

"文化大革命"期间，主要树立"学习毛主席著作积极分子"典型，不再评选劳动模范。

20世纪70年代，阳原县氟中毒防治小组组长刘荣忠，被评为劳动模范。

1985年，阳原县评选劳动模范。

1988年1月，县委、县政府召开表彰大会，隆重表彰1987年度全县各条战线先进集体和模范个人，其中表彰模范个人304人（优等劳模20人，模范个人284人）。

1989年2月，县委、县政府联合召开劳动模范表彰大会，隆重表彰1988年度全县各条战线先进集体和模范个人，其中表彰模范个人277人（优等劳模15人，模范个人262人）。

1992年1月，县委、县政府联合表彰1991年度196名先进个人，其中工业企业先进个人55名，乡镇企业先进个人22名，农业与农村先进个人51名，县直单位先进个人68人。

1999年3月，阳原县以劳动竞赛委员会名义，对1998年度全县社会主义劳动竞赛先进集体和个人进行表彰，授予县第一瓷厂等9个单位"优胜单位"称号，授予县邮政局储蓄组等21个单位"优胜车间班组"称号，授予李家钰等80名职工"文明生产标兵"称号。阳原县以劳动竞赛委员会名义表彰劳动模范，仅此一次。

2002年至2012年间，阳原县中断劳模评选与表彰工作。

2013年，县委、县政府联合召开劳模表彰大会，表彰劳动模范40名、模范集体10个。之后，劳模评选与表彰工作再度中断。

2018年4月，县总工会提请县委、县政府召开了庆"五一"暨劳动模范表彰大会。这次大会共表彰了11个模范集体和50名劳动模范。模范集体和劳动模范代表分别作大会典型发言，全体劳动模范向全县劳动者发出了《倡议书》。县委、县人大、县政府、县政协四大班子处级领导、各乡镇党委书记及工会主席、县直各单位主要负责人和工会主席、模范集体代表和劳动模范出席会议。会议由县委副书记王羽霄主持，县长李德讲话。表彰大会结束之后，举行了庆"五一"文艺演出。

自此之后至2022年，阳原县没有评选县级劳动模范。阳原县县级劳模情况见下表：

阳原县获得县级劳动模范称号人员名表

姓名	工作单位职务	荣誉称号	授予时间	备注
张瑞	揣骨疃张瑞互助组	一等劳模	1950	1950年共表彰8名劳模，其他5人情况不详
王财		劳动模范	1950	
韩有	县工会	劳动模范	1950	
			1954	1954年表彰3名劳模，人员情况不详
杨进业	浮图讲公社六角大队牲畜配种员	劳动模范	20世纪60年代	
刘荣忠	县氟中毒防治小组组长	劳动模范	20世纪70年代	
			1985	该年评选劳模具体情况不详
李守平	马圈堡乡党委书记	优等劳模	1987	
白月君	东城镇党委书记	优等劳模	1987	
常春贵	县财政局局长	优等劳模	1987	
杨义山	县供销社主任	优等劳模	1987	
曹正文	县物资局局长	优等劳模	1987	
李富山	县粮食局局长	优等劳模	1987	
刘汉儒	县民政局局长	优等劳模	1987	
张喜悦	县瓷厂厂长	优等劳模	1987	
薛继斌	县委组织部副部长	优等劳模	1987	
常财	县大修厂厂长	优等劳模	1987	
杨钦	县社土产公司经理	优等劳模	1987	
常喜成	县公安局副局长	优等劳模	1987	
郅应才	东井集镇镇长	优等劳模	1987	
袁宝忠	县纪检委科长	优等劳模	1987	

续表

姓名	工作单位职务	荣誉称号	授予时间	备注
焦常清	县城建局局长	优等劳模	1987	
武兴		优等劳模	1987	
张德仁	揣骨疃镇曲长城村书记	优等劳模	1987	
李恩		优等劳模	1987	
杨文		优等劳模	1987	
王玉美		优等劳模	1987	
李存雨	东井集镇	模范个人	1987	
任俊	东井集镇	模范个人	1987	
尉占成	东井集镇	模范个人	1987	
李定	东井集镇	模范个人	1987	
赵明	东井集镇	模范个人	1987	
席举	东井集镇	模范个人	1987	
王贵仁	东井集镇	模范个人	1987	
巩有福	东井集镇	模范个人	1987	
武子明	东井集镇	模范个人	1987	
张秀财	东井集镇	模范个人	1987	
孙秀林	东井集镇	模范个人	1987	
安成兵	东井集镇	模范个人	1987	
李春香	东井集镇	模范个人	1987	
刘志	东井集镇	模范个人	1987	
吉喜顺	东井集镇	模范个人	1987	
胡体	东井集镇	模范个人	1987	
孙福连	东井集镇	模范个人	1987	
龙田民	要家庄乡	模范个人	1987	
师建荣	要家庄乡	模范个人	1987	
张学英	要家庄乡	模范个人	1987	
吕胜	要家庄乡	模范个人	1987	
白万	要家庄乡	模范个人	1987	

续表

姓名	工作单位职务	荣誉称号	授予时间	备注
李生贵	要家庄乡	模范个人	1987	
王志成	要家庄乡	模范个人	1987	
张的孝	要家庄乡	模范个人	1987	
张业	要家庄乡	模范个人	1987	
石云	要家庄乡	模范个人	1987	
孟宽	要家庄乡	模范个人	1987	
郑有才	黄良坡乡	模范个人	1987	
李义祥	黄良坡乡	模范个人	1987	
赵源	黄良坡乡	模范个人	1987	
王岱	黄良坡乡	模范个人	1987	
赵俊民	黄良坡乡	模范个人	1987	
王志恒	黄良坡乡	模范个人	1987	
张仲华	黄良坡乡	模范个人	1987	
王必孝	西城镇	模范个人	1987	
赵瑞清	西城镇	模范个人	1987	
张金成	西城镇	模范个人	1987	
马占啟	西城镇	模范个人	1987	
刘芝兰	西城镇	模范个人	1987	
刘巨成	西城镇	模范个人	1987	
帅振恒	东坊城堡乡	模范个人	1987	
李吉清	东坊城堡乡	模范个人	1987	
苗文顺	东坊城堡乡	模范个人	1987	
王祥	东坊城堡乡	模范个人	1987	
张兵	东坊城堡乡	模范个人	1987	
张德全	东坊城堡乡	模范个人	1987	
李存财	东坊城堡乡	模范个人	1987	
冯永田	东坊城堡乡	模范个人	1987	
宋秀英	东坊城堡乡	模范个人	1987	

续表

姓名	工作单位职务	荣誉称号	授予时间	备注
张炳文	东坊城堡乡	模范个人	1987	
胡润富	东坊城堡乡	模范个人	1987	
李武	东坊城堡乡	模范个人	1987	
刘凤彪	井儿沟乡	模范个人	1987	
李志中	井儿沟乡	模范个人	1987	
薛金	井儿沟乡	模范个人	1987	
任云	井儿沟乡	模范个人	1987	
杨平	井儿沟乡	模范个人	1987	
赵全	井儿沟乡	模范个人	1987	
郝守仁	井儿沟乡	模范个人	1987	
张志海	井儿沟乡	模范个人	1987	
杨志	井儿沟乡	模范个人	1987	
袁贵	东城镇	模范个人	1987	
苏光荣	东城镇	模范个人	1987	
马忠	东城镇	模范个人	1987	
张应珍	东城镇	模范个人	1987	
刘生雨	东城镇	模范个人	1987	
辛生高	东城镇	模范个人	1987	
王祥	东城镇	模范个人	1987	
杨全生	东城镇	模范个人	1987	
苏国昌	东城镇	模范个人	1987	
任永峰	三马坊乡	模范个人	1987	
孙成高	三马坊乡	模范个人	1987	
徐忠斌	三马坊乡	模范个人	1987	
赵胜武	三马坊乡	模范个人	1987	
宋明	三马坊乡	模范个人	1987	
崔绍贵	三马坊乡	模范个人	1987	
崔昌禄	三马坊乡	模范个人	1987	

续表

姓名	工作单位职务	荣誉称号	授予时间	备注
胡正富	三马坊乡	模范个人	1987	
钱熙霭	化稍营镇	模范个人	1987	
申桂	化稍营镇	模范个人	1987	
马瑞明	化稍营镇	模范个人	1987	
王振贵	化稍营镇	模范个人	1987	
明步常	化稍营镇	模范个人	1987	
王斌生	化稍营镇	模范个人	1987	
耿喜本	化稍营镇	模范个人	1987	
郝玉明	化稍营镇	模范个人	1987	
钱圣福	化稍营镇	模范个人	1987	
张友	高墙乡	模范个人	1987	
刘君富	高墙乡	模范个人	1987	
沈占祥	高墙乡	模范个人	1987	
刘善宝	高墙乡	模范个人	1987	
董全	高墙乡	模范个人	1987	
周和	高墙乡	模范个人	1987	
张玉福	金家庄乡	模范个人	1987	
刘德贵	金家庄乡	模范个人	1987	
陶文	金家庄乡	模范个人	1987	
左行军	金家庄乡	模范个人	1987	
张凤英	金家庄乡	模范个人	1987	
杨世全	石匣里乡	模范个人	1987	
张正福	石匣里乡	模范个人	1987	
武正考	石匣里乡	模范个人	1987	
赵国顺	石匣里乡	模范个人	1987	
喇志润	石匣里乡	模范个人	1987	
沈邰	石匣里乡	模范个人	1987	
郭贵元	石匣里乡	模范个人	1987	

续表

姓名	工作单位职务	荣誉称号	授予时间	备注
张连富	石匣里乡	模范个人	1987	
雷喜	石匣里乡	模范个人	1987	
杜世昌	大田洼乡	模范个人	1987	
杜富	大田洼乡	模范个人	1987	
岳会平	大田洼乡	模范个人	1987	
张贵荣	大田洼乡	模范个人	1987	
卜会秀	大田洼乡	模范个人	1987	
郭秀科	大田洼乡	模范个人	1987	
李玉莲	大田洼乡	模范个人	1987	
韩凤林	大田洼乡	模范个人	1987	
焦恩德	南辛庄乡	模范个人	1987	
刘荣	南辛庄乡	模范个人	1987	
王丙昌	南辛庄乡	模范个人	1987	
苗爱根	南辛庄乡	模范个人	1987	
孙玉春	南辛庄乡	模范个人	1987	
杨生君	南辛庄乡	模范个人	1987	
杨建忠	南辛庄乡	模范个人	1987	
张仲山	辛堡乡	模范个人	1987	
曹丙福	辛堡乡	模范个人	1987	
庞丙枢	辛堡乡	模范个人	1987	
苏茂荣	辛堡乡	模范个人	1987	
郝安	辛堡乡	模范个人	1987	
梁喜栋	辛堡乡	模范个人	1987	
刘生选	辛堡乡	模范个人	1987	
薛仲效	马圈堡乡	模范个人	1987	
曹建国	马圈堡乡	模范个人	1987	
刘建国	马圈堡乡	模范个人	1987	
张俊堂	马圈堡乡	模范个人	1987	

续表

姓名	工作单位职务	荣誉称号	授予时间	备注
王林	马圈堡乡	模范个人	1987	
杨玉明	浮图讲乡	模范个人	1987	
李来银	浮图讲乡	模范个人	1987	
曹炳成	浮图讲乡	模范个人	1987	
王连贵	浮图讲乡	模范个人	1987	
李相	浮图讲乡	模范个人	1987	
康存	浮图讲乡	模范个人	1987	
李孝	浮图讲乡	模范个人	1987	
马林	浮图讲乡	模范个人	1987	
张永亮	浮图讲乡	模范个人	1987	
刘玉梅	浮图讲乡	模范个人	1987	
魏锁成	揣骨疃镇	模范个人	1987	
朱景山	揣骨疃镇	模范个人	1987	
樊宝英	揣骨疃镇	模范个人	1987	
张雨	揣骨疃镇	模范个人	1987	
石先	揣骨疃镇	模范个人	1987	
王桂珍	揣骨疃镇	模范个人	1987	
王如	揣骨疃镇	模范个人	1987	
杨锦林	东白家泉乡	模范个人	1987	
王德	东白家泉乡	模范个人	1987	
尚荣贵	东白家泉乡	模范个人	1987	
吉浩林	东白家泉乡	模范个人	1987	
张贵义	东白家泉乡	模范个人	1987	
苏志文	东白家泉乡	模范个人	1987	
张国庆	县纪检委书记	模范个人	1987	
李德福	县科协主席	模范个人	1987	
明步通	县公安局副局长	模范个人	1987	
王义	县计委主任	模范个人	1987	

续表

姓名	工作单位职务	荣誉称号	授予时间	备注
姚统文	县机械厂厂长	模范个人	1987	
边双进	县林业局局长	模范个人	1987	
王升昌	东白家泉乡党委书记	模范个人	1987	
王杰	县土地局局长	模范个人	1987	
周太	县广播局局长	模范个人	1987	
吉恒隆	县人民银行行长	模范个人	1987	
郝祥瑞	井儿沟乡党委书记	模范个人	1987	
梁景山	大田洼乡党委书记	模范个人	1987	
刘富荣	西城镇党委秘书	模范个人	1987	
闫振平	县电力局局长	模范个人	1987	
郭孟	县工商银行行长	模范个人	1987	
张鸿国	县第一中学校长	模范个人	1987	
仝仲	县第一建筑公司经理	模范个人	1987	
杜子林	县信访办主任	模范个人	1987	
禹海明	县煤炭公司经理	模范个人	1987	
翟锦斌	县经委副主任	模范个人	1987	
郝少先		模范个人	1987	
马艾业	县委常委、办公室主任	模范个人	1987	
张志清	县公安局股长	模范个人	1987	
李茂元	浮图讲乡党委书记	模范个人	1987	
刘纪田	县体委主任	模范个人	1987	
田玉科	县委组织部科长	模范个人	1987	
赵佃发	县委机要办	模范个人	1987	
刘玉枝	县委宣传部精神文明办副主任	模范个人	1987	
朱贵	县农业局副局长	模范个人	1987	
王萃	大田洼乡党委书记	模范个人	1987	
宋禄	县第一建筑公司副经理	模范个人	1987	
陈富斌	县对外贸易公司副经理	模范个人	1987	

续表

姓名	工作单位职务	荣誉称号	授予时间	备注
祁伟	县广播剧副局长	模范个人	1987	
苏礼三	揣骨疃供销社主任	模范个人	1987	
王永瑞	县招待所所长	模范个人	1987	
杨喜山	化稍营镇企委副主任	模范个人	1987	
安培基	西城供销社主任	模范个人	1987	
马建忠	县粮食局饲料公司经理	模范个人	1987	
白万友	县粮食局直属库主任	模范个人	1987	
魏树根	县工商银行科长	模范个人	1987	
肖臣		模范个人	1987	
申悦	县民政局	模范个人	1987	
左步敢	县物资局	模范个人	1987	
仝守善		模范个人	1987	
卜海清		模范个人	1987	
王恩品	揣骨疃玛钢厂厂长	模范个人	1987	
张兆德	县医药公司经理	模范个人	1987	
贾连厚		模范个人	1987	
李桂梅	县直机关幼儿园园长	模范个人	1987	
龙艾	县教委人事科科长	模范个人	1987	
李凤成	县晋剧团团长	模范个人	1987	
王洪斌	县文化局副局长	模范个人	1987	
杨占宽		模范个人	1987	
郝兰兴		模范个人	1987	
刘荣忠	县防疫站站长	模范个人	1987	
李瑞林		模范个人	1987	
席许	县供销社腐乳厂副厂长	模范个人	1987	
谢秀林	县供销社副主任	模范个人	1987	
张建平	县防疫站	模范个人	1987	
康进财		模范个人	1987	

续表

姓名	工作单位职务	荣誉称号	授予时间	备注
牛志强	县税务局副局长	模范个人	1987	
安文帮	县地毯厂副厂长	模范个人	1987	
袁有		模范个人	1987	
张学军	县文化馆馆长	模范个人	1987	
张永	县招待所所长	模范个人	1987	
赵连岐	县防疫站	模范个人	1987	
马占清	县广播局	模范个人	1987	
苏玲	县农业局	模范个人	1987	
张建才	县气象站	模范个人	1987	
仉占梅	高墙乡妇联主任	模范个人	1987	
张福金	要家庄乡	模范个人	1987	
董英	县政协	模范个人	1987	
郭连忠	县人大	模范个人	1987	
张仁	县计生委	模范个人	1987	
赵武	县民政局	模范个人	1987	
乔英武		模范个人	1987	
董国祯	县医院	模范个人	1987	
安秀清	西城供销社	模范个人	1987	
李培桓		模范个人	1987	
赵炳		模范个人	1987	
王海斌	县科协	模范个人	1987	
侯秀莲	东井集镇妇联主任	模范个人	1987	
张志会		模范个人	1987	
张丕业		模范个人	1987	
孙丽祥		模范个人	1987	
彭桂兰		模范个人	1987	
董凤仙	县医药公司	模范个人	1987	
韩清廉		模范个人	1987	

续表

姓名	工作单位职务	荣誉称号	授予时间	备注
马钰		模范个人	1987	
王啟国		模范个人	1987	
王信		模范个人	1987	
张培林	县第二中学教师	模范个人	1987	
张国林	县职业技术学校教师	模范个人	1987	
王通吉		模范个人	1987	
李云山		模范个人	1987	
高彦中	县第二中学教师	模范个人	1987	
杨慧珍	县实验小学教师	模范个人	1987	
贺玉成	县民政局	模范个人	1987	
薛培英	县委宣传部	模范个人	1987	
政财	县委办	模范个人	1987	
张一辰		模范个人	1987	
赵淑东		模范个人	1987	
张永昌	县委办	模范个人	1987	
张春军		模范个人	1987	
贾义福		模范个人	1987	
任学军		模范个人	1987	
闫昌福	县百货公司	模范个人	1987	
杜恩	县教委职教科	模范个人	1987	
王桂兰	县机关党委	模范个人	1987	
赵安兴	县第一中学	模范个人	1987	
王尚英	县委宣传部	模范个人	1987	
王必孝	黄粮坡乡党委书记	优等劳模	1988	
郑有才	黄粮坡乡党委副书记	优等劳模	1988	
李守平	马圈堡乡党委书记	优等劳模	1988	
刘汉儒	县民政局局长	优等劳模	1988	
常春贵	县财政局局长	优等劳模	1988	

续表

姓名	工作单位职务	荣誉称号	授予时间	备注
姚统文	县机械厂厂长	优等劳模	1988	
张喜悦	县瓷厂厂长	优等劳模	1988	
宋显明	县农业局副局长	优等劳模	1988	
席丕顺	县医院	优等劳模	1988	
马占清	县广播局	优等劳模	1988	
朱玉生	高墙中心校教师	优等劳模	1988	
王恩品	揣骨疃玛钢厂厂长	优等劳模	1988	
张义成	县瓷厂工人、退伍军人	优等劳模	1988	
李恩		优等劳模	1988	
刘玉梅		优等劳模	1988	
李存雨	东井集镇	模范个人	1988	
张宏谋	东井集镇	模范个人	1988	
王永富	东井集镇	模范个人	1988	
于万千	东井集镇	模范个人	1988	
张广生	东井集镇	模范个人	1988	
赵洲	东井集镇	模范个人	1988	
孙秀林	东井集镇	模范个人	1988	
张生全	东井集镇	模范个人	1988	
孙福贵	东井集镇	模范个人	1988	
李永仁	东井集镇	模范个人	1988	
王成虎	东井集镇	模范个人	1988	
吉喜顺	东井集镇	模范个人	1988	
武子明	东井集镇	模范个人	1988	
龙田民	要家庄乡	模范个人	1988	
闫环	要家庄乡	模范个人	1988	
李凤平	要家庄乡	模范个人	1988	
余喜	要家庄乡	模范个人	1988	
张志清	要家庄乡	模范个人	1988	

续表

姓名	工作单位职务	荣誉称号	授予时间	备注
石云	要家庄乡	模范个人	1988	
陆凯	要家庄乡	模范个人	1988	
席云	要家庄乡	模范个人	1988	
李义祥	黄良坡乡	模范个人	1988	
李尧	黄良坡乡	模范个人	1988	
赵和	黄良坡乡	模范个人	1988	
张仲华	黄良坡乡	模范个人	1988	
田树林	黄良坡乡	模范个人	1988	
赵渊	黄良坡乡	模范个人	1988	
席彬	黄良坡乡	模范个人	1988	
刘丕兵	黄良坡乡	模范个人	1988	
郎有维	西城镇	模范个人	1988	
苏志成	西城镇	模范个人	1988	
庞玉英	西城镇	模范个人	1988	
马润成	西城镇	模范个人	1988	
辛志德	西城镇	模范个人	1988	
李青春	东坊城堡乡	模范个人	1988	
康柱	东坊城堡乡	模范个人	1988	
郭玉明	东坊城堡乡	模范个人	1988	
任锡	东坊城堡乡	模范个人	1988	
胡润富	东坊城堡乡	模范个人	1988	
薛艾山	东坊城堡乡	模范个人	1988	
郝凤花	东坊城堡乡	模范个人	1988	
王秉直	井儿沟乡	模范个人	1988	
史秉钦	井儿沟乡	模范个人	1988	
武玉文	井儿沟乡	模范个人	1988	
郝守仁	井儿沟乡	模范个人	1988	
李云	井儿沟乡	模范个人	1988	

续表

姓名	工作单位职务	荣誉称号	授予时间	备注
杨文海	井儿沟乡	模范个人	1988	
白月君	东城镇	模范个人	1988	
苏广荣	东城镇	模范个人	1988	
袁贵	东城镇	模范个人	1988	
武贵录	东城镇	模范个人	1988	
王玉玺	东城镇	模范个人	1988	
辛生高	东城镇	模范个人	1988	
王祥	东城镇	模范个人	1988	
张应卫	东城镇	模范个人	1988	
苏连喜	东城镇	模范个人	1988	
刘溥安	三马坊乡	模范个人	1988	
徐忠斌	三马坊乡	模范个人	1988	
宋明	三马坊乡	模范个人	1988	
唐润世	三马坊乡	模范个人	1988	
王世明	三马坊乡	模范个人	1988	
胡正富	三马坊乡	模范个人	1988	
钱喜霭	化稍营镇	模范个人	1988	
康均衡	化稍营镇	模范个人	1988	
米正明	化稍营镇	模范个人	1988	
周殿玉	化稍营镇	模范个人	1988	
刘占祥	化稍营镇	模范个人	1988	
王斌宪	化稍营镇	模范个人	1988	
耿万银	化稍营镇	模范个人	1988	
明步昌	化稍营镇	模范个人	1988	
王世军	化稍营镇	模范个人	1988	
王守礼	高墙乡	模范个人	1988	
刘启富	高墙乡	模范个人	1988	
王宝会	高墙乡	模范个人	1988	

续表

姓名	工作单位职务	荣誉称号	授予时间	备注
张连英	高墙乡	模范个人	1988	
雷德全	高墙乡	模范个人	1988	
刘美林	高墙乡	模范个人	1988	
周活	高墙乡	模范个人	1988	
张玉福	金家庄乡	模范个人	1988	
赵树明	金家庄乡	模范个人	1988	
刘德贵	金家庄乡	模范个人	1988	
冀海山	金家庄乡	模范个人	1988	
左光明	金家庄乡	模范个人	1988	
左行军	金家庄乡	模范个人	1988	
牛生贵	金家庄乡	模范个人	1988	
米海滨	石匣里乡	模范个人	1988	
李福英	石匣里乡	模范个人	1988	
郭贵元	石匣里乡	模范个人	1988	
秦相喜	石匣里乡	模范个人	1988	
杜世昌	大田洼乡	模范个人	1988	
白万明	大田洼乡	模范个人	1988	
卜训	大田洼乡	模范个人	1988	
杜耻	大田洼乡	模范个人	1988	
岳会平	大田洼乡	模范个人	1988	
韩凤荣	大田洼乡	模范个人	1988	
陈广	大田洼乡	模范个人	1988	
吕高祖	大田洼乡	模范个人	1988	
孙成堂	辛堡乡	模范个人	1988	
杨彦成	辛堡乡	模范个人	1988	
王海全	辛堡乡	模范个人	1988	
武俊瑞	辛堡乡	模范个人	1988	
苏俊武	辛堡乡	模范个人	1988	

续表

姓名	工作单位职务	荣誉称号	授予时间	备注
庞丙枢	辛堡乡	模范个人	1988	
刘生彪	辛堡乡	模范个人	1988	
赵友	马圈堡乡	模范个人	1988	
李佃全	马圈堡乡	模范个人	1988	
薛仲效	马圈堡乡	模范个人	1988	
史秀泉	马圈堡乡	模范个人	1988	
王宝生	马圈堡乡	模范个人	1988	
李富先	马圈堡乡	模范个人	1988	
王喜	马圈堡乡	模范个人	1988	
杨文	马圈堡乡	模范个人	1988	
杨玉明	浮图讲乡	模范个人	1988	
石成	浮图讲乡	模范个人	1988	
李志国	浮图讲乡	模范个人	1988	
康永	浮图讲乡	模范个人	1988	
郝建	浮图讲乡	模范个人	1988	
郭万忠	浮图讲乡	模范个人	1988	
路银	浮图讲乡	模范个人	1988	
张和	浮图讲乡	模范个人	1988	
朱景山	揣骨疃镇	模范个人	1988	
赵清	揣骨疃镇	模范个人	1988	
张德仁	揣骨疃镇	模范个人	1988	
赵军	揣骨疃镇	模范个人	1988	
梁玉成	揣骨疃镇	模范个人	1988	
韩进友	揣骨疃镇	模范个人	1988	
石柱	揣骨疃镇	模范个人	1988	
刘毅	揣骨疃镇	模范个人	1988	
李振平	东白家泉乡	模范个人	1988	
张贵义	东白家泉乡	模范个人	1988	

续表

姓名	工作单位职务	荣誉称号	授予时间	备注
雷志清	东白家泉乡	模范个人	1988	
王连顺	东白家泉乡	模范个人	1988	
康志恒	东白家泉乡	模范个人	1988	
王振旻	东白家泉乡	模范个人	1988	
齐臻云	东白家泉乡	模范个人	1988	
刘有	东白家泉乡	模范个人	1988	
李树恩	县委宣传部副部长	模范个人	1988	
明步通	县公安局副局长	模范个人	1988	
李成林	县审计局局长	模范个人	1988	
边双进	辛堡乡党委书记	模范个人	1988	
王升昌	东白家泉乡党委书记	模范个人	1988	
王萃	大田洼乡党委书记	模范个人	1988	
杨钦	县供销社土产公司经理	模范个人	1988	
李富山	县粮食局局长	模范个人	1988	
刘贵荣	县财税局局长	模范个人	1988	
刘富荣	西城镇党委秘书	模范个人	1988	
牛俊	县商业局局长	模范个人	1988	
曹正文	县物资局局长	模范个人	1988	
郭盂	县工商银行行长	模范个人	1988	
闫振平	县电力局局长	模范个人	1988	
张鸿国	县第一中学校长	模范个人	1988	
仝仲	县第一建筑公司经理	模范个人	1988	
常财	县大修厂厂长	模范个人	1988	
王有福	县地毯厂副厂长	模范个人	1988	
张焕忠	县煤炭公司经理	模范个人	1988	
张多忠	县瓷厂副厂长	模范个人	1988	
司文孝	西城镇党委书记	模范个人	1988	
杜凤岐	县纪检委副书记	模范个人	1988	

续表

姓名	工作单位职务	荣誉称号	授予时间	备注
闫振春	东坊城堡乡乡长	模范个人	1988	
陶贵星	县第二中学副校长	模范个人	1988	
田政枢	县纪检委科长	模范个人	1988	
石万清	县轻化公司经理	模范个人	1988	
李立新	东井集供销社主任	模范个人	1988	
刘连	县农业银行副行长	模范个人	1988	
李尚儒	揣骨疃镇党委副书记	模范个人	1988	
李振义	县检察院科长	模范个人	1988	
白日元	县公安局	模范个人	1988	
马清		模范个人	1988	
仝本富	县畜牧局	模范个人	1988	
闫兆明	县委组织部	模范个人	1988	
李更陈	县委办	模范个人	1988	
史俊明	县委办	模范个人	1988	
王延龄	县委组织部	模范个人	1988	
赵富元	县委统战部	模范个人	1988	
张生林	县老干部局	模范个人	1988	
沈平	县政府办	模范个人	1988	
侯顺	县委办	模范个人	1988	
耿志江	县人事局	模范个人	1988	
赵凤山	县委宣传部	模范个人	1988	
史亮		模范个人	1988	
张仁	县计生委	模范个人	1988	
王建国	县农工部	模范个人	1988	
王海斌	县科协	模范个人	1988	
杨永文	县体委	模范个人	1988	
刘再海	井儿沟乡	模范个人	1988	
沈文瑞		模范个人	1988	

续表

姓名	工作单位职务	荣誉称号	授予时间	备注
刘仲生	县商业局五金公司	模范个人	1988	
白万友	县粮食局直属库	模范个人	1988	
梁永林	县商业局五金公司	模范个人	1988	
沈文祥	县饮食服务公司	模范个人	1988	
陈富斌	县对外贸易公司	模范个人	1988	
李志林	县法院	模范个人	1988	
闫树启		模范个人	1988	
赵万成		模范个人	1988	
李九德	县财税局工会主席	模范个人	1988	
杜荣		模范个人	1988	
李贵		模范个人	1988	
赵连岐	县防疫站	模范个人	1988	
姚继伟		模范个人	1988	
陈广珍		模范个人	1988	
刘荣忠	县防疫站	模范个人	1988	
孙启明	揣骨疃卫生院	模范个人	1988	
黄志雄	县农业局局长	模范个人	1988	
苏玲	县农业局	模范个人	1988	
韩振官		模范个人	1988	
许世河		模范个人	1988	
刘焕青	县气象站	模范个人	1988	
孙秀兰		模范个人	1988	
赵义		模范个人	1988	
李汝义		模范个人	1988	
赵九瀛	县印刷厂厂长	模范个人	1988	
宋建光		模范个人	1988	
张润		模范个人	1988	
杨生任		模范个人	1988	

续表

姓名	工作单位职务	荣誉称号	授予时间	备注
郝富贵		模范个人	1988	
刘久春		模范个人	1988	
负贵禄		模范个人	1988	
梁凤廷		模范个人	1988	
仇慧中	县文化馆	模范个人	1988	
薛国来		模范个人	1988	
张凤喜		模范个人	1988	
张慧琴		模范个人	1988	
张学军	县文化馆	模范个人	1988	
耿占祥	县晋剧团	模范个人	1988	
李云山		模范个人	1988	
帅宝祥	县晋剧团	模范个人	1988	
高彦中	县第二中学	模范个人	1988	
深邹		模范个人	1988	
朱相福	揣骨疃中心校	模范个人	1988	
郭秀珍		模范个人	1988	
左连发		模范个人	1988	
郭珍		模范个人	1988	
张贵重		模范个人	1988	
吉成义	东井集镇小石庄中心校	模范个人	1988	
谢海生		模范个人	1988	
宋秀珍		模范个人	1988	
李巨才		模范个人	1988	
李生才	东城中学	模范个人	1988	
王占成		模范个人	1988	
耿志明	化稍营中学	模范个人	1988	
张贵仁	县供销社	模范个人	1988	
李柱	县供销社	模范个人	1988	

续表

姓名	工作单位职务	荣誉称号	授予时间	备注
谢秀林	县供销社	模范个人	1988	
张俊德	县供销社	模范个人	1988	
苏礼三	揣骨疃供销社	模范个人	1988	
任树敏	揣骨疃供销社	模范个人	1988	
安培基	西城供销社	模范个人	1988	
席许	县供销社腐竹厂	模范个人	1988	
苏建军	县供销社	模范个人	1988	
王永瑞	县招待所	模范个人	1988	
			1989	该年评选劳模具体情况不详
沈秀兰	县五金公司	先进个人	1991	
刘志成		先进个人	1991	
朱剑平		先进个人	1991	
王凤斌		先进个人	1991	
赵舒	县煤炭公司	先进个人	1991	
田志德		先进个人	1991	
李永胜		先进个人	1991	
侯永亮	县瓷厂	先进个人	1991	
耿少林	县瓷厂	先进个人	1991	
王林武		先进个人	1991	
王发	县瓷厂	先进个人	1991	
张润富		先进个人	1991	
贺晓清		先进个人	1991	
樊玉珍		先进个人	1991	
张秀清		先进个人	1991	
陈树贵		先进个人	1991	
席文选	县瓷厂	先进个人	1991	
武生金	县机械厂	先进个人	1991	

续表

姓名	工作单位职务	荣誉称号	授予时间	备注
魏汉清		先进个人	1991	
刘芳		先进个人	1991	
薛润生		先进个人	1991	
张喜成	揣骨疃玛钢厂	先进个人	1991	
李永吉		先进个人	1991	
付俊明		先进个人	1991	
李一		先进个人	1991	
赵国仲		先进个人	1991	
李久春		先进个人	1991	
侯文玉		先进个人	1991	
孙清		先进个人	1991	
岳发中		先进个人	1991	
王志明		先进个人	1991	
乔吉兵		先进个人	1991	
帅振如		先进个人	1991	
王成		先进个人	1991	
李永富	县裘皮厂	先进个人	1991	
张桂花	县粮食局	先进个人	1991	
李润生	县医院	先进个人	1991	
李连		先进个人	1991	
曹丙贵		先进个人	1991	
张平	东白家泉供销社	先进个人	1991	
郭义杰		先进个人	1991	
张文梁		先进个人	1991	
仇慧中	县文化馆	先进个人	1991	
郝文清		先进个人	1991	
祁卫民		先进个人	1991	
张福山		先进个人	1991	

续表

姓名	工作单位职务	荣誉称号	授予时间	备注
祁亮	县第二中学	先进个人	1991	
桑秀	东白家泉乡籍箕疃村	先进个人	1991	
张计品		先进个人	1991	
赵渊	阳原县振阳机械厂	先进个人	1991	
李文平		先进个人	1991	
杨茂	西城镇北关村	先进个人	1991	
冀怀富		先进个人	1991	
杜国		先进个人	1991	
周佃玉		先进个人	1991	
张德生	县烟草公司	先进个人	1991	
袁贵		先进个人	1991	
苏广荣	东城修造站	先进个人	1991	
王富德		先进个人	1991	
田绪	农业银行阳原支行	先进个人	1991	
刘文章		先进个人	1991	
赵富林	黄粮坡村党支部书记	先进个人	1991	
韩佃根		先进个人	1991	
武瑞	揣骨疃村	先进个人	1991	
钱文生		先进个人	1991	
李青春	团县委副书记	先进个人	1991	
张友	浮图讲乡党委副书记	先进个人	1991	
孙久林	化稍营医院院长	先进个人	1991	
赵志文		先进个人	1991	
张春喜		先进个人	1991	
陈福林		先进个人	1991	
焦向元		先进个人	1991	
胡友山		先进个人	1991	
郝成		先进个人	1991	

续表

姓名	工作单位职务	荣誉称号	授予时间	备注
付子义	东井集镇小石庄村	先进个人	1991	
雷喜		先进个人	1991	
张孝忠		先进个人	1991	
张相舜		先进个人	1991	
杨建中	南辛庄乡四十亩滩村	先进个人	1991	
薛冬梅		先进个人	1991	
石云	要家庄乡柳树皂村	先进个人	1991	
杨文海		先进个人	1991	
程胜		先进个人	1991	
刘玉梅		先进个人	1991	
宁明科		先进个人	1991	
刘义		先进个人	1991	
张德宪		先进个人	1991	
孙福贵		先进个人	1991	
马佃文		先进个人	1991	
任习		先进个人	1991	
薛艾山		先进个人	1991	
王世民		先进个人	1991	
申继武		先进个人	1991	
张庆富		先进个人	1991	
冀金山		先进个人	1991	
胡守明		先进个人	1991	
胡凤文		先进个人	1991	
贾永成		先进个人	1991	
张俊堂		先进个人	1991	
郭万忠		先进个人	1991	
钱会永		先进个人	1991	
杨会		先进个人	1991	

续表

姓名	工作单位职务	荣誉称号	授予时间	备注
张贵明		先进个人	1991	
杨文全	县商业局	先进个人	1991	
喇正贵		先进个人	1991	
曹建明		先进个人	1991	
岳会平		先进个人	1991	
王录	西城镇北关村党支部书记	先进个人	1991	1991—1993年连续三年评为劳模
赵和	黄粮坡乡西目连村	先进个人	1991	
杨世全	县畜牧局局长	先进个人	1991	
王斌	县农业局	先进个人	1991	
赵友	南辛庄乡党委书记	先进个人	1991	
赵树民	金家庄乡党委书记	先进个人	1991	
杨玉明	浮图讲乡党委书记	先进个人	1991	
杜世昌	大田洼乡党委书记	先进个人	1991	
赵清	揣骨疃镇党委书记	先进个人	1991	
史文孝	西城镇党委书记	先进个人	1991	
曹丙金	东井集镇党委书记	先进个人	1991	
张本全	井儿沟乡	先进个人	1991	
李合祥	金家庄乡	先进个人	1991	
吉恒隆	人民银行阳原支行行长	先进个人	1991	
赵守英	县经委	先进个人	1991	
郭孟	工商银行阳原支行行长	先进个人	1991	
赵顺玉	农业银行阳原支行行长	先进个人	1991	
郭云海	县电力局	先进个人	1991	
辛建国		先进个人	1991	
闫万鹏	县税务局局长	先进个人	1991	
张兆德	县卫生局局长	先进个人	1991	
王金山	县税务局副局长	先进个人	1991	

续表

姓名	工作单位职务	荣誉称号	授予时间	备注
姚统文	县经委主任	先进个人	1991	
邵军		先进个人	1991	
李栋		先进个人	1991	
王林	县交通局	先进个人	1991	
张廷富		先进个人	1991	
孙玺	县石油公司经理	先进个人	1991	
李肖云		先进个人	1991	
曹正文	县物资局局长	先进个人	1991	
康行易	县物资局副局长	先进个人	1991	
李富山	县财政局局长	先进个人	1991	
闫素芳		先进个人	1991	
杨占俊		先进个人	1991	
张志富		先进个人	1991	
杨勇	县腐竹厂厂长	先进个人	1991	
郝丙英		先进个人	1991	
张廷新		先进个人	1991	
白月君	东城镇党委书记	先进个人	1991	
郭满仓	大田洼乡现在	先进个人	1991	
白玉生	县烟草局局长	先进个人	1991	
王应珍	中国银行阳原支行行长	先进个人	1991	
白学民		先进个人	1991	
刘孝明	县医院	先进个人	1991	
马登云		先进个人	1991	
王建国	高墙乡乡长	先进个人	1991	
杨向东		先进个人	1991	
张富	县公安局	先进个人	1991	
孙丽祥		先进个人	1991	
许世和		先进个人	1991	

续表

姓名	工作单位职务	荣誉称号	授予时间	备注
袁大利	县交通局	先进个人	1991	
张有式	县第二建筑公司经理	先进个人	1991	
史建文		先进个人	1991	
董凤云		先进个人	1991	
董英	县政协秘书长	先进个人	1991	
赵采玉	县工会主席	先进个人	1991	
张臣江	县医院	先进个人	1991	
方汝明	阳原县科委副主任	先进个人	1991	
张本财	县检察院副院长	先进个人	1991	
梁巨录	县扶贫办主任	先进个人	1991	
闫振平	县电力局局长	先进个人	1991	
杨云	县林业局副局长	先进个人	1991	
韩广荣		先进个人	1991	
王义	县计委主任	先进个人	1991	
李仁元	县农业局副局长	先进个人	1991	
陈钧	县人事局局长	先进个人	1991	
闫正春	东坊城堡乡乡长	先进个人	1991	
刘玉枝	县委宣传部	先进个人	1991	
王杰	县土地局局长	先进个人	1991	
李文焕	县人大常委会办公室主任	先进个人	1991	
郝廷美	县政府办副主任	先进个人	1991	
王进芳	县畜牧局局长	先进个人	1991	
石俊花	县妇联副主任	先进个人	1991	
王兆德	县侨联主任	先进个人	1991	
高彦中	县职业技术学校副校长	先进个人	1991	
刘忠林	县交通局局长	先进个人	1991	
郭永孝	县邮电局局长	先进个人	1991	
王安成	县第一中学校长	先进个人	1991	

续表

姓名	工作单位职务	荣誉称号	授予时间	备注
朱昌忠	县医院	先进个人	1991	
范天茂	县农工部	先进个人	1991	
关文涛	县文化局	先进个人	1991	
李家钰	县瓷厂职工	先进个人	1996	
		文明生产标兵	1999	以阳原县劳动竞赛委员会名义表彰
袁树	井儿沟乡牛坊沟村党支部书记	劳动模范	2013	
李必成	东井集镇西堰头村党支部书记	劳动模范	2013	
赵有明	西城镇桥梁水村	劳动模范	2013	
高志涛	东坊城堡乡双庙村党支部书记	劳动模范	2013	
郭俊山	三马坊乡澡洗堂村党支部书记	劳动模范	2013	
张凤英	高墙乡上沙沟村	劳动模范	2013	
白瑞安	兴达奶牛养殖专业合作社经理	劳动模范	2013	
李富民	浮图讲乡泥泉村	劳动模范	2013	
张国强	默然民安农业开发有限公司	劳动模范	2013	
张妙智	县林业局副局长	劳动模范	2013	
杨志富	大田洼乡职工	劳动模范	2013	
武跃威	县委办公室副主任	劳动模范	2013	
徐晓成	县委组织部主任	劳动模范	2013	
李树森	县监察局	劳动模范	2013	
胡晴京	县委宣传部	劳动模范	2013	
张青	县总工会	劳动模范	2013	
刘宝成	县机关事务服务中心	劳动模范	2013	
陈继伟	县劳动人事和社会保障局	劳动模范	2013	
张海梅	县政府办公室	劳动模范	2013	
许亮	县环境卫生公司	劳动模范	2013	
赵海平	县安监局	劳动模范	2013	
张志平	县检察院	劳动模范	2013	

续表

姓名	工作单位职务	荣誉称号	授予时间	备注
李建帅	县公安局	劳动模范	2013	
仇慧中	毛皮大市场管理处	劳动模范	2013	
王巨起	县工商局	劳动模范	2013	
方旭阳	县实验小学	劳动模范	2013	
成胜泉	县文物保护管理所	劳动模范	2013	
杜世祥	县教育局	劳动模范	2013	
张芳	县医院	劳动模范	2013	
曹桂莲	县计生局	劳动模范	2013	
谢俊青	县第二实验小学	劳动模范	2013	
莘力	供电分公司	劳动模范	2013	
于华维	达兴陶瓷公司	劳动模范	2013	
魏贵武	食品药品监管局	劳动模范	2013	
王永春	县环保局	劳动模范	2013	
李振家	县工业和信息化局	劳动模范	2013	
张利霞	飞龙家具有限公司	劳动模范	2013	
李平	县林业局	劳动模范	2013	
赵汝明	东城中心敬老院	劳动模范	2013	
李玉喜	辛堡乡小关村	劳动模范	2013	
王晖	县政府办文卫科科长	劳动模范	2018	
刘如宝	县财政局预算股股长	劳动模范	2018	
赵君林	县人社局副局长	劳动模范	2018	
许永成	县发改局农经办主任	劳动模范	2018	
王伟	县公共资源交易中心科长	劳动模范	2018	
楚新文	县地税局副局长	劳动模范	2018	
杨海军	县委政法委主任科长	劳动模范	2018	
闫强	东井集派出所所长	劳动模范	2018	
张春瑞	化稍营法庭庭长	劳动模范	2018	
姚亚军	西城镇党政办主任	劳动模范	2018	

续表

姓名	工作单位职务	荣誉称号	授予时间	备注
张英婷	一建公司技术员	劳动模范	2018	
任翱	化稍营镇主任科员	劳动模范	2018	
左启义	高墙乡扶贫助理	劳动模范	2018	
石明	县委办公室综合一科科长	劳动模范	2018	
王江	县委组织部农村党员培训基地科员	劳动模范	2018	
王向生	县委老干部局副局长	劳动模范	2018	
王学君	县政协主任科员	劳动模范	2018	
彭重兴	县人大常委会办公室主任	劳动模范	2018	
王银生	县纪委	劳动模范	2018	
付有才	县委宣传部副部长	劳动模范	2018	
王月娥	县委统战部办公室主任	劳动模范	2018	
高少飞	阳原县众信生态科技有限公司总经理	劳动模范	2018	
肖志祥	河北泥河湾农业发展有限公司总经理	劳动模范	2018	
赵忠	张家口易源温泉有限公司董事长	劳动模范	2018	
张国强	阳原县默然民安农业开发有限公司董事长	劳动模范	2018	
刘继兵	井儿沟乡辛庄子村书记	劳动模范	2018	
王宏	阳原县宏伟养殖专业合作社总经理	劳动模范	2018	
夏宝虎	大田洼乡张家沟村书记	劳动模范	2018	
杨宗岭	辛堡乡西沙庄村书记	劳动模范	2018	
石军	浮图讲乡沙河夭村书记	劳动模范	2018	
王宏山	揣骨疃镇落凤洼村农民	劳动模范	2018	
胡雪	县气象局局长	劳动模范	2018	
付素斌	县农村信用联社营业部主任	劳动模范	2018	
张宏斌	县水务局办公室主任	劳动模范	2018	

续表

姓名	工作单位职务	荣誉称号	授予时间	备注
王有东	县扶贫办办公室主任	劳动模范	2018	
王建军	县住建局城开公司经理	劳动模范	2018	
冀海燕	县国土局妇联主任	劳动模范	2018	
张晓宇	县商务局执法队队长	劳动模范	2018	
刘峻峰	县皮管局办公室主任	劳动模范	2018	
陈树斌	县食市局食品股科员	劳动模范	2018	
史凯	县工信局办公室副主任	劳动模范	2018	
张利辉	县环保局大气办主任	劳动模范	2018	
张健	县供电公司经理	劳动模范	2018	
白文福	县煤炭公司副经理	劳动模范	2018	
魏利	县人保财险公司副经理	劳动模范	2018	
马锐锋	县医院检验科主任	劳动模范	2018	
师琛	县教科局办公室主任	劳动模范	2018	
马志军	县三中信息装备处主任	劳动模范	2018	
李帼英	泥河湾管理办公室讲解员	劳动模范	2018	
李秀清	县实验小学教师	劳动模范	2018	

注：劳模名单从档案资料中搜集，因当时未注人员所在单位，故部分人员情况不详。

市级劳模

张家口地、市合并之前，阳原县隶属张家口地区，此期间推荐申报张家口地区（专区）劳动模范。

1954年，阳原县杨进业（四区六角村）、耿全云（马圈堡村）和孙生（属地不详）3人评为张家口专区劳动模范。

1978年，浮图讲公社杜荣堂评为张家口地区劳动模范。

1982年，县印刷厂焦智和县中小企业局李廷山2人评为地区劳动模范。
1987年，化稍营中学王启国、县民政局局长刘汉儒2人评为地区劳动模范。
1988年，县公安局常喜成、县商业局李建成和县民政局王玉美3人评为地区劳动模范。

1992年，县雕刻厂厂长郝贵富、县达惠机械有限公司薛润生和县建设局局长袁大利3人评为地区劳动模范，化稍营镇钱增义评为地区先进工作者。

1993年张家口地、市合并后，阳原县开始推荐申报张家口市劳动模范。该年，高墙中心校张连英、揣骨疃村党支部书记梁玉成和高墙乡党委书记曹炳金3人评为市劳动模范，大田洼村民岳会平和县计生局技术服务站张秀兰2人评为市先进工作者。

从1994年开始，市委、市政府每隔三年召开一次劳动模范和模范集体表彰大会。该年，县广播电视局闫向前评为市劳动模范，县委宣传部副部长米海滨和东城镇水峪口村党支部书记莘岗2人评为市先进工作者。1997年，县第二中学马才元和大田洼村民岳会军2人评为市劳动模范。

2000年，县第二瓷厂厂长王玉、县财政局局长安世邦、西城镇党委书记石宝锦、县实验小学白雪琴和三马坊乡大湾台村王世明5人评为市劳动模范，化稍营农技站站长钱满恒评为市先进工作者。

2003年，受"非典"（非典型性肺炎）疫情影响，全市劳模表彰大会推至2004年，阳原县有15人评为市劳动模范。2007年，阳原县有14人评为市劳动模范。2010年，阳原县有6人评为市劳动模范。2013年和2019年，阳原县均有4人评为市劳动模范。阳原县市级劳模、先进工作者情况见下表：

阳原县获得市级劳动模范、先进工作者称号人员名表

姓名	工作单位职务	荣誉称号	获奖年份	备注
杨进业	县四区六角村	专区劳动模范	1954	
耿全云	马圈堡村	专区劳动模范	1954	
孙生		专区劳动模范	1954	单位不详
杜荣堂	浮图讲公社	地区劳动模范	1978	
焦智	县印刷厂	地区劳动模范	1982	
李廷山	县中小企业局	地区先进工作者	1982	
王启国	化稍营中学教师	地区劳动模范	1987	
刘汉儒	县民政局局长	地区劳动模范	1987	
常喜成	县公安局	地区劳动模范	1988	
李建成	县商业局	地区先进工作者	1988	
王玉美	县民政局	地区劳动模范	1988	
郝贵富	县雕刻厂厂长	地区劳动模范	1992	

续表

姓名	工作单位职务	荣誉称号	获奖年份	备注
薛润生	县达惠机械有限公司	地区劳动模范	1992	
袁大利	县建设局局长	地区劳动模范	1992	
钱增义	化稍营镇	地区先进工作者	1992	
张连英	高墙中心校	市劳动模范	1993	
梁玉成	揣骨疃村党支部书记	市劳动模范	1993	
曹丙金	高墙乡党委书记	市劳动模范	1993	
岳会平	大田洼村村民	市先进工作者	1993	
张秀兰	县计生局技术服务站	市先进工作者	1993	
吴秀英	县饮食服务公司	市劳动模范	1993	
闫向前	县广播电视局	市劳动模范	1994	
米海滨	县委宣传部副部长	市先进工作者	1994	
莘岗	东城镇水峪口村党支部书记	市先进工作者	1994	
马才元	县第二中学	市劳动模范	1997	
岳会军	大田洼村村民	市劳动模范	1997	
王玉	县第二瓷厂厂长	市劳动模范	2000	
			2004	
安世邦	县财政局局长	市劳动模范	2000	
			2004	
王世明	三马坊乡大湾台村	市劳动模范	2000	
白雪琴	县实验小学教师	市劳动模范	2000	
石宝锦	西城镇党委书记	市劳动模范	2000	
钱满恒	化稍营农技站站长	市先进工作者	2000	
赵根山	县财政局副局长	市劳动模范	2004	
苏广荣	县庆丰机械制造有限公司经理	市劳动模范	2004	
莘建国	县国土资源局	市劳动模范	2004	
刘树成	县泥河湾机械有限公司	市劳动模范	2004	
朱万斌	县国土资源局局长	市劳动模范	2004	
冯立新		市劳动模范	2004	

续表

姓名	工作单位职务	荣誉称号	获奖年份	备注
王世明		市劳动模范	2004	
喇万亮	县机械厂副厂长	市劳动模范	2004	
辛建国	县国土局	市劳动模范	2004	
刘毅		市劳动模范	2004	
杨富	县第二瓷厂工会主席	市劳动模范	2004	
冀崇峰	县第一瓷厂厂长	市劳动模范	2004	
刘树成	县泥河湾机械有限公司	市劳动模范	2004	
任屹峰	县建设局	市劳动模范	2007	
任跃东	县税务局	市劳动模范	2007	
王学勇	西城镇北关中心校教师	市劳动模范	2007	
袁绍将	县畜牧水产局	市劳动模范	2007	
赵有明	西城镇南关村党支部书记	市劳动模范	2007	
王文杰	西城镇西目连村党支部书记	市劳动模范	2007	
杨榆	县电力公司职工	市劳动模范	2007	
喇东升	县医院职工	市劳动模范	2007	
殷惠民	西城镇卫生院技术员	市劳动模范	2007	
刘志臻	县第三中学校长	市劳动模范	2007	
张建斌	县宾馆经理	市劳动模范	2007	
张树平	县兴原铸造厂经理	市劳动模范	2007	
李家钰	县第二瓷厂	市劳动模范	2007	
闫树启	财政局县	市劳动模范	2007	
喇东升	县医院	市劳动模范	2010	
刘锋	县委办	市劳动模范	2010	
雷普	县交通局	市劳动模范	2010	
于华维	阳原县达鑫陶瓷有限责任公司	市劳动模范	2013	
方旭阳	县实验小学	市劳动模范	2013	
成胜泉	县文物保护管理所	市劳动模范	2013	
莘力	张家口供电公司阳原供电分公司	市劳动模范	2013	

续表

姓名	工作单位职务	荣誉称号	获奖年份	备注
闫永峰	国网冀北电力有限公司阳原县供电分公司	市劳动模范	2019	
郝国胜	浮图讲乡	市劳动模范	2019	
杨成森	西城镇北关村	市劳动模范	2019	
武旭东	县住建局	市劳动模范	2019	

注：劳模名单从档案资料中搜集，因当时未注人员所在单位，故部分人员情况不详。

省级劳模

1951年，阳原县李文品（后任三马坊乡党委书记）出席察哈尔省劳模表彰大会。之后，又于1955年、1956年、1959年分别出席河北省公安劳模会、全国人民警察治安保卫委员功臣模范大会、河北省公检法先进工作者代表会。1952年，南梁马荣互助组转化为初级农业生产合作社，马荣因此出席河北省劳模表彰大会。该年，出席劳模表彰大会的还有西城镇缝纫社职工刘玉先。1956年，县粮食局干部王富成、井儿沟乡驻乡指导员李俊山和县委交通员高进考3人被评为"河北省先进工作者"，出席河北省第一届先进工作者代表大会。1958年，县税务局干部王兴云被评为"河北省财贸系统劳动模范"并出席表彰大会。1959年，县百货公司售货员莘孝兰被评为省劳模并出席表彰大会。同年，东城粮库会计仝仲以先进工作者身份出席河北省财贸系统社会主义建设先进集体工作者代表大会。

1960年，县第一中学校长孙福广、东城公社果园大队幼儿园王玉莲、黑岩、三官庙巡回小学张振邦3人被评为"省先进工作者"。1964年至1980年间，揣骨疃支局邮递员许福奎三次出席省劳模表彰会。

1978年，井儿沟公社牛坊沟学校教师李彩被评为"省模范教师""特级教师"并出席表彰大会。1981年，李彩获得河北省劳动模范荣誉纪念证书。

1979年，井儿沟公社八马坊大队沈如、要家庄公社毛道沟大队辛志亮、要家庄公社上回村大队赵吉明、揣骨疃公社小辛堡大队李树文、东白家泉公社火石岭大队胡英山、化稍营公社四大队孙九全、要家庄公社打井队焦凤桃、大田洼公社小田洼大队罗文吉8人被评为"省农业劳动模范"。

1981年，县百货公司工会主席张选、县裘皮厂车间主任李永富、县教育局局长田玉印、东白家泉公社西安大队武志德和东井集公社小石庄大队党总支书记赵洲5人被评为"省劳动模范"。赵洲作为大队党支部书记，带领群众脱贫致富，中央电视台为他制作了专题片《岁月如歌》。

1982年，县裘皮厂副厂长李永富被评为省劳动模范。1986年，县机械厂厂长姚统文评为"省劳动模范"。1989年，高墙中心校太师梁小学教师朱玉生、县第二建筑工程有限公司经理张有式和东井集公社小石庄大队付之义3人评为省劳动模范。张有式组建的建筑公司属于民营企业，该公司承揽了北京亚运村的建筑工程受到好评，为家乡要家庄投入资金300多万元用于发展当地经济和教育，他被国家建设部命名为"中国集体建筑企业家"，被省政府授予"河北省优秀农民企业家"称号，当选为第八届河北省人大代表。

1992年，县第一瓷厂厂长张喜悦被评为省劳动模范并出席表彰大会。1995年，辛堡乡四十亩滩村养鸡专业户杨建忠和县财政局局长李富山2人被评为省劳动模范。1998年，县第二医院妇产科医生贾秀菊评为"省劳动模范"。贾秀菊从医30多年，诊治患者约19万人次，做计划生育手术约15000人次、妇产科手术约3000余例，挽救危重病人500余名，培训乡村医生50多名，实现了万例手术无事故。

1999年，县泥河湾陶瓷有限公司李家钰、大田洼乡农民岳会军2人被评为省劳动模范。李家钰18岁就到瓷厂当工人，她爱岗敬业，刻苦钻研劳动技术，被提升为车间副主任，1998年出席全国总工会第十三届代表大会，受到了江泽民、胡锦涛等党和国家领导人的接见。

同年，县烟酒公司经理吉步宏被省贸易厅、人事厅、商贸工会联合命名为"河北省贸易系统劳动模范"。

2004年，地下餐厅经理赵建忠被评为省劳动模范。2008年，县财政局局长闫树启被评为省先进个人。2009年，宏骏房地产开发有限公司董事长王文杰被评为"省劳动模范"。

2019年，国网阳原县供电分公司运维检修部主任杨榆、化稍营镇养牛专业户白瑞安和阳原县机关事务服务中心保卫股股长刘宝成被评为河北省劳动模范。化稍营镇养牛专业户白瑞安，高中毕业后务农，从2002年开始探索奶牛养殖，直至建起集奶牛养殖、奶品制冷贮存运输、饲料基地建设为一体的阳原县兴达奶牛养殖专业合作社，年产鲜牛奶2300吨，年产值1600万元，纯收入380多万元，带动了周边130多户奶牛养殖户，2011年被张家口市政府授予"外出务工人员先进个人"称号，2012年当选为阳原县人大代表，2016年当选为阳原县商会会长。阳原县省级劳模、先进工作者情况见下表：

阳原县获得省劳动模范、先进工作者称号人员名表

姓名	工作单位职务	荣誉称号	获奖年份	备注
李文品	三马坊乡党委书记	察哈尔省劳动模范	1951	出席察哈尔省劳模会
		公安战线劳模	1955	出席河北省公安劳模会
		治安保卫委员功臣模范	1956	出席全国人民警察治安保卫委员功臣模范大会
		公检法战线先进工作者	1959	出席河北省公检法先进工作者代表会
马荣	南梁庄马荣互助组	察哈尔省劳动模范	1952	出席察哈尔省劳模大会
刘玉先	西城镇缝纫社职工	察哈尔省劳动模范	1952	出席察哈尔省劳模会
王富成	县粮食局干部	河北省先进工作者	1956	出席河北省第一届先进工作者代表大会
李俊山	井儿沟乡驻乡指导员	河北省先进工作者	1956	出席河北省第一届先进工作者代表大会
高进考	县委交通员	河北省先进工作者	1956	出席河北省第一届先进工作者代表大会
王兴云	县税务局	河北省财贸系统劳动模范	1958	出席河北省财贸群英会
仝仲	东城粮库会计	省先进工作者	1959	出席河北省财贸系统社会主义建设先进集体工作者代表大会
莘孝兰	县百货公司售货员	省劳动模范	1959	出席河北省劳模大会
孙福广	县第一中学校长	省先进工作者	1960	
王玉莲	东城公社果园大队幼儿园	省先进工作者	1960	
张振邦	黑岩、三官庙巡回小学	省先进工作者	1960	
许福奎	揣骨疃支局邮递员	省劳动模范		1964—1980年,三次出席省劳模会

续表

姓名	工作单位职务	荣誉称号	获奖年份	备注
方汝明	县科学技术局	省劳动模范	1978	
李彩	井儿沟公社牛坊沟学校	省模范教师 省特级教师	1978	1981年颁发省劳模荣誉纪念证书
胡英山	揣骨疃公社火石岭大队	省农业劳动模范	1979	
李树文	揣骨疃公社小辛堡大队党支部书记	省农业劳动模范	1979	
辛志亮	要家庄乡毛道沟村党支部书记	省农业劳动模范	1979	
焦凤桃	要家庄公社"铁姑娘"打井队队员	省农业劳动模范	1979	
沈如	井儿沟公社八马坊大队	省农业劳动模范	1979	
赵吉明	要家庄公社上回村大队	省农业劳动模范	1979	
孙九全	化稍营公社四大队	省农业劳动模范	1979	
罗文吉	大田洼公社小田洼大队	省农业劳动模范	1979	
马元贵	东井集镇小石庄村	省劳动模范	1980	
张选	县百货公司工会主席	省劳动模范	1981	出席河北省劳动模范代表大会
李永富	县裘皮厂车间主任	省劳动模范	1981	出席河北省劳动模范代表大会
赵洲	东井集公社小石庄大队党总支书记	省劳动模范	1981	
田玉印	县教育局局长	省劳动模范	1981	
武志德	东白家泉公社西安大队	省劳动模范	1981	
姚统文	县机械厂厂长	省劳动模范	1986	出席河北省劳动模范代表大会

续表

姓名	工作单位职务	荣誉称号	获奖年份	备注
朱玉生	高墙中心校太师梁小学	省劳动模范	1989	出席河北省劳动模范代表大会
张有式	县第二建筑工程有限公司经理	省劳动模范	1989	
付之义	东井集公社小石庄大队	省劳动模范	1989	
张喜悦	县第一瓷厂厂长	省劳动模范	1992	出席河北省劳动模范代表大会
杨建忠	辛堡乡四十亩滩村养鸡专业户	省劳动模范	1995	
李富山	县财政局局长	省劳动模范	1995	
贾秀菊	县第二医院妇产科医生	省劳动模范	1998	
李家钰	县泥河湾陶瓷有限公司	省劳动模范	1999	
岳会军	大田洼乡农民	省劳动模范	1999	
吉步宏	县烟酒公司经理	河北省贸易系统劳动模范	1999	省贸易厅、人事厅、商贸工会联合表彰
赵建忠	地下餐厅经理	省劳动模范	2004	
闫树启	县财政局局长	省先进个人	2008	
王文杰	宏骏房地产开发有限公司董事长	省劳动模范	2009	
李玉喜	辛堡乡小关村	省劳动模范	2014	
杨榆	国网阳原县供电分公司运维检修部主任	省劳动模范	2019	
白瑞安	化稍营镇养牛专业户	省劳动模范	2019	
刘宝成	县机关事务服务中心保卫股股长	省劳动模范	2019	

全国劳模

1960年,阳原县三官庙、黑岩巡回小学教师张振邦和东城公社果园大队幼儿园教师王玉莲,均被国务院命名为"全国文教先进工作者",享受全国劳动模范待遇。

王玉莲1958年5月任果园小学代课教师,当时16岁。1959年春,果园大队党总支保送她到张家口师范专科学校幼儿师范班培训学习三个月,培训结束后安排她任果园幼儿园园长兼教养员。开始时,一些人瞧不起幼儿工作,他们说:"王玉莲真是个傻瓜,放着书不教,却去哄娃娃。"面对冷言冷语,她一点儿也没有动摇听党话的决心。除了担任大班教养员外,还兼任管理员和保健员,并带领园内其他教养员认真钻研业务。根据幼儿爱好,给孩子们用葵花杆做枪、马、火车等,让孩子们学解放军保卫祖国、学工人开火车、学农民种庄稼,孩子们玩得很有趣。对一些调皮的孩子,给予母爱,耐心地说服教育。幼儿园越办越好,家长们都乐意把孩子们送进幼儿园,入园幼儿达到幼儿总数98%。家长们心情舒畅,毫无牵挂地投入生产劳动当中,妇女出勤率达到100%。1960年5月和6月,王玉莲分别出席了河北省和全国文教先进工作者群英会,获得《毛泽东选集》(精装本)一套,英雄纪念章两枚。

五一劳动奖章

据不完全统计,2005年以来,阳原县共有17人获得张家口市总工会颁发的"五一劳动奖章"。

2019年市"五一劳动奖章"获得者刘菊峰,系东城镇七马坊中心学校六马坊小学教师,她是2010年河北省特岗教师,入职以来一直坚守在乡村学校,用爱心唤起乡村孩子的希望,2017年被评为"阳原县第二届最美乡村教师",2018年作为张家口市唯一一名教师代表参加了省委、省政府召开的教师节座谈会,2019年被评为"河北省师德标兵"和"全国优秀教师"。阳原县获五一劳动奖章人员情况见下表:

阳原县获得五一劳动奖章称号人员名表

姓名	工作单位职务	荣誉称号	获奖年份	备注
李永富	县总工会主席	市五一劳动奖章	2005	
张建斌	县招待所党支部书记	市五一劳动奖章	2006	
张卓书	县第三中学教师	市五一劳动奖章	2006	
左殿华	县财政局	市五一劳动奖章	2007	
张利兵	县第一建筑公司	市五一劳动奖章	2011	
冀帅华	化稍营中学教师	市五一劳动奖章	2012	
郭利军	西城镇副镇长	市五一劳动奖章	2017	
喇东升	县医院	市五一劳动奖章	2017	
王铉斐	国际裘皮城	市五一劳动奖章	2017	
王首东	县总工会	市五一劳动奖章	2019	
冀敏	揣骨疃镇东白家泉中心校教师	市五一劳动奖章	2019	
孙建龙	西城镇党委书记	市五一劳动奖章	2019	
刘菊峰	东城镇六马坊小学	市五一劳动奖章	2019	
赵富明	弘阳机械厂副厂长	市五一劳动奖章	2019	
赵永贵	县卫生健康局	市五一劳动奖章	2021	
张怀忠	县第二实验小学	市五一劳动奖章	2021	
李东丽	县医院	市五一劳动奖章	2021	

模范集体

20世纪50年代，黄粮坡乡大沙沟村种植苜蓿发展畜牧业，被评为张家口专区模范集体和河北省模范集体，并出席张家口专区和河北省劳模表彰大会。

1978年，河北省革命委员会命名阳原县为"普及教育的模范县"。1979年12月，国务院作出《关于表彰农业、财贸、教育、卫生、科研战线全国先进单位和全国劳动模范的决定》，共表彰351个先进单位，其中教育战线先进单位16个，阳原县教育局名列其中。国务院为阳原县教育局颁发了嘉奖令。新中国成立前，阳原县经济、文化十分落后，全县300多个村庄有130多个文盲村。新中国成立后，在县委、县政府的坚强领导下，县教育局努力普及教育。经过15年的奋斗，到1964年，阳原县在全国2000多个县中率先普及了小学六年教育,《人民日报》为此发表社论,称誉"阳原县普及小学教育是教育战线上的一面红旗"。"文化大革命"期间,阳原教育遭到污蔑。1978年,教育部和河北省革命委员会相继为阳原县平反。

图1-1 国务院为阳原县教育局颁发的嘉奖令

1964年6月2日《人民日报》发表的社论

图1-2 人民日报社论

1982年,县瓷厂成型二车间注修工段和县造纸厂蒸煮班受到张家口工会办事处表彰,并在地区班组工做经验交流会上介绍经验。1986年,阳原县汽车站客运组、阳原县农机修造厂车间小组、阳原县邮电局投递组、阳原县电力局西城供电所、阳原县煤矿工程队、阳原县人民医院住院处病房组和阳原县交通局东井集道班7个单位被张家口地委宣传部、张家口地区经委和张家口工会办事处联合命名为模范班组。阳原县汽车站客运组还被全国总工会和国家经委联合命名为模范班组。

1988年1月,县委、县政府召开表彰大会,隆重表彰全县1987年度各条战线先进集体和模范个人,其中表彰先进集体250个(优胜单位20个,先进单位84个,成绩显著单位146个)。

1989年2月,县委、县政府表彰1988年度全县各条战线先进集体和模范个人,其中表彰模范先进集体236个(优胜单位20个,成绩卓著先进单位50个,先进单位166个)。县委、县政府命名阳原县教育工会为成绩卓著单位,命名东城镇七马坊地毯厂为先进集体。七马坊地毯厂是村办企业,吸收本村及邻村部分妇女从事地毯加工,解决妇女就业和家庭创收问题,一度发展到机梁100多架、从业人员400多名,被张家口市地毯厂确定为分厂,厂长张瑞作为先进集体代表出席了县表彰大会。

图1-3 阳原县七马坊村地毯厂厂长张瑞作为先进集体代表出席县劳模表彰会证书

1991年,河北省人民政府授予阳原县农机修造厂职工教育先进集体。

1992年1月,县委、县政府联合表彰了1991年度在各项工作中取得显著成绩的59个先进集体,其中县直工业企业先进集体7个,乡镇企业先进集体7个,农业与农村先进集体20个,县直单位先进集体25个。

1999年3月,阳原县以劳动竞赛委员会名义,对1998年度全县社会主义劳动竞赛先进集体和个人进行表彰,授予县第一瓷厂等9个单位"优胜单位"称号,授予县邮政局储蓄组等21个单位"优胜车间班组"称号。

2004年,阳原县水务局被张家口市委、市政府评为模范集体。

2013年,县委、县政府联合表彰10个模范集体。2018年,县委、县政府联合表彰 11 个模范集体。阳原县获得县级以上模范集体称号单位列表如下：

阳原县获得县级以上模范集体、先进集体称号单位名表

单位名称	荣誉称号	授奖单位	授奖时间
黄粮坡乡大沙沟村	张家口专区模范集体		20世纪50年代
	河北省模范集体		
阳原县	普及教育的模范县	河北省革命委员会	1978
阳原县教育局	国务院嘉奖	国务院	1979
阳原县瓷厂成型二车间	模范班组	张家口工会办事处	1982
阳原县造纸厂蒸煮班	模范班组	张家口工会办事处	1982
阳原县汽车站客运组	模范班组	张家口地委宣传部 张家口地区经委 张家口工会办事处	1986
		全国总工会 国家经委	
阳原县农机修造厂车间小组	模范班组	张家口地委宣传部 张家口地区经委 张家口工会办事处	1986
阳原县邮电局投递组	模范班组	张家口地委宣传部 张家口地区经委 张家口工会办事处	1986
阳原县电力局西城供电所	模范班组	张家口地委宣传部 张家口地区经委 张家口工会办事处	1986
阳原县煤矿工程队	模范班组	张家口地委宣传部 张家口地区经委 张家口工会办事处	1986
阳原县交通局东井集道班	模范班组	张家口地委宣传部 张家口地区经委 张家口工会办事处	1986
阳原县人民医院住院处病房组	模范班组	张家口地委宣传部 张家口地区经委 张家口工会办事处	1986
化稍营镇	优胜单位	阳原县委、县政府	1987

续表

单位名称	荣誉称号	授奖单位	授奖时间
东城镇	优胜单位	阳原县委、县政府	1987
西城镇	优胜单位	阳原县委、县政府	1987
东井集镇	优胜单位	阳原县委、县政府	1987
要家庄乡	优胜单位	阳原县委、县政府	1987
阳原县供销社	优胜单位	阳原县委、县政府	1987
阳原县民政局	优胜单位	阳原县委、县政府	1987
阳原县审计局	优胜单位	阳原县委、县政府	1987
阳原县瓷厂	优胜单位	阳原县委、县政府	1987
阳原县物资局	优胜单位	阳原县委、县政府	1987
阳原县粮食局	优胜单位	阳原县委、县政府	1987
阳原县公安局	优胜单位	阳原县委、县政府	1987
阳原县检察院	优胜单位	阳原县委、县政府	1987
工商银行阳原支行	优胜单位	阳原县委、县政府	1987
阳原县农机修造厂	优胜单位	阳原县委、县政府	1987
阳原县汽车站	优胜单位	阳原县委、县政府	1987
马圈堡乡骆驼岭村	优胜单位	阳原县委、县政府	1987
揣骨疃镇曲长城村	优胜单位	阳原县委、县政府	1987
东井集镇东堰头村	优胜单位	阳原县委、县政府	1987
东城镇煤矿	优胜单位	阳原县委、县政府	1987
马圈堡乡	先进单位	阳原县委、县政府	1987
黄良坡乡	先进单位	阳原县委、县政府	1987
金家庄乡	先进单位	阳原县委、县政府	1987
浮图讲乡	先进单位	阳原县委、县政府	1987
东坊城堡乡	先进单位	阳原县委、县政府	1987
南辛庄乡	先进单位	阳原县委、县政府	1987
东白家泉乡	先进单位	阳原县委、县政府	1987
阳原县财政局	先进单位	阳原县委、县政府	1987
阳原县交通局	先进单位	阳原县委、县政府	1987

续表

单位名称	荣誉称号	授奖单位	授奖时间
阳原县科委	先进单位	阳原县委、县政府	1987
阳原县普及法律办公室	先进单位	阳原县委、县政府	1987
阳原县志办公室	先进单位	阳原县委、县政府	1987
阳原县三三三制办公室	先进单位	阳原县委、县政府	1987
阳原县目标管理办公室	先进单位	阳原县委、县政府	1987
阳原县精神文明办公室	先进单位	阳原县委、县政府	1987
阳原县纪检委办公室	先进单位	阳原县委、县政府	1987
阳原县委组织部	先进单位	阳原县委、县政府	1987
阳原县委宣传部	先进单位	阳原县委、县政府	1987
阳原县委农经部	先进单位	阳原县委、县政府	1987
阳原县档案局	先进单位	阳原县委、县政府	1987
阳原县广播电视局	先进单位	阳原县委、县政府	1987
阳原县电力局	先进单位	阳原县委、县政府	1987
阳原县林业局	先进单位	阳原县委、县政府	1987
阳原县水利水保局	先进单位	阳原县委、县政府	1987
阳原县农业局	先进单位	阳原县委、县政府	1987
阳原县畜牧水产局	先进单位	阳原县委、县政府	1987
阳原县工商局	先进单位	阳原县委、县政府	1987
阳原县乡镇企业局	先进单位	阳原县委、县政府	1987
阳原县税务局	先进单位	阳原县委、县政府	1987
阳原县司法局	先进单位	阳原县委、县政府	1987
阳原县民宗侨办公室	先进单位	阳原县委、县政府	1987
人民银行阳原支行	先进单位	阳原县委、县政府	1987
阳原县石油公司	先进单位	阳原县委、县政府	1987
阳原县第一中学	先进单位	阳原县委、县政府	1987
阳原县第二中学	先进单位	阳原县委、县政府	1987
阳原县职业技术学校	先进单位	阳原县委、县政府	1987
阳原县经委	先进单位	阳原县委、县政府	1987

续表

单位名称	荣誉称号	授奖单位	授奖时间
阳原县煤炭公司	先进单位	阳原县委、县政府	1987
阳原县建筑建材公司	先进单位	阳原县委、县政府	1987
阳原县水泥厂	先进单位	阳原县委、县政府	1987
阳原县机械厂	先进单位	阳原县委、县政府	1987
东井集镇种子站	先进单位	阳原县委、县政府	1987
阳原县第二建筑公司	先进单位	阳原县委、县政府	1987
东坊城堡乡砖厂	先进单位	阳原县委、县政府	1987
振阳机械厂	先进单位	阳原县委、县政府	1987
东城镇铸钢厂	先进单位	阳原县委、县政府	1987
阳原县玛钢厂	先进单位	阳原县委、县政府	1987
高墙乡农机修造厂	先进单位	阳原县委、县政府	1987
大田洼乡农机修造厂	先进单位	阳原县委、县政府	1987
阳原县农业技术推广服务中心	先进单位	阳原县委、县政府	1987
阳原县畜牧兽医站	先进单位	阳原县委、县政府	1987
东井集镇脱水厂	先进单位	阳原县委、县政府	1987
三马坊乡文化站	先进单位	阳原县委、县政府	1987
化稍营镇农技服务站	先进单位	阳原县委、县政府	1987
东城卫生分院	先进单位	阳原县委、县政府	1987
西城镇财政所	先进单位	阳原县委、县政府	1987
东城供销社	先进单位	阳原县委、县政府	1987
阳原县公证处	先进单位	阳原县委、县政府	1987
西城镇派出所	先进单位	阳原县委、县政府	1987
城镇法庭	先进单位	阳原县委、县政府	1987
阳原县人民武装部军事科	先进单位	阳原县委、县政府	1987
阳原县五金交电公司	先进单位	阳原县委、县政府	1987
阳原县土产公司	先进单位	阳原县委、县政府	1987
阳原县新华书店	先进单位	阳原县委、县政府	1987
阳原县招待所	先进单位	阳原县委、县政府	1987

续表

单位名称	荣誉称号	授奖单位	授奖时间
阳原县农业机械公司	先进单位	阳原县委、县政府	1987
要家庄乡东坦坡村	先进单位	阳原县委、县政府	1987
东城镇七马坊村	先进单位	阳原县委、县政府	1987
揣骨疃镇揣骨疃村	先进单位	阳原县委、县政府	1987
东城镇东城村	先进单位	阳原县委、县政府	1987
化稍营镇钱家沙洼村	先进单位	阳原县委、县政府	1987
马圈堡乡石盆村	先进单位	阳原县委、县政府	1987
黄良坡乡西目连村	先进单位	阳原县委、县政府	1987
西城镇东关村	先进单位	阳原县委、县政府	1987
要家庄乡柳树皂村	先进单位	阳原县委、县政府	1987
石匣里乡石匣里村	先进单位	阳原县委、县政府	1987
南辛庄乡北辛庄村	先进单位	阳原县委、县政府	1987
东坊城堡乡三分村	先进单位	阳原县委、县政府	1987
井儿沟乡辛庄子村	先进单位	阳原县委、县政府	1987
东白家泉乡上庄村	先进单位	阳原县委、县政府	1987
金家庄乡谷端庄村	先进单位	阳原县委、县政府	1987
浮图讲乡泥泉子村	先进单位	阳原县委、县政府	1987
辛堡乡王林庄村	先进单位	阳原县委、县政府	1987
东井集镇东井集村妇联会	先进单位	阳原县委、县政府	1987
东井集镇企业委员会	成绩显著单位	阳原县委、县政府	1987
东井集镇西大柳村	成绩显著单位	阳原县委、县政府	1987
东井集镇东井集村	成绩显著单位	阳原县委、县政府	1987
东井集镇施家会村	成绩显著单位	阳原县委、县政府	1987
东井集镇西福地村	成绩显著单位	阳原县委、县政府	1987
东井集镇侯家窑村	成绩显著单位	阳原县委、县政府	1987
东井集镇拣花堡村	成绩显著单位	阳原县委、县政府	1987
东井集镇小石庄村农技校	成绩显著单位	阳原县委、县政府	1987
东井集镇小石庄村民兵营	成绩显著单位	阳原县委、县政府	1987

续表

单位名称	荣誉称号	授奖单位	授奖时间
要家庄乡王府庄村	成绩显著单位	阳原县委、县政府	1987
要家庄乡南洼村	成绩显著单位	阳原县委、县政府	1987
要家庄乡牛蹄庄村	成绩显著单位	阳原县委、县政府	1987
要家庄乡下滋铺村	成绩显著单位	阳原县委、县政府	1987
要家庄乡西沟堰村	成绩显著单位	阳原县委、县政府	1987
要家庄乡工业总厂	成绩显著单位	阳原县委、县政府	1987
要家庄乡电管站	成绩显著单位	阳原县委、县政府	1987
西城镇北关村	成绩显著单位	阳原县委、县政府	1987
西城镇城内村	成绩显著单位	阳原县委、县政府	1987
西城镇玛钢铸造厂	成绩显著单位	阳原县委、县政府	1987
西城镇采石场	成绩显著单位	阳原县委、县政府	1987
黄良坡乡桥梁水村	成绩显著单位	阳原县委、县政府	1987
黄良坡乡刘元庄村	成绩显著单位	阳原县委、县政府	1987
黄良坡乡灰泉子村	成绩显著单位	阳原县委、县政府	1987
黄良坡乡康家庄村	成绩显著单位	阳原县委、县政府	1987
黄良坡乡红星联营建材厂	成绩显著单位	阳原县委、县政府	1987
振阳机械厂铸钢二车间	成绩显著单位	阳原县委、县政府	1987
东坊城堡乡九马坊村	成绩显著单位	阳原县委、县政府	1987
东坊城堡乡大白嘴村	成绩显著单位	阳原县委、县政府	1987
东坊城堡乡辛其村毡厂	成绩显著单位	阳原县委、县政府	1987
井儿沟乡井儿沟村	成绩显著单位	阳原县委、县政府	1987
井儿沟乡牛坊沟村	成绩显著单位	阳原县委、县政府	1987
井儿沟乡八马坊村	成绩显著单位	阳原县委、县政府	1987
井儿沟乡乱沟子村	成绩显著单位	阳原县委、县政府	1987
井儿沟乡八马坊村地毯厂	成绩显著单位	阳原县委、县政府	1987
东城镇卡夭村	成绩显著单位	阳原县委、县政府	1987
东城镇六马坊村	成绩显著单位	阳原县委、县政府	1987
东城镇千家营村	成绩显著单位	阳原县委、县政府	1987

续表

单位名称	荣誉称号	授奖单位	授奖时间
东城镇鳌鱼口村	成绩显著单位	阳原县委、县政府	1987
东城镇畜牧兽医站	成绩显著单位	阳原县委、县政府	1987
三马坊乡大蟒沟村	成绩显著单位	阳原县委、县政府	1987
三马坊乡东小庄村	成绩显著单位	阳原县委、县政府	1987
三马坊乡林果站	成绩显著单位	阳原县委、县政府	1987
三马坊乡砖厂	成绩显著单位	阳原县委、县政府	1987
化稍营镇一村	成绩显著单位	阳原县委、县政府	1987
化稍营镇四村	成绩显著单位	阳原县委、县政府	1987
化稍营镇小渡口村	成绩显著单位	阳原县委、县政府	1987
化稍营镇砖厂	成绩显著单位	阳原县委、县政府	1987
化稍营镇水电服务站	成绩显著单位	阳原县委、县政府	1987
化稍营镇罐头厂	成绩显著单位	阳原县委、县政府	1987
高墙乡党委、政府	成绩显著单位	阳原县委、县政府	1987
高墙乡范家坊村	成绩显著单位	阳原县委、县政府	1987
高墙乡段家庄村	成绩显著单位	阳原县委、县政府	1987
高墙乡新兴皮鞋厂	成绩显著单位	阳原县委、县政府	1987
高墙乡中心校	成绩显著单位	阳原县委、县政府	1987
金家庄乡赵家坪村	成绩显著单位	阳原县委、县政府	1987
金家庄乡黑岩村	成绩显著单位	阳原县委、县政府	1987
金家庄乡台家庄村	成绩显著单位	阳原县委、县政府	1987
金家庄乡砖瓦厂	成绩显著单位	阳原县委、县政府	1987
金家庄乡地毯厂	成绩显著单位	阳原县委、县政府	1987
大田洼乡大井头村	成绩显著单位	阳原县委、县政府	1987
大田洼乡小田洼村	成绩显著单位	阳原县委、县政府	1987
大田洼乡石良地村	成绩显著单位	阳原县委、县政府	1987
大田洼乡小井头村	成绩显著单位	阳原县委、县政府	1987
大田洼乡油坊村	成绩显著单位	阳原县委、县政府	1987
大田洼乡兽医站	成绩显著单位	阳原县委、县政府	1987

续表

单位名称	荣誉称号	授奖单位	授奖时间
石匣里乡板井村	成绩显著单位	阳原县委、县政府	1987
石匣里乡沙石厂	成绩显著单位	阳原县委、县政府	1987
南辛庄乡四十亩滩村	成绩显著单位	阳原县委、县政府	1987
南辛庄乡祁家庄村	成绩显著单位	阳原县委、县政府	1987
南辛庄乡刘家小堡村	成绩显著单位	阳原县委、县政府	1987
南辛庄乡老鱼沟村	成绩显著单位	阳原县委、县政府	1987
南辛庄乡腐竹厂	成绩显著单位	阳原县委、县政府	1987
辛堡乡辛堡村	成绩显著单位	阳原县委、县政府	1987
辛堡乡朝阳堡村	成绩显著单位	阳原县委、县政府	1987
辛堡乡大沟塄村	成绩显著单位	阳原县委、县政府	1987
辛堡乡煤矿	成绩显著单位	阳原县委、县政府	1987
马圈堡乡马圈堡村	成绩显著单位	阳原县委、县政府	1987
马圈堡乡焦家庄村	成绩显著单位	阳原县委、县政府	1987
马圈堡乡保伸观村	成绩显著单位	阳原县委、县政府	1987
马圈堡乡秦家庄村	成绩显著单位	阳原县委、县政府	1987
马圈堡乡炭天沟煤矿	成绩显著单位	阳原县委、县政府	1987
浮图讲乡浮图讲村	成绩显著单位	阳原县委、县政府	1987
浮图讲乡弓家湾村	成绩显著单位	阳原县委、县政府	1987
浮图讲乡葫芦涧村	成绩显著单位	阳原县委、县政府	1987
浮图讲乡平顶村	成绩显著单位	阳原县委、县政府	1987
浮图讲乡下卜庄村	成绩显著单位	阳原县委、县政府	1987
浮图讲乡凉水泉煤矿	成绩显著单位	阳原县委、县政府	1987
揣骨疃镇双塔村	成绩显著单位	阳原县委、县政府	1987
揣骨疃镇三泉村	成绩显著单位	阳原县委、县政府	1987
揣骨疃镇大水口村	成绩显著单位	阳原县委、县政府	1987
揣骨疃镇香草沟村	成绩显著单位	阳原县委、县政府	1987
揣骨疃镇马圈村	成绩显著单位	阳原县委、县政府	1987
揣骨疃镇化家岭村	成绩显著单位	阳原县委、县政府	1987

续表

单位名称	荣誉称号	授奖单位	授奖时间
揣骨疃镇庙梁村	成绩显著单位	阳原县委、县政府	1987
揣骨疃镇曲长城村农技校	成绩显著单位	阳原县委、县政府	1987
揣骨疃村皮毛厂	成绩显著单位	阳原县委、县政府	1987
揣骨疃镇法律服务站	成绩显著单位	阳原县委、县政府	1987
揣骨疃镇民政铸造厂	成绩显著单位	阳原县委、县政府	1987
东白家泉乡籍箕疃村	成绩显著单位	阳原县委、县政府	1987
东白家泉乡火石岭村	成绩显著单位	阳原县委、县政府	1987
东白家泉乡起凤坡村	成绩显著单位	阳原县委、县政府	1987
东白家泉乡商业购销服务站	成绩显著单位	阳原县委、县政府	1987
东白家泉乡肘骨湾煤矿	成绩显著单位	阳原县委、县政府	1987
阳原县委办公室	成绩显著单位	阳原县委、县政府	1987
阳原县政府办公室	成绩显著单位	阳原县委、县政府	1987
阳原县劳动人事局	成绩显著单位	阳原县委、县政府	1987
阳原县武装部	成绩显著单位	阳原县委、县政府	1987
阳原县法院	成绩显著单位	阳原县委、县政府	1987
阳原县老干部局	成绩显著单位	阳原县委、县政府	1987
阳原县机关党委	成绩显著单位	阳原县委、县政府	1987
共青团阳原县委	成绩显著单位	阳原县委、县政府	1987
阳原县统计局	成绩显著单位	阳原县委、县政府	1987
阳原县扶贫救灾办公室	成绩显著单位	阳原县委、县政府	1987
阳原县商业局	成绩显著单位	阳原县委、县政府	1987
阳原县人民医院	成绩显著单位	阳原县委、县政府	1987
阳原县烟草公司	成绩显著单位	阳原县委、县政府	1987
阳原县支铁办公室	成绩显著单位	阳原县委、县政府	1987
阳原县委党校	成绩显著单位	阳原县委、县政府	1987
阳原县总工会	成绩显著单位	阳原县委、县政府	1987
阳原县物价局	成绩显著单位	阳原县委、县政府	1987
阳原县磷矿	成绩显著单位	阳原县委、县政府	1987

续表

单位名称	荣誉称号	授奖单位	授奖时间
阳原县地毯厂	成绩显著单位	阳原县委、县政府	1987
阳原县水利工程队	成绩显著单位	阳原县委、县政府	1987
阳原县水利物资供应站	成绩显著单位	阳原县委、县政府	1987
西城工商所	成绩显著单位	阳原县委、县政府	1987
化稍营供销社	成绩显著单位	阳原县委、县政府	1987
东井集供销社	成绩显著单位	阳原县委、县政府	1987
西城供销社	成绩显著单位	阳原县委、县政府	1987
辛堡供销社	成绩显著单位	阳原县委、县政府	1987
阳原县副食品公司三批发部	成绩显著单位	阳原县委、县政府	1987
阳原县生产资料公司	成绩显著单位	阳原县委、县政府	1987
西城卫生分院	成绩显著单位	阳原县委、县政府	1987
阳原县爱国卫生委员会办公室	成绩显著单位	阳原县委、县政府	1987
阳原县妇幼保健站	成绩显著单位	阳原县委、县政府	1987
阳原县粮油加工厂	成绩显著单位	阳原县委、县政府	1987
阳原县粮食局直属库	成绩显著单位	阳原县委、县政府	1987
揣骨疃中心粮库	成绩显著单位	阳原县委、县政府	1987
化稍营中心粮库	成绩显著单位	阳原县委、县政府	1987
工商银行阳原支行信贷股	成绩显著单位	阳原县委、县政府	1987
阳原县百货公司	成绩显著单位	阳原县委、县政府	1987
深沟煤矿采煤大队	成绩显著单位	阳原县委、县政府	1987
阳原县雕刻厂	成绩显著单位	阳原县委、县政府	1987
东井集初级中学	成绩显著单位	阳原县委、县政府	1987
辛堡初级中学	成绩显著单位	阳原县委、县政府	1987
阳原县人民影院	成绩显著单位	阳原县委、县政府	1987
高墙信用社	成绩显著单位	阳原县委、县政府	1987
西城镇	优胜单位	阳原县委、县政府	1988
黄良坡乡	优胜单位	阳原县委、县政府	1988
马圈堡乡	优胜单位	阳原县委、县政府	1988

续表

单位名称	荣誉称号	授奖单位	授奖时间
金家庄乡	优胜单位	阳原县委、县政府	1988
阳原县民政局	优胜单位	阳原县委、县政府	1988
阳原县财政局	优胜单位	阳原县委、县政府	1988
阳原县经委	优胜单位	阳原县委、县政府	1988
阳原县商业局	优胜单位	阳原县委、县政府	1988
阳原县供销社	优胜单位	阳原县委、县政府	1988
阳原县物资局	优胜单位	阳原县委、县政府	1988
阳原县税务局	优胜单位	阳原县委、县政府	1988
阳原县电力局	优胜单位	阳原县委、县政府	1988
阳原县纪检委办公室	优胜单位	阳原县委、县政府	1988
农业银行阳原支行	优胜单位	阳原县委、县政府	1988
阳原县瓷厂	优胜单位	阳原县委、县政府	1988
阳原县职业技术学校	优胜单位	阳原县委、县政府	1988
阳原县玛钢厂	优胜单位	阳原县委、县政府	1988
马圈堡乡石盆村	优胜单位	阳原县委、县政府	1988
金家庄乡黑岩村	优胜单位	阳原县委、县政府	1988
要家庄乡王府庄村	优胜单位	阳原县委、县政府	1988
要家庄乡	成绩卓著先进单位	阳原县委、县政府	1988
浮图讲乡	成绩卓著先进单位	阳原县委、县政府	1988
井儿沟乡	成绩卓著先进单位	阳原县委、县政府	1988
东白家泉乡	成绩卓著先进单位	阳原县委、县政府	1988
南辛庄乡	成绩卓著先进单位	阳原县委、县政府	1988
阳原县委办公室	成绩卓著先进单位	阳原县委、县政府	1988
阳原县委组织部	成绩卓著先进单位	阳原县委、县政府	1988
阳原县委宣传部	成绩卓著先进单位	阳原县委、县政府	1988
阳原县委农经部	成绩卓著先进单位	阳原县委、县政府	1988
阳原县政府办公室	成绩卓著先进单位	阳原县委、县政府	1988
阳原县公安局	成绩卓著先进单位	阳原县委、县政府	1988

续表

单位名称	荣誉称号	授奖单位	授奖时间
阳原县司法局	成绩卓著先进单位	阳原县委、县政府	1988
阳原县审计局	成绩卓著先进单位	阳原县委、县政府	1988
阳原县交通局	成绩卓著先进单位	阳原县委、县政府	1988
阳原县乡镇企业局	成绩卓著先进单位	阳原县委、县政府	1988
阳原县粮食局	成绩卓著先进单位	阳原县委、县政府	1988
阳原县林业局	成绩卓著先进单位	阳原县委、县政府	1988
阳原县邮电局	成绩卓著先进单位	阳原县委、县政府	1988
阳原县广播电视局	成绩卓著先进单位	阳原县委、县政府	1988
阳原县普法办公室	成绩卓著先进单位	阳原县委、县政府	1988
人民银行阳原支行	成绩卓著先进单位	阳原县委、县政府	1988
工商银行阳原支行	成绩卓著先进单位	阳原县委、县政府	1988
阳原县第一中学	成绩卓著先进单位	阳原县委、县政府	1988
阳原县教育工会	成绩卓著先进单位	阳原县委、县政府	1988
阳原县地毯公司	成绩卓著先进单位	阳原县委、县政府	1988
阳原县建筑建材公司	成绩卓著先进单位	阳原县委、县政府	1988
阳原县煤炭公司	成绩卓著先进单位	阳原县委、县政府	1988
阳原县农机修造厂	成绩卓著先进单位	阳原县委、县政府	1988
阳原县汽车站	成绩卓著先进单位	阳原县委、县政府	1988
西城镇派出所	成绩卓著先进单位	阳原县委、县政府	1988
阳原县农机农排公司	成绩卓著先进单位	阳原县委、县政府	1988
阳原县实验小学	成绩卓著先进单位	阳原县委、县政府	1988
西城供销社	成绩卓著先进单位	阳原县委、县政府	1988
黄良坡乡财政所	成绩卓著先进单位	阳原县委、县政府	1988
东井集镇种子站	成绩卓著先进单位	阳原县委、县政府	1988
黄良坡乡振阳机械厂	成绩卓著先进单位	阳原县委、县政府	1988
东城镇铸钢厂	成绩卓著先进单位	阳原县委、县政府	1988
化稍营镇农技服务站	成绩卓著先进单位	阳原县委、县政府	1988
南辛庄乡榨油厂	成绩卓著先进单位	阳原县委、县政府	1988

续表

单位名称	荣誉称号	授奖单位	授奖时间
三马坊乡文化站	成绩卓著先进单位	阳原县委、县政府	1988
东井集镇东堰头村	成绩卓著先进单位	阳原县委、县政府	1988
西城镇北关村	成绩卓著先进单位	阳原县委、县政府	1988
东坊城堡乡双庙村	成绩卓著先进单位	阳原县委、县政府	1988
井儿沟乡辛庄子村	成绩卓著先进单位	阳原县委、县政府	1988
三马坊乡大湾台村	成绩卓著先进单位	阳原县委、县政府	1988
马圈堡乡骆驼岭村	成绩卓著先进单位	阳原县委、县政府	1988
浮图讲乡下卜庄村	成绩卓著先进单位	阳原县委、县政府	1988
揣骨疃镇三泉村	成绩卓著先进单位	阳原县委、县政府	1988
东白家泉乡东白家泉村	成绩卓著先进单位	阳原县委、县政府	1988
东井集镇小石庄村民调解委员会	成绩卓著先进单位	阳原县委、县政府	1988
东井集镇东井集村	先进单位	阳原县委、县政府	1988
东井集镇小石庄村	先进单位	阳原县委、县政府	1988
东井集镇西福地村	先进单位	阳原县委、县政府	1988
东井集镇拣花堡村	先进单位	阳原县委、县政府	1988
东井集镇漫流堡村	先进单位	阳原县委、县政府	1988
东井集镇和尧庄村	先进单位	阳原县委、县政府	1988
东井集镇西堰头村	先进单位	阳原县委、县政府	1988
东井集村治保会	先进单位	阳原县委、县政府	1988
小石庄村蔬菜脱水厂	先进单位	阳原县委、县政府	1988
东井集镇蔬菜脱水厂	先进单位	阳原县委、县政府	1988
要家庄乡东坦坡村	先进单位	阳原县委、县政府	1988
要家庄乡要家庄村	先进单位	阳原县委、县政府	1988
要家庄乡柳树皂村	先进单位	阳原县委、县政府	1988
要家庄乡西沟沿村	先进单位	阳原县委、县政府	1988
要家庄乡南洼村	先进单位	阳原县委、县政府	1988
要家庄乡下滋铺村	先进单位	阳原县委、县政府	1988

续表

单位名称	荣誉称号	授奖单位	授奖时间
要家庄乡下滋铺皮毛厂	先进单位	阳原县委、县政府	1988
要家庄乡工业总厂	先进单位	阳原县委、县政府	1988
黄粮坡乡桥梁水村	先进单位	阳原县委、县政府	1988
黄粮坡乡灰泉子村	先进单位	阳原县委、县政府	1988
黄粮坡乡一吐泉村	先进单位	阳原县委、县政府	1988
黄粮坡乡康家庄村	先进单位	阳原县委、县政府	1988
黄粮坡乡综合服务部	先进单位	阳原县委、县政府	1988
西城镇城内村	先进单位	阳原县委、县政府	1988
西城镇东关村建筑队	先进单位	阳原县委、县政府	1988
西城镇财政所	先进单位	阳原县委、县政府	1988
西城镇采石厂	先进单位	阳原县委、县政府	1988
东坊城堡乡东坊城堡村	先进单位	阳原县委、县政府	1988
东坊城堡乡九马坊村	先进单位	阳原县委、县政府	1988
东坊城堡乡李家夭村	先进单位	阳原县委、县政府	1988
东坊城堡乡计划生育组	先进单位	阳原县委、县政府	1988
井儿沟乡井儿沟村	先进单位	阳原县委、县政府	1988
井儿沟乡乱沟村	先进单位	阳原县委、县政府	1988
井儿沟乡上八角民兵连	先进单位	阳原县委、县政府	1988
东城镇	先进单位	阳原县委、县政府	1988
东城镇东城村	先进单位	阳原县委、县政府	1988
东城镇七马坊村	先进单位	阳原县委、县政府	1988
东城镇舍人庄村	先进单位	阳原县委、县政府	1988
东城镇五里沟村	先进单位	阳原县委、县政府	1988
东城镇千家营村	先进单位	阳原县委、县政府	1988
东城镇卡夭村	先进单位	阳原县委、县政府	1988
东城村皮毛厂	先进单位	阳原县委、县政府	1988
七马坊村地毯厂	先进单位	阳原县委、县政府	1988
东城镇汽车配件厂	先进单位	阳原县委、县政府	1988

续表

单位名称	荣誉称号	授奖单位	授奖时间
三马坊乡东天头村	先进单位	阳原县委、县政府	1988
三马坊乡东小庄村	先进单位	阳原县委、县政府	1988
三马坊乡中心校	先进单位	阳原县委、县政府	1988
三马坊乡皮毛厂	先进单位	阳原县委、县政府	1988
化稍营镇	先进单位	阳原县委、县政府	1988
化稍营镇一村	先进单位	阳原县委、县政府	1988
化稍营镇钱家沙洼村	先进单位	阳原县委、县政府	1988
化稍营镇正合台村	先进单位	阳原县委、县政府	1988
化稍营镇大渡口村	先进单位	阳原县委、县政府	1988
化稍营镇民间金融服务社	先进单位	阳原县委、县政府	1988
化稍营镇皮毛厂	先进单位	阳原县委、县政府	1988
化稍营镇汽车修配厂	先进单位	阳原县委、县政府	1988
石匣里乡石匣里村	先进单位	阳原县委、县政府	1988
石匣里乡头马坊村	先进单位	阳原县委、县政府	1988
石匣里乡板井子村	先进单位	阳原县委、县政府	1988
石匣里乡砂石厂	先进单位	阳原县委、县政府	1988
高墙乡段家庄村	先进单位	阳原县委、县政府	1988
高墙乡姚家庄村	先进单位	阳原县委、县政府	1988
高墙乡初级中学	先进单位	阳原县委、县政府	1988
高墙乡皮鞋厂	先进单位	阳原县委、县政府	1988
高墙乡农机修造厂	先进单位	阳原县委、县政府	1988
金家庄乡谷端庄村	先进单位	阳原县委、县政府	1988
金家庄乡赵家坪村	先进单位	阳原县委、县政府	1988
金家庄乡九女池村	先进单位	阳原县委、县政府	1988
金家庄乡台家庄村	先进单位	阳原县委、县政府	1988
金家庄乡地毯厂	先进单位	阳原县委、县政府	1988
金家庄乡民政福利石墨厂	先进单位	阳原县委、县政府	1988
大田洼乡	先进单位	阳原县委、县政府	1988

续表

单位名称	荣誉称号	授奖单位	授奖时间
大田洼乡大田洼村	先进单位	阳原县委、县政府	1988
大田洼乡小井头村	先进单位	阳原县委、县政府	1988
大田洼乡石良地村	先进单位	阳原县委、县政府	1988
大田洼乡油坊地毯厂	先进单位	阳原县委、县政府	1988
大田洼乡烟花厂	先进单位	阳原县委、县政府	1988
大田洼乡农机修造厂	先进单位	阳原县委、县政府	1988
南辛庄乡北辛庄村	先进单位	阳原县委、县政府	1988
南辛庄乡四十亩滩村	先进单位	阳原县委、县政府	1988
南辛庄乡祁家庄村	先进单位	阳原县委、县政府	1988
南辛庄乡南沙洼村	先进单位	阳原县委、县政府	1988
南辛庄乡老渔沟村	先进单位	阳原县委、县政府	1988
南辛庄乡腐竹厂	先进单位	阳原县委、县政府	1988
辛堡乡王林庄村	先进单位	阳原县委、县政府	1988
辛堡乡大圪塄村	先进单位	阳原县委、县政府	1988
辛堡乡朝阳堡村	先进单位	阳原县委、县政府	1988
辛堡乡黄土良煤矿	先进单位	阳原县委、县政府	1988
马圈堡乡岳家庄村	先进单位	阳原县委、县政府	1988
马圈堡乡保伸观村	先进单位	阳原县委、县政府	1988
马圈堡乡炭天沟煤矿	先进单位	阳原县委、县政府	1988
浮图讲乡泥泉村	先进单位	阳原县委、县政府	1988
浮图讲乡平顶村	先进单位	阳原县委、县政府	1988
浮图讲乡上卜庄村	先进单位	阳原县委、县政府	1988
浮图讲乡三分村	先进单位	阳原县委、县政府	1988
浮图讲乡龙马庄村	先进单位	阳原县委、县政府	1988
浮图讲乡凉水泉煤矿	先进单位	阳原县委、县政府	1988
揣骨疃镇曲长城村	先进单位	阳原县委、县政府	1988
揣骨疃镇揣骨疃村	先进单位	阳原县委、县政府	1988
揣骨疃镇落凤洼村	先进单位	阳原县委、县政府	1988

续表

单位名称	荣誉称号	授奖单位	授奖时间
揣骨疃镇香草沟村	先进单位	阳原县委、县政府	1988
揣骨疃镇小辛堡村	先进单位	阳原县委、县政府	1988
揣骨疃镇双塔村	先进单位	阳原县委、县政府	1988
揣骨疃镇西马圈村	先进单位	阳原县委、县政府	1988
曲长城村农技校	先进单位	阳原县委、县政府	1988
揣骨疃村皮毛厂	先进单位	阳原县委、县政府	1988
揣骨疃镇农机服务站	先进单位	阳原县委、县政府	1988
揣骨疃镇水磨石厂	先进单位	阳原县委、县政府	1988
东白家泉乡火石岭村	先进单位	阳原县委、县政府	1988
东白家泉乡籍箕疃村	先进单位	阳原县委、县政府	1988
东白家泉乡偏林寺村	先进单位	阳原县委、县政府	1988
东白家泉乡肘骨湾煤矿	先进单位	阳原县委、县政府	1988
阳原县委统战部	先进单位	阳原县委、县政府	1988
阳原县人大常委会办公室	先进单位	阳原县委、县政府	1988
阳原县政协秘书处	先进单位	阳原县委、县政府	1988
阳原县检察院	先进单位	阳原县委、县政府	1988
阳原县委党校	先进单位	阳原县委、县政府	1988
阳原县机关党委	先进单位	阳原县委、县政府	1988
阳原县科委	先进单位	阳原县委、县政府	1988
阳原县档案局	先进单位	阳原县委、县政府	1988
阳原县工商局	先进单位	阳原县委、县政府	1988
阳原县水利局	先进单位	阳原县委、县政府	1988
阳原县农业局	先进单位	阳原县委、县政府	1988
阳原县物价局	先进单位	阳原县委、县政府	1988
阳原县卫生局	先进单位	阳原县委、县政府	1988
阳原县侨务办公室	先进单位	阳原县委、县政府	1988
阳原县精神文明办公室	先进单位	阳原县委、县政府	1988
阳原县志办公室	先进单位	阳原县委、县政府	1988

续表

单位名称	荣誉称号	授奖单位	授奖时间
阳原县支铁办公室	先进单位	阳原县委、县政府	1988
阳原县人武部办公室	先进单位	阳原县委、县政府	1988
阳原县烟草公司	先进单位	阳原县委、县政府	1988
建设银行阳原支行	先进单位	阳原县委、县政府	1988
阳原县石油公司	先进单位	阳原县委、县政府	1988
阳原县保险公司	先进单位	阳原县委、县政府	1988
阳原县人民医院	先进单位	阳原县委、县政府	1988
阳原县水泥厂	先进单位	阳原县委、县政府	1988
阳原县畜禽改良站	先进单位	阳原县委、县政府	1988
东井集供销社	先进单位	阳原县委、县政府	1988
揣骨疃供销社	先进单位	阳原县委、县政府	1988
阳原县土产公司	先进单位	阳原县委、县政府	1988
阳原县生产资料公司	先进单位	阳原县委、县政府	1988
阳原县益民食品厂	先进单位	阳原县委、县政府	1988
化稍营供销社	先进单位	阳原县委、县政府	1988
阳原县粮油直属库	先进单位	阳原县委、县政府	1988
东白家泉粮库	先进单位	阳原县委、县政府	1988
化稍营粮库	先进单位	阳原县委、县政府	1988
化稍营粮库	先进单位	阳原县委、县政府	1988
阳原县人民医院西城分院	先进单位	阳原县委、县政府	1988
阳原县人民医院东城分院	先进单位	阳原县委、县政府	1988
阳原县卫生防疫站	先进单位	阳原县委、县政府	1988
阳原县五金交电公司	先进单位	阳原县委、县政府	1988
阳原县第二百货公司	先进单位	阳原县委、县政府	1988
阳原县新华书店	先进单位	阳原县委、县政府	1988
阳原县招待所	先进单位	阳原县委、县政府	1988
西城工商所	先进单位	阳原县委、县政府	1988
揣骨疃法庭	先进单位	阳原县委、县政府	1988

续表

单位名称	荣誉称号	授奖单位	授奖时间
南辛庄乡财政所	先进单位	阳原县委、县政府	1988
农业银行东街储蓄所	先进单位	阳原县委、县政府	1988
阳原县雕刻厂	先进单位	阳原县委、县政府	1988
阳原县皮毛三厂	先进单位	阳原县委、县政府	1988
深沟煤矿销售科	先进单位	阳原县委、县政府	1988
长城水泥厂包装车间	先进单位	阳原县委、县政府	1988
阳原县麻纺厂设备科	先进单位	阳原县委、县政府	1988
阳原县磷矿选矿车间	先进单位	阳原县委、县政府	1988
阳原县机械厂车工一组	先进单位	阳原县委、县政府	1988
阳原县印刷厂购销部	先进单位	阳原县委、县政府	1988
阳原县裘皮服装厂鞣革组	先进单位	阳原县委、县政府	1988
阳原县农机修造厂	职工教育先进集体	河北省人民政府	1991
阳原县瓷厂	先进集体	阳原县委、县政府	1991
阳原县第二中学木器厂	先进集体	阳原县委、县政府	1991
阳原县水泥厂	先进集体	阳原县委、县政府	1991
阳原县雕刻厂	先进集体	阳原县委、县政府	1991
阳原县农机修造厂	先进集体	阳原县委、县政府	1991
阳原县裘皮服装厂	先进集体	阳原县委、县政府	1991
阳原县饲料公司	先进集体	阳原县委、县政府	1991
西城镇玛钢厂	先进集体	阳原县委、县政府	1991
高墙水暖厂	先进集体	阳原县委、县政府	1991
东城铸钢厂	先进集体	阳原县委、县政府	1991
东城汽配厂	先进集体	阳原县委、县政府	1991
黄良坡振阳机械厂	先进集体	阳原县委、县政府	1991
高墙暖气片厂	先进集体	阳原县委、县政府	1991
西城镇采石场	先进集体	阳原县委、县政府	1991
西城镇党委、政府	先进集体	阳原县委、县政府	1991
揣骨疃镇党委、政府	先进集体	阳原县委、县政府	1991

续表

单位名称	荣誉称号	授奖单位	授奖时间
东城镇党委、政府	先进集体	阳原县委、县政府	1991
金家庄乡党委、政府	先进集体	阳原县委、县政府	1991
高墙乡党委、政府	先进集体	阳原县委、县政府	1991
要家庄乡党委、政府	先进集体	阳原县委、县政府	1991
北关村党支部、村委会	先进集体	阳原县委、县政府	1991
平顶村党支部、村委会	先进集体	阳原县委、县政府	1991
大湾台村党支部、村委会	先进集体	阳原县委、县政府	1991
揣骨疃村党支部、村委会	先进集体	阳原县委、县政府	1991
曲长城村党支部、村委会	先进集体	阳原县委、县政府	1991
西福地村党支部、村委会	先进集体	阳原县委、县政府	1991
牛蹄庄村党支部、村委会	先进集体	阳原县委、县政府	1991
钱家沙洼村党支部、村委会	先进集体	阳原县委、县政府	1991
三泉村党支部、村委会	先进集体	阳原县委、县政府	1991
籍箕滩村党支部、村委会	先进集体	阳原县委、县政府	1991
骆驼岭村党支部、村委会	先进集体	阳原县委、县政府	1991
九女池村党支部、村委会	先进集体	阳原县委、县政府	1991
坡砦子村党支部、村委会	先进集体	阳原县委、县政府	1991
牛坊沟村党支部、村委会	先进集体	阳原县委、县政府	1991
阳原县委办公室	先进集体	阳原县委、县政府	1991
阳原县委组织部	先进集体	阳原县委、县政府	1991
阳原县委宣传部	先进集体	阳原县委、县政府	1991
阳原县委农工部	先进集体	阳原县委、县政府	1991
阳原县纪检委办公室	先进集体	阳原县委、县政府	1991
阳原县政府办公室	先进集体	阳原县委、县政府	1991
阳原县水利局	先进集体	阳原县委、县政府	1991
阳原县林业局	先进集体	阳原县委、县政府	1991
阳原县民政局	先进集体	阳原县委、县政府	1991
阳原县交通局	先进集体	阳原县委、县政府	1991

续表

单位名称	荣誉称号	授奖单位	授奖时间
阳原县公安局	先进集体	阳原县委、县政府	1991
阳原县职业技术学校	先进集体	阳原县委、县政府	1991
阳原县经委	先进集体	阳原县委、县政府	1991
阳原县财政局	先进集体	阳原县委、县政府	1991
阳原县乡镇企业局	先进集体	阳原县委、县政府	1991
阳原县粮食局	先进集体	阳原县委、县政府	1991
阳原县物资公司	先进集体	阳原县委、县政府	1991
阳原县税务局	先进集体	阳原县委、县政府	1991
中国人民银行阳原支行	先进集体	阳原县委、县政府	1991
中国工商银行阳原支行	先进集体	阳原县委、县政府	1991
中国建设银行阳原支行	先进集体	阳原县委、县政府	1991
中国农业银行阳原支行	先进集体	阳原县委、县政府	1991
阳原县保险公司	先进集体	阳原县委、县政府	1991
阳原县电力局	先进集体	阳原县委、县政府	1991
阳原县邮电局	先进集体	阳原县委、县政府	1991
阳原县第一瓷厂	全县社会主义劳动竞赛优胜单位	阳原县劳动竞赛委员会	1999
阳原县邮政局储蓄组	全县社会主义劳动竞赛优胜车间班组	阳原县劳动竞赛委员会	1999
阳原县水务局	模范集体	张家口市委、市政府	2004
阳原县委办公室	模范集体	阳原县委、县政府	2013
阳原县委组织部组织科	模范集体	阳原县委、县政府	2013
西城镇	模范集体	阳原县委、县政府	2013
阳原县财政局	模范集体	阳原县委、县政府	2013
阳原县弘州环境卫生有限公司	模范集体	阳原县委、县政府	2013
阳原县人民法院刑事庭	模范集体	阳原县委、县政府	2013
阳原县皮毛大市场管理处	模范集体	阳原县委、县政府	2013
阳原县教育和科学技术局	模范集体	阳原县委、县政府	2013

续表

单位名称	荣誉称号	授奖单位	授奖时间
阳原县交通运输局	模范集体	阳原县委、县政府	2013
阳原县水务局	模范集体	阳原县委、县政府	2013
阳原县委政法委	模范集体	阳原县委、县政府	2018
阳原县公共资源交易中心	模范集体	阳原县委、县政府	2018
东城镇人民政府	模范集体	阳原县委、县政府	2018
阳原县信访局	模范集体	阳原县委、县政府	2018
阳原县民政和民族宗教事务局	模范集体	阳原县委、县政府	2018
阳原县住房和城乡规划建设局	模范集体	阳原县委、县政府	2018
阳原县国土资源局	模范集体	阳原县委、县政府	2018
阳原县食品和市场监督管理局	模范集体	阳原县委、县政府	2018
阳原县安全生产监督管理局	模范集体	阳原县委、县政府	2018
阳原县职业技术教育中心	模范集体	阳原县委、县政府	2018
阳原县总工会	模范集体	阳原县委、县政府	2018

五一劳动奖状

1986年，阳原县汽车站客运组获得全国总工会颁发的五一劳动奖状。阳原县客运于1981年进入张家口地区客运先进行列。1984年，客运量名列全区第一，县运输站被评为"全省甲级站"。汽车站客运组急农民所急，帮农民所需，为他们捎运地膜、绳索、子种、小型农具等生产用品，受到了农民们的高度称赞。

第二节 劳模管理

县级工会在协助县委、县政府开展全国、省、市、县四级劳动模范和先进工作者的评选、推荐工作的同时，按照上级有关规定，认真履行对劳动模范的管理职能。

1951年至1952年，察哈尔省和省总工会先后发出关于加强劳模管理工作的指示和通知之后，张家口市地区制定了劳模管理工作措施，建立了组织机构，配备了专人负责劳模管理工作。阳原县也随之启动了劳模管理工作。

"文化大革命"期间，劳模管理工作停顿。

1978年，劳模管理工作开始恢复。1979年，省总工会转发了石家庄市总工会《关于加强劳动模范的培养、教育和管理工作的意见》，要求各地、市、县工会加强对劳模的管理。1981年，省总工会和省劳动局联合发出《关于审批劳模提高退休费待遇报送劳模证件的通知》，规定省级以上劳模退休时应提高待遇的，要持劳模证件报批，证件丢失的由省总工会出具证明。为给历届省级以上劳模出具证明有确实依据，省总工会根据全国总工会颁发的《劳动模范工作暂行条例》，要求全省各级工会抓紧建立劳模档案管理制度。

1983年10月，阳原县委组织部、县劳动局、县人事局、县卫生局和县工会联合发文，由县工会牵头，对新中国成立以来获得县级以上的劳动模范、先进生产（工作）者称号人员进行摸底。经摸底，全县共有县级以上劳动模范1500多人，其中省级劳模26名，国务院命名的劳动模范或先进工作者2人。同年12月，省总工会对"文革"前历届省级以上劳动模范颁发了荣誉证书。县总工会对各级劳动模范进行摸底后，建立了劳模专项档案。

1995年3月，阳原县委作出决定，在全县范围内开展向已故劳模、原县文教局局长田玉印学习活动。县委组织了田玉印同志先进事迹报告团，5名报告团成员巡回到县直单位和各乡镇作报告24场。

1997年4月，县总工会召开省、市、县劳模代表座谈会。

2005年，县总工会为2名国家部委、省直部门表彰的先进人物分别申请办理了省、市级劳动模范荣誉证书。

2007年，县总工会制定了《劳动模范管理制度》。

2009年，对全县全国劳模、省级劳模和市级劳模进一步摸底调查，建立了详细档案。劳模摸底调查工作采取"一查、二找、三审"的方法：一查是通过县档案局查阅档案，二找是查找历届劳模会的情况，寻找受表彰人员，三审是将档案中记载的资料与所在单位的资料核对审定。根据资料核定，全县有县级劳模3677名，市（地）级劳模150名，省级劳模18名，全国劳模2名。

2010年，张家口市总工会与市政协文史资料委员会合作，将全市55名全国劳模、全国五一劳动奖章获得者、省劳模的先进事迹辑成人物通讯或人物专访，将131名劳模先进事迹辑成劳模事迹简介，省级以上近2000名劳模辑成《张家口文史》第九辑。2011年，对市级以上劳模档案，全部实行数据库管理。2012年，阳原县政协编辑第十辑文史资料《阳原人》，其中收录了省部级以上劳模 20 人。

县总工会不定期地组织劳模开展多种活动,充分发挥劳模作用。

2022 年 1 月,县总工会举行 2022 新春劳模座谈会,县人大常委会副主任、总工会主席张炳才,县总工会党组书记、副主席王首东,与省、市级劳动模范欢聚一堂,共话阳原发展变化,祝福北京冬奥会圆满成功。3 月,县总工会开展"劳模工匠进校园活动",邀请省劳模李家钰、市劳模白雪琴、方旭阳分别为实验小学、第五实验小学共计 600 多名学生宣讲十九届六中全会精神和中国共产党党史。11 月,县总工会召开学习宣传贯彻党的二十大精神劳模座谈会,成立了阳原县学习宣传贯彻党的二十大精神劳模工匠宣讲团。

图 1-4　阳原县总工会召开劳模座谈会

第三节　劳模待遇

对县级劳模的待遇,1950 年至 1957 年间,以口头表扬为主,辅之以毛巾、笔记本、钢笔等物质奖励。之后,多以精神奖励为主,仅有一两年提出过由劳模所在单位给予物质奖励,但落实情况不一,有的单位没有兑现。1988 年 1 月,县委、县政府召开表彰大会,隆重表彰 1987 年度全县各条战线先进集体和模范个人,其中表彰优等劳模 20 人,每人奖励一台收录机,表彰模范个人 284 人,每人奖励一份纪念品。

对省级以上劳模,主要依据国家和省、市有关政策,落实劳模待遇。按照国家规定:获得全国和省级劳模称号的,当年奖励一级工资,退休时工资增加5%；多次获此荣誉者，退休金享受100%；全国五一劳动奖章获得者享受省（部）级劳模待遇。

1983年，中央组织部、全国总工会、国家劳动人事部和卫生部联合发出《关于保护劳动模范身体健康的几项规定》，要求对县级以上劳动模范和先进个人每年进行一次体检。

1990年，阳原县根据河北省总工会文件，为李俊山、朱玉生、刘汉儒、杨久霖4名省级劳模办理家属户口"农转非"7人，为其子女解决全民合同制劳动指标。

从1995年开始，阳原县总工会组织省级以上劳模，每年由县医院统一体检一次，并建立病历档案，体检费用原则上由劳模所在单位负责。对行政、事业单位的省级以上劳模，实行医药费实报实销（实行"医保"后取消）。2008年，县总工会为13名省部级以上劳模安排体检。

2018年，张家口市人社局、总工会、财政局根据河北省有关规定，将国家功勋劳模和全国劳模奖励标准分别调整为每月800元和600元，省部级劳模奖励标准调整为每月300元，多次获得劳模荣誉称号的不重复累计，此规定从当年7月开始执行，之前的上浮工资和增加退休金制度废止。阳原县执行这一新规定的做法是：每年由县财政列入预算，年底由县总工会负责发放给劳模本人。

2022年，阳原县有王玉莲一人享受每月600元的全国劳模待遇，有20人享受每月300元的省级劳模待遇。

此外，阳原县对各级劳模经常开展慰问活动，特别是困难劳模给予特殊关心与照顾。

除获得劳模称号的人员外，还有一些获得其他荣誉人员，依据有关规定也享受劳模待遇。1983年，东城公社七马坊学校教师杨久霖评为全国"五讲四美"为人师表活动先进个人，1987年，县民政局局长刘汉儒评为全国民政系统劳动模范，2人均享受省劳模待遇。1999年，东井集镇镇长张炳才被市政府授予二等功，2007年，县安监局王玮被评为"全国安全生产先进个人"，2015年，县委组织部王向生被评为"全省老干部工作先进个人"，2005年，李双春被省精神文明建设委员会办公室评为"河北省精神文明建设先进工作者"，此4人按规定均享受市级劳模待遇。2016年，县民政和民族宗教事务局副局长、侨务办主任王鹏，获得人社部和国务院侨办联合授予的"全国侨办系统先进工作者"称号，享受省劳模待遇。

第二章 工运先进

在长期的工会工作中，阳原县涌现出一大批优秀工会工作者和先进工会组织，受到了全国、省、市（地区）、县各级表彰。县总工会也在不定期地评选表彰工会工作先进单位和个人，并对优秀职工和工会会员进行表彰奖励。

第一节 先进评选

1977年，县工会通过总结评比，评选出先进集体51个，先进单位19个，先进个人1341名，树立标兵160名。同年8月，县工会又评选出县瓷厂、电机厂、土产公司、燃料公司、马圈堡供销社、广播站、辛堡粮库、县供销社等9个先进单位，并授予流动红旗。

1978年3月，县工会召开基层工会负责人会议，总结1977年全县工会工作，评选出9个先进基层工会。1979年，县工会对全县各系统工会进行评比，评选出先进集体84个，先进个人419名。

1980年3月，县工会召开表彰大会，对1979年度先进集体和先进工作者予以表彰。

1982年11月，县工会召开工会积极分子和先进集体代表会议，出席会议代表107人。同年12月，县工会评选出7个先进集体和48个先进班、组。县瓷厂和县磷矿被评为锅炉司炉工竞赛先进单位。

1984年2月，县工会表彰1983年度节约增收百分制先进集体县瓷厂和刘焕、刘仲生等11名先进个人。

1985年，县工会召开表彰大会，表彰1984年度工会工作积极分子和财务评比先进共计1220人，县委副书记张怀珍出席会议并讲话。

1986年11月，县工会表彰汽车站客运组等32个先进班组。1987年3月，县工会召开会议，传达省、地会议精神，布置上半年工作，表彰县瓷厂和邮电局 2 个"模范职工之家"、14 个"先进职工之家"和 92 名"职工之友",并对 1986 年财务竞赛优胜单位进行奖励。

1992 年 3 月,县工会命名县农机修造厂等 10 个基层工会为 1991 年度先进基层工会,李子洪等 11 人为优秀工会干部,李云生等 46 人为"最佳主人"。1993 年 3 月,县总工会表彰 1992 年度先进基层工会、优秀工会干部、优秀工会积极分子和支持工会工作的单位领导,10 个先进集体和 34 个先进个人受到表彰。1994 年 3 月,县总工会召开全县工会工作暨先进集体个人表彰会,表彰 21 个先进基层工会、51 名工会干部和 41 名工会积极分子。1998 年 12 月,县总工会评选出 15 个模范职工之家和 79 个先进职工之家予以表彰。

2002 年 3 月,县总工会对县第一瓷厂等 37 个先进基层工会和 43 名优秀工会干部进行表彰,命名县第二瓷厂成型车间乙组为"职工经济技术创新工程安全生产示范岗",授予县第一瓷厂孙志义、县机械厂全瑞军为"经济技术创新先进个人"称号。

2018 年 5 月,县总工会召开年度工会工作会议,表彰了 20 个 2017 年度工会工作先进集体。

第二节　先进单位

1987 年,阳原县西城供销社被张家口地区工会办事处评为"职工合理化建议""技术革新先进单位"。

1990 年,阳原县教育工会被全国教育工会评为"工会工作先进集体"。1991 年 10 月,全国教育工会又命名阳原县教育工会为"农村教师家属扶贫先进单位"。阳原县于 1987 年被国家教委和河北省政府联合确定为农村教育综合改革实验县之后,县教育工会充分发挥工会职能,积极开展农村教师家属扶贫工作,帮助家庭生活困难教师解除后顾之忧。2000 年,河北省教育厅和河北省教育工会联合授予阳原县教育工会"农村教师家属扶贫先进集体"称号。

1995 年,阳原县总工会被张家口市总工会评为 1994 年度"双服务竞争优胜单位""帮扶亏损企业扭亏增盈先进单位和女职工工作先进集体"。之后,阳原县总工会多次受到省级表彰,2002 年被省总工会命名为"劳动福利事业先进集体",2017 年又被省总工会评定为"县级工会规范化建设优胜单位",2019 年被省职工技能大赛组委会授予"职工技能大赛先进单位"。总工会精心打造的阳原县职工服务中心，于2017年被省总工会评定为"河北省示范性职工服务中心"，2020年又被省总工会评定为"河北省模范职工服务中心"。

2001年，阳原县要家庄中心学校被河北省教育工会命名为"工会工作先进集体"。2004年，阳原县西城镇被省总工会命名为"基层组织建设先进单位"。2007年，阳原县屈氏皮草有限公司等5家企业被评为"张家口市劳动关系和谐企业"。

2018年，东城镇总工会、揣骨疃镇总工会和化稍营镇总工会被评为"张家口市基层工会规范化建设优秀单位"。

2019年，西城镇总工会、要家庄乡总工会、高墙乡总工会和马圈堡乡总工会被省总工会命名为"河北省基层工会规范化建设优秀单位"。

2022年6月，阳原县被市总工会确定为"提升职工生活品质试点"。阳原县工会系统获得市级以上奖励的单位见下表：

阳原县工会系统获得市级以上奖励的单位名表

单位名称	荣誉称号	授奖单位	授奖时间
阳原县西城供销社	职工合理化建议、技术革新先进单位	张家口地区工会办事处	1987
阳原县教育工会	工会工作先进集体	全国教育工会	1990
	农村教师家属扶贫先进单位	全国教育工会	1991
	农村教师家属扶贫先进集体	河北省教育厅 河北省教育工会	2000
阳原县总工会	1994年度双服务竞争优胜单位	张家口市总工会	1995
	帮扶亏损企业扭亏增盈先进单位		
	女职工工作先进集体	河北省总工会	2002
	劳动福利事业先进集体	河北省总工会	2017
	县级工会规范化建设优胜单位	河北省总工会	2019
	职工技能大赛先进单位	河北省职工技能大赛组委会	
要家庄中心学校	工会工作先进集体	河北省教育工会	2001
西城镇	基层组织建设先进单位	河北省总工会	2004

续表

单位名称	荣誉称号	授奖单位	授奖时间
弘阳机械厂	张家口市劳动关系和谐企业	张家口市总工会	2004
县燎原水泥有限公司	张家口市劳动关系和谐企业	张家口市总工会	2005
阳原县屈氏皮草有限公司	张家口市劳动关系和谐企业	张家口市总工会	2007
阳原县职工服务中心	河北省示范性职工服务中心	河北省总工会	2017
阳原县职工服务中心	河北省模范职工服务中心	河北省总工会	2020
化稍营镇总工会	基层工会规范化建设优秀单位	张家口市总工会	2018
西城镇总工会	基层工会规范化建设优秀单位	河北省总工会	2018
要家庄乡总工会	基层工会规范化建设优秀单位	河北省总工会	2019
高墙乡总工会	基层工会规范化建设优秀单位	河北省总工会	2019
马圈堡乡总工会	基层工会规范化建设优秀单位	河北省总工会	2020
东城镇总工会	基层工会规范化建设优秀单位	张家口市总工会	2020
揣骨疃镇总工会	基层工会规范化建设优秀单位	河北省总工会	2021
阳原县	提升职工生活品质试点	河北省总工会	2022

第三节　先进个人

1983年，在全省第二届职工代表大会上，阳原县安培基、闫晋才、张明昶3人受到省总工会表彰。县瓷厂工会主席安培基和西城供销社主任闫晋才被省总工会命名为"优秀工会干部"，金家庄小学工会主席张明昶，被省总工会命名为"优秀工会工作积极分子"。同年10月，在第八次全国职工代表大会上，张明昶又被全国总工会命名为"优秀工会工作积极分子"。

1985年，阳原县闫晋才、王秀山、高巨明、韩清廉、王嘉瑞、刘新平6人被张家口地区技术练兵、合理化建议领导小组命名为技术练兵、合理化建议积极分子。

1987年5月，阳原县郭红卫、王吉珍2人被张家口地区工会办事处评为优秀工会积极分子。同年，王嘉瑞、任忠、黄志雄、刘在仁被张家口地区工会办事处评为职工合理化建议、技术革新先进个人。

1991年10月，阳原县教育工会主席杨得谟被全国总工会授予"优秀工会工作者"称号。

1995年，阳原县王桂兰被张家口市总工会评为"优秀女工干部"，李美兰、任淑芳2人被张家口市总工会评为"女职工先进个人"。同年，阳原县建筑公司经理王志玉被张家口市总工会命名为"提合理化建议积极分子"。

1998年，阳原县总工会主席雷志清，被河北省总工会评为"优秀工会干部"。

2005年，县总工会主席李永富获得张家口市"五一劳动奖章"。

2007年，阳原县司建平被张家口市总工会命名为"工会工作积极分子"。

2008年，阳原县杨爱萍被河北省总工会命名为"工会工作积极分子"。

2019年，阳原县总工会党组书记、常务副主席王首东获得了张家口市"五一劳动奖章"。阳原县工会系统获得市级以上奖励人员见下表：

阳原县工会系统获得市级以上奖励人员名表

姓名	单位职务	荣誉称号	授奖单位	授奖时间
张明昶	金家庄小学工会主席	优秀工会工作积极分子	全国总工会	1983
			河北省总工会	1983
闫晋才	阳原县瓷厂工会主席	优秀工会干部	河北省总工会	1983
		技术练兵、合理化建议积极分子	张家口地区技术练兵、合理化建议领导小组	1985
安培基	西城供销社主任	优秀工会干部	省总工会	1983
王秀山	阳原县水泥厂技术员	技术练兵、合理化建议积极分子	张家口地区技术练兵、合理化建议领导小组	1985
高巨明	阳原县农业局技术员	技术练兵、合理化建议积极分子	张家口地区技术练兵、合理化建议领导小组	1985
韩清廉		技术练兵、合理化建议积极分子	张家口地区技术练兵、合理化建议领导小组	1985
王嘉瑞	阳原县机械厂技术员	技术练兵、合理化建议积极分子	张家口地区技术练兵、合理化建议领导小组	1985
	阳原县机械厂副厂长	职工合理化建议、技术革新先进个人	张家口地区工会办事处	1987

续表

姓名	单位职务	荣誉称号	授奖单位	授奖时间
刘新平	阳原县科学技术协会副主任	技术练兵、合理化建议积极分子	张家口地区技术练兵、合理化建议领导小组	1985
郭红卫	阳原县供销社	优秀工会积极分子	张家口地区工会办事处	1987
王吉珍	阳原县政府科员	优秀工会积极分子	张家口地区工会办事处	1987
任忠	阳原县机械厂	职工合理化建议、技术革新先进个人	张家口地区工会办事处	1987
黄志雄	阳原县农业局副局长	职工合理化建议、技术革新先进个人	张家口地区工会办事处	1987
刘在仁		职工合理化建议、技术革新先进个人	张家口地区工会办事处	1987
杨得谟	阳原县教育工会主席	优秀工会工作者	全国总工会	1991
王桂兰	阳原县总工会副主席	优秀女工干部	张家口市总工会	1995
李美兰	阳原县瓷厂人事科科长	女职工先进个人	张家口市总工会	1995
任淑芳		女职工先进个人	张家口市总工会	1995
王志玉	阳原县建筑公司经理	提合理化建议积极分子	张家口市总工会	1995
雷志清	阳原县总工会主席	优秀工会干部	河北省总工会	1998
刘永庆	阳原县教育工会主席	农村教师家庭扶贫工作先进个人	河北省教育厅 河北省教育工会	2000
司建平	阳原县医药公司	工会工作积极分子	张家口市总工会	2007
杨爱萍	阳原县县直机关幼儿园	工会工作积极分子	河北省总工会	2008

注：因档案资料中仅存人名，个别人员情况欠缺。

第三章　人物传记

第一节　劳模人物

本节主要记述已故省级以上劳模（含享受省级劳模待遇人员）。部分人员由于生平事迹难以搜集，故而出现缺失。人员排列以出生时间为序。

孙福广（1922—2011）　满族，1955年至1966年、1978年至1981年两度担任阳原县第一中学校长。任校长期间，加强学校制度建设，建章立制，实行教师全部住校办公（每周星期六回家一次）。组织教师认真钻研教学大纲，教学成绩大幅度提升，多年在张家口地区高中、中专、中师招生统考中取得好成绩。1960年，学校第一届高中毕业生参加高考，54名毕业生全部被高等院校录取，其中24人升入重点大学。教学中，注重强化生产知识与劳动技能相结合，组织学生开展生物实验，开辟大田作物与蔬菜实验园。建立各种课外研究小组，其中以"地理气象台"最为出色，预报阳原当地天气准确率达90%。体育工作也很出色，学生获得多项县、地区比赛冠军。1960年，获得"河北省先进工作者"称号。

孙福广

田玉印（1926—1995）　阳原县小庄村人。1931年父亲外出谋生病故后，与弟、妹跟随母亲到姥姥姥爷家生活。上过冬春私塾，种过地，放过牛，拉过煤，当过仆役，打过短工，生活在艰难困苦之中。1944年，在小庄村当私塾先生。1945年至1946年，历任小庄抗日联合会文书、主

田玉印

任。1945年9月，加入中国共产党。1948年，参加教师训练班，同年8月，分配到小盐厂村创办小学。1949年至1983年，历任同梁堡、东井集学区校长、县教育科长、文教局长、蔚县教育局长、阳原县文教卫生局长、文教局长、教育局长等职，先后19次被评为国家、省、地先进工作者和劳动模范，6次出席全国先进教育工作者和劳动模范表彰大会，3次受到刘少奇、邓小平、李先念、杨尚昆、彭真、陆定一、胡耀邦等党和国家领导人接见，登上天安门城楼参加国庆观礼活动，被誉为"教育战线上的实干家"。

  1952年，主持县文教科工作。面对发展教育的重重困难，狠抓四方面工作：一是上山调查没有学校的村子和上不了学的学龄儿童。寒冬腊月，到马圈堡、辛堡、南辛庄等地调查，来回都得趟桑干河的冰凌水。二是苦口婆心动员村里的知识分子出来当教师。同时，在全县推广东马圈小学教师董湘的六级大复式教学法，以此解决村校师资短缺问题。三是发动群众创办学校，没有校舍，就占庙殿或因陋就简建造；没有桌凳，就架木板、垒泥台。四是积极组织农民参加扫盲班的学习。20世纪50年代中后期，认真贯彻"两条腿走路"的办学方针，本着"搞生产想教育，办教育想生产"的思路，坚持抓普及教育要过问生产，办学校要走生产养校的路子。制定山区学校建设规划，广泛发动师生劳动建校，总结、推广黑岩——三官庙巡回小学等一批勤工俭学学校经验，重点解决全县村庄都能办得起学和所有学龄儿童都能上得起学的问题，学龄儿童的入学率、巩固率和毕业率明显提高。

  20世纪60年代中期，从"一切为了贫下中农子女学习着想"出发，狠抓普及小学教育。面对种种困难，发动群众，勤俭办学，因地制宜采取多种办学形式。1963年，背着行李爬上海拔一千八百多米的骆驼山，到只有一户人家的大正沟村走访，亲手把课本和学习用具送到赵录孩子手中，赵录感动得热泪盈眶。田玉印谢绝挽留，饿着肚子又翻过一座大山、两道深沟，来到只有8户人家、5名学龄儿童的红沙岩村，动员高小毕业的年轻夫妇李银山、王玉兰办起大正沟——红沙岩巡回小学。玉屏山海拔一千六百多米，居住在那里的乡亲们祖祖辈辈种地、挖煤过日子，从来没见过学校是个啥样子，田玉印动员高中毕业生张有余当巡回教师，背起背篓，装着课本和用具在高家洼——柳沟寺两个小山村办起巡回小学，二十多名学龄儿童全部上学，村里的青壮年上了扫盲班。田玉印在全县推广模范校长刘满库、小学复式教学教师李彩等一批先进典型，心里总是想着如何才能使全县所有学龄儿童特别是贫下中农子女"都能上学，上得起学，上完小学"。亲自制定了《阳原县普及小学教育十项革命措施》《关于全县中小学校教师过好"三关"、打好"五个"硬仗的规定》等文件。在他的带领下，通过广大教师的艰苦努力，全县不仅有了全日制小学，而且创办了半日制小学、巡回小学、季节性小学、简易小学、二部制小学、一揽子小学等各种形式的学校，采取单式教学、复式教学、早午晚班、交叉教学、轮堂教学、带弟妹上学等多种教学形式。1964年4月，全县378个自然村，村村都办有小学校，学龄儿童入学率达到95.4%，巩固率达到96.4%，毕业率达到97.3%，阳原县在全国率先普及小学六年教育。6月2日，《人民日报》发表《阳原县是怎样普及小学教育的》长篇报道和《阳原县普及小学教育是教育战线上的一面红旗》社论。

1972年，担任阳原县第一中学党支部书记兼革命委员会主任。1973年后，任县文教局副局长、局长、教育局长。期间，他顶着压力，努力整顿教学秩序，积极恢复发展农林牧业中学，广泛开展扫盲活动。粉碎"四人帮"后，田玉印浑身是劲，积极地为恢复阳原"普及小学教育红旗县"的名誉奔走呼号。直到1978年，全县不仅小学教育进一步普及提高，而且通过合理调整学校布局，发展农业中学41所，青壮年非文盲率达到85%以上，成为张家口地区第一个基本无盲县。1978年9月28日，河北省革命委员会隆重举行大会，命名阳原县为普及教育的模范县，命名田玉印为模范教育工作者，命名李彩、班承满、李文君、张有余、杨慧莲为模范教师。1979年8月12日，《人民日报》发表《普及教育的模范县——阳原》长篇报道，同时发表《抓好普及小学教育这项大政》社论，再次向全国介绍阳原县普及小学教育的经验。同年12月8日，国务院向阳原县教育局颁发嘉奖令。1981年，田玉印被评为河北省劳动模范。

田玉印经常说："革命加拼命，拼命干革命。有命不革命，要命有啥用！"为了党的教育事业，他是豁出命去干的。全县370多个村庄，村村留下了他的足迹；近400所学校，校校洒下了他的汗水。多少年来，他总是在下边跑，培养典型，总结经验，解决问题。他对教师们很熟悉，时时关心着他们，谁家里有什么困难，哪个到了结婚年龄还没有对象，他都放在心上。逢年过节，他总是带上自家的米面肉食上山看望教师。看到巡回教学走山路费鞋，就给每个老师买一双胶鞋。

田玉印一生严以律己，宽以待人。1976年，文教局盖起30间家属房，他给别人安排三四间，而自己只要了一新一旧的两间房子。1980年，40%调资晋级，群众一致推选他晋级，他却主动让出晋级指标。妻子在局机关担任文印员30多年，直至退休也未调换工作。4个子女的工作都是靠各自的本事干出来的，他从来没有说过一句求人帮助的话。

田玉印一生十分注重总结和积累经验。他往往伏案工作到深夜十一二点，有时甚至干到凌晨两三点钟，给后人留下许多宝贵的精神财富。1956年，他根据教师学习班授课需要，与县函校教师合编了20多万字的《教育理论学习材料》。1965年，《中国建设》发表了他撰写的《阳原县是怎样普及小学教育》，《人民中国》发表了他的《采取多种形式办学，普及农村小学教育》。1981年，《人民教育》发表了他的《用政策调动教师的积极性》和《农村实行生产责任制，普及教育怎么办》。此外，他还先后参与《耕读小学经验选》《阳原县普及小学教育经验》《教育战线上的一面红旗》等书的编选工作。

1983年，田玉印任县政协副主席、县委统战部部长，同时兼任县教育局调研员。1985年，他被张家口地区教育局聘为地区教育志编委会顾问，被柴沟堡师范学校聘为顾问。1987年，被河北省教育科学研究所聘为特约教育研究员。离休后，他带病用6年时间完成了65万字的《阳原县普及教育资料选编》，该书于1993年由河北教育出版社出版。1995年，田玉印身患恶性胆管肿瘤，在生命垂危之际，还嘱咐前去看望他的同志"多去下面的学校走走，多问问山区教师的生活"。是年2月5日，田玉印病逝。中共中央纪律检查委员会、国家教委和省教委一些领导向其家属发去唁电。中共阳原县委作出向田玉印同志学习的决定，并组织巡回报告团，在全县广泛宣传他的崇高品质、敬业精神和感人事迹。

张振邦（1927—2002） 阳原县金家庄村人。1946年12月化稍营高级小学毕业后，考入宣化一中，但因家庭生活困难上学一年后辍学回家务农。1948年11月担任金家庄小学教师，1954年调到高墙乡九沟村小学，1955年调回金家庄乡，任黑岩、三官庙两村小学巡回教师。1956年3月加入中国共产党。1960年在新中国第四次全国劳模大会上，被国务院授予"全国文教先进工作者"称号。1972年11月重新分配工作，任阳原县石匣里公社干部，1982年11月调任金家庄乡民政助理。

1951年，张振邦响应县委普及小学教育号召，离开妻儿老小，自愿到阳原县北部山区九沟村开办小学。在村党支部的支持下，他把龙王庙改建成教室，垒起土台子当作桌凳，因陋就简办起九沟村有史以来第一所小学。1955年秋，组织决定让他到阳原县东部最偏僻的两个小山村黑岩、三官庙创办巡回小学，他愉快地服从组织安排。黑岩、三官庙两村共有七十多户人家，祖祖辈辈没有办过学，村里没有一个识字人。张振邦在三官庙村向村民租赁3间小土房作教室，招收13名学生，编成一、二两个年级。在黑岩村找不到教室，就在村中一棵老榆树底下打土摊上课。两村相距5里多，七沟八梁，全是崎岖不平的山路。张振邦不论是烈日炎炎的酷暑，还是寒风刺骨的严冬，不管狂风暴雨，还是大雪封山，坚持巡回教学12年，行程3万多里，普及了两村的小学教育，儿童入学率、巩固率均达100%。任教期间，不仅注重抓学生的入学率和升学率，还积极开展勤工俭学。学校利用山区草多的优势，养起兔、羊、鸡、猪、驴等牲畜，开辟4亩荒地，种植玉米、山药、萝卜等，以此解决学生的学费、书费和文具费。连续三年在"六一"期间，免费给每位学生做一套新衣服，并发给学生奖学金，多则60元，少则20元，大大减轻了学生家庭的经济负担。利用勤工俭学收入，学校购置了电话机、三用机、锣鼓镲和15套课桌凳，办起了图书室、阅览室、理发室，建立了卫生保健箱。1960年5月，张振邦出席河北省教育、文化、卫生、体育社会主义建设先进工作者会议。同年6月，出席全国文教群英会，获劳动英雄勋章，受到刘少奇、周恩来、朱德、陆定一等党和国家领导人的接见。《人民日报》《河北日报》《张家口日报》《人民教育》等报刊先后报道他的模范事迹。他的事迹还被收入电影纪录片《全国教育战线上的一面红旗》。

担任金家庄乡民政助理后，张振邦像一只春蚕默默地工作着、奉献着。1986年，他被评为"张家口地区民政系统先进工作者"，出席了全区先进工作者代表会议。2002年2月，在家中去世。

付之义（1929—2010） 阳原县东井集镇小石庄村农民。曾在涿鹿县农场工作，1977年回村，在村里三个蔬菜专业队当技术员，并任蔬菜研究所所长、农民技术学校教师、专业队门市部顾问。1978年，村党支部委派他到部队农场学习考察，带回半斤青椒籽。1979年在村里试种，效果很好。1980年，全村种植青椒100亩，并打开北京市场。1981年，与北京蔬菜公司签订包销合同，全村种植1200亩，青椒总产量600多万斤。1982年至1988年，扩种到4000亩，青椒产量增加到2000多万斤。《北京晚报》对小石庄青椒进行介绍，200多辆卡车运载小石庄青椒进京，向党的十二大献礼。《半月谈》以《半斤青椒籽，一个专业村》为题，介绍小石庄的青椒生产情况。当时，青椒亩产五六百斤，价格一角一斤，给农民创造丰厚收益。1986年后改种青椒籽，专业户发展到37个，亩产青椒籽100斤，价格每斤三四十元。1989年，付之义被评为河北省劳动模范。

付之义

李彩（1935—2022） 阳原县东井集镇东堰头村人。曾就读于私塾和简易师范。1950年担任东堰头村民校教师，1951年担任东井集区拣花堡村小学教师。1952年4月，年仅17岁的李彩背上行李，徒步行走70多里，自愿到阳原县北山脚下的牛坊沟村办学。当时，学校校舍破旧不堪，村民们也多有不信任的态度。李彩就从整理校舍、动员儿童入学开始，艰苦办学。通过实行交叉教学、创办高初复式，使牛坊沟的孩子们全部入学。1960年，牛坊沟培训出第一届高小毕业生，33名毕业生中有30名考上了初中。1962年，张家口地区教育局将李彩的高初复式教学经验集印成册，发到全区各县。同年，《人民教育》发表了李彩《怎样进行复式教学》的文章。李彩参加了全国半耕半读教育工作会议。1965年11月24日，中共中央政治局候补委员、国务院副总理陆定一亲临牛坊沟视察，并听了李彩一节课，给予高度评价。李彩还为牛坊沟村引进了苹果树，并传授学生和村民苹果栽培技术。到1969年，全村种植苹果树10000多株。

1968年，10岁的儿子和1岁半的女儿因得不到及时诊治而相继夭折。李彩怀着沉痛的心情请求调离了牛坊沟，到离家3里多的南良小学任教。1971年，担任小石庄学校革委会副主任。1973年，遵照县文教局长田玉印的意见，李彩到拣花堡村继续从事复式教学。1974年，李彩调到县教研室工作。1978年，李彩又重返牛坊沟学校。该年9月，河北省革委会授予李彩"模范教师"称号，并提升其为小学特级教师，《河北日报》、河北电视台和中央电视台相继作了报道，张家口地区教育局在阳原县召开现场会推广李彩的高初复式教学经验。

1984年，李彩回到县教研室，负责复式教学研究工作。起草了《复式教学管理常规》，用以指导全县复式教学。指导朱玉生、曹桂兰、魏建勋三名教师，分别在河北省复式教学研讨会和中国复式教学研讨会上讲课，受到好评，朱玉生的复式教学录像还在亚太地区复式教学研讨会上播放。1988年，李彩破格评定为中学高级教师。1989年，人民教育出版社出版了李彩的《怎样进行复式教学》专著。同年，李彩与人合编的《中等师范复式教学讲义》，作为全国中等师范学校选修教材。1990年，李彩参加了河北省义务教育小学复式教学教材《品德与社会》的编写工作，担任副主编。1995年，李彩主笔的《复式教学的理论与实践》和《复式教学》，作为中国——联合国儿童基金会合作加强贫困地区小学项目的师资培训教材。该年，河北省教委命名阳原县为"复式教学先进集体"。李彩先后担任河北省教育学会常务理事、中国教育学会理事、全国复式教学研究会理事、柴沟堡师范复式教学研究中心名誉主任，河北省复式教学研究培训中心副主任，多次参加学术会议。

由于工作成绩突出，李彩多次受到表彰。继1978年被命名为河北省特级教师之后，又获得张家口地区"拔尖人才"、河北省"有突出贡献的中青年专业技术人才"等荣誉称号。1982年，当选为阳原县人大代表，1985年，当选为阳原县人大常委会委员。蝉联河北省第五届、第六届人大常委会委员。1988年，当选为第七届全国人大代表。

1995年10月，李彩退休。2001年教师节，阳原县教育局印发张永军著反映李彩工作生涯的《山村里走出的教学专家》一书。2004年，李彩编印了《我的教育人生》（上下两册）。2013年，中央电视台播出大型纪录片《圆梦百年——中国义务教育百年纪实》，其中第20集《一面红旗》用了大量镜头记录了李彩于二十世纪六七十年代在阳原县普及教育的情况。2022年12月28日，李彩在家中去世，享年88岁。

李富山（1936—2016） 阳原县井儿沟乡八马坊村人。1956年6月参加工作，同时加入中国共产党。最初任井儿沟乡秘书兼治保主任，1958年10月任东城公社公安特派员，1964年10月任阳原县公安局治安股股长，1969年1月至1990年7月历任阳原县粮食局副局长、局长，1990年7月至1996年2月担任阳原县财政局长，1993年2月担任政协阳原县第五届委员会副主席。任县财政局长期间，尽力当好县委、县政府的参谋与助手，组织依靠全体财政干部，大刀阔斧改革财政体制，努力

李富山

探索生财、聚财、用财之道，依法理财，使全县财政工作取得突破性进展，财政收入在1990年1224.9万元的基础上平均年递增20%，提前两年实现县"八五"规划目标，受到各级领导和群众的好评。1990年至1994年，连续五年被县委、县政府评为劳动模范、精神文明建设先进个人、党风廉政建设先进个人。1993年，被评为张家口市劳动模范和河北省财政系统先进工作者。

1995年,被评为河北省劳动模范,出席河北省委、省政府召开的劳模表彰大会。

刘汉儒(1938—2019) 1953年12月参加工作,1956年11月加入中国共产党,1998年5月退休。曾任阳原县粮食局副局长、县财办副主任、审计局局长、民政局局长、县政协副主席、党组副书记兼民政局局长。工作期间,始终保持党的优良传统和党的干部本色,勤奋务实,大胆改革,积极创新。特别是从事民政工作后,时刻以焦裕禄为榜样,下基层风餐露宿,跑遍全县所有乡镇,走进重点村户了解基层实际,掌握第一手资料。主动向市(行署)、省、民政部汇报基层实情和工作思路,积极争取上级支持,开创全县民政工作的新局面。重点扶持26个贫困村发展养殖业、编织业、运输业、采矿业等,三年脱贫率达到80%。兴办民政经济实体和乡镇福利企业10个,多方筹资420万元兴建了县活性炭厂。大力发展乡镇企业,实现了一乡(镇)一厂。积极落实复退军人定补,定补面达到100%。认真落实五保政策,全县19个乡镇全部建立福利院。建立了县红白理事会,倡导移风易俗,新事新办。县民政局连年被县委、县政府评为"双文明单位"、红旗单位和优胜单位,之后又被评为张家口地区民政工作先进单位。1987年,阳原县被评为张家口地区民政工作全优县。刘汉儒多次被县委、县政府评为劳动模范,1986年被评为张家口地区模范局长,1987年被评为张家口地区劳动模范、全国民政系统劳动模范,享受省劳模待遇。

姚统文(1943—2019) 汉族,本科学历,高级工程师。历任厂长、经委主任兼党委书记等职务。中共党员,当选为县政协委员、县人大代表、县委委员。1985年,时任阳原县机械厂厂长,正值柴油机下马而又没有替代产品,企业处于停产、亏损状态,职工工资不能按时发放,临时工被下放,技术人员和正式工外流,企业处境极度困难。在这种情况下,姚统文大胆实行外联内改措施,凭借机械厂的设备和技术优势,与张家口煤机厂联合,承揽了煤机厂的全部铸造任务,相当于把煤机厂的铸造车间搬到了阳原。经过全厂人员的共同努力与攻坚克难,铸造产品得到好评和信任,随后又承揽了锻造、机加工产品任务,企业效益明显提高。为稳定联合,大胆进行企业内部改革。首先打破"铁饭碗",实行计件工资制,体现多劳多得的分配原则。其次健全厂规厂纪,严明劳动纪律和奖惩办法,精简科室人员充实生产第一线,加强产品生产与质量管理,大大增强了广大职工的生产责任心和积极性。当年，机械厂的产值、利税和职工工资收入创建厂历史新高。张家口地区经委召开现场会组织全区企业厂长学习经验。1986年，获得省政府劳动模范荣誉称号。

杨久霖（1944—2020）　阳原县东城镇人。高级教师，河北省特级教师。中共党员，阳原县政协第一届至第六届委员。第三届全国小学语文年会会员。杨久霖出身于普通农民家庭，3岁时父亲走失，6岁时母亲改嫁到西窑头村。就读于宣化师范时，为了省鞋，总是赤脚行走，直到校门口或村口才把鞋穿上。期间多次因贫装病弃学，幸有班主任关玉书多次资助才得以完成学业。1963年7月师范毕业后，分配到东井集小学任教。3年后调到东城小学，担任毕业班班主任

杨久霖

10余年。后调到七马坊中心校，相继担任农中负责人兼班主任、小学班主任。精心保存学生一至五年级的作业本，厚达1.2米重达1吨，在毕业时发给学生，作为学生的成长见证。1982年，被省政府命名为小学模范班主任。1983年，评为全国优秀班主任，享受省劳模待遇。1985年，被教育部和全国教工委联合命名为"全国五讲四美为人师表活动优秀教师"，在北京人民大会堂受到中央领导人的亲切接见。1984年8月，被县委破格提拔为县文教局副局长。1985年，调任县委宣传部副部长。任职3个月后，主动给县委书记写信，请求重返教坛。1985年3月，担任县实验小学校长，《中国教育报》《河北日报》均以《不当部长当校长》为题进行报道。同年，被省政府命名为"优秀园丁"，荣记一等功。1988年，被评为阳原县专业技术拔尖人才，破格评为中学高级教师。先后为全国30多个省、市做公开课八十多次，在河北省小学语文第四届年会上作示范课，受到好评。1989年，参与河北省教委组织的复式教学教材小学语文一、二册编写工作，教材通过审定，在全省印发使用。1990年，被评为张家口地区十佳小学校长。1994年，评为河北省特级教师。2001年，担任《阳原之声》副总编，兼任阳原县县城小学家长学校校长。2002年，受聘为阳原县海源双语学校副校长兼教导主任。2020年10月9日因病去世。

第二节 工运人物

阳原县工会系统干部，获得省级以上奖励的有7人。1981年，县百货公司工会主席张选被评为省劳动模范。1983年，金家庄小学工会主席张明昶分别受到省总工会和全国总工会表彰，县瓷厂工会主席闫晋才和西城供销社主任安培基均被省总工会被评为优秀工会干部。1998年，县总工会主席雷志清受到省总工会表彰。2000年，县教育工会主席刘永庆被省教育厅和省教育工会联合命名为农村教师家庭扶贫工作先进个人。2008年，县直机关幼儿园园长杨爱萍被省总工会评为工会工作积极分子。本节对其中已故者加以重点记述。

张明昶（1930—2018） 阳原县西官庄村人，中共党员。1949年1月从事教育工作。最初在宣化县和阳原县一带自办小书房和农民夜校，积极宣传党和国家的教育政策，发动群众及其子女上学学文化、长知识。后担任阳原县石匣里中心校（今泥河湾中心校）校长近19年。经常背上干粮，披星戴月，走村串户，发动群众办学，动员学生入学。在没有能力建校的村庄，把古庙改造成学校，垒泥台子作为课桌凳，因陋就简普及教育。1979年5月，担任金家庄中心校副校长、教导主任和工会主席，工作勤勤恳恳，任劳任怨，严肃认真。对家庭"一头沉"（配偶务农），在春种秋收时主动提供帮助。对家庭生活困难、无力上学的学生，帮助购买纸墨笔砚。1982年10月，被河北省总工会命名为优秀工会工作者，1983年10月，被全国总工会命名为优秀工会工作积极分子。

张明昶

杨得谟（1937—2005） 山西省天镇县杨家夭人。中共党员。1956年参加工作，最初分配到宣化县郭村镇中心校，次年任校长。1969年调到阳原县西城镇。1970年调到阳原县第一中学，1972年至1979年任学校革委会副主任。之后调到阳原县第二中学，任学校党支

杨得谟

部书记。1987年至1997年，担任阳原县教育工会主席。担任工会主席期间，积极开展教师家属扶贫。1987年6月，出席全国教育工会在哈尔滨召开的教育扶贫现场会，并作了《教工脱了贫，育人有奔头》书面经验介绍。同年8月，出席阳原县第十四届职工代表大会，当选为县工会委员会委员、常委。1988年6月，省教委、省教育工会联合召开河北省农村教师扶贫工作阳原现场经验交流会。9月11日，《光明日报》头版刊登《阳原县积极做好教师家属扶贫工作》文章。12月，国家教委和全国教育工会转发了阳原县教师家属扶贫工作经验。该年，全国总工会命名杨得谟为优秀工会工作者。1989年10月，出席了全国第二次农村教师家属扶贫工作四川省万县地区现场经验交流会，并在会上发言。1991年，阳原县教育工会被全国教育工会授予农村教师家属扶贫先进集体，八家国家级、省级报刊和《张家口日报》报道了阳原县教师家属扶贫的工作经验。他撰写的《积极开展农村教师家属扶贫工作，促进农村教育改革和发展》一文收入《中国贫困地区农村教育改革的实践与探索》一书。承德地区教育工会和安徽省教育工会相继到阳原县参观学习。

雷志清（1948—2019） 高墙乡南大庄科村人。历任高墙中学教师、石匣里公社党委秘书、东白家泉乡乡长、党委书记。1992年5月至2002年5月担任阳原县总工会主席。任县总工会主席期间，认真贯彻《中华人民共和国工会法》，强化县办企业和乡镇企业的工会组织建设，通过表扬先进、树立典型，有效推进工会工作。县总工会获得市总工会双服务竞争优胜单位、帮扶亏损企业扭亏增盈先进单位、女职工工作先进集体等荣誉称号，阳原县机械厂工会成为河北省模范职工之家，县第二瓷厂青年女工李家钰成为全国第十三次职工代表大会代表。全省工资集体协商现场会在阳原县召开。1998年，省总工会命名雷志清为优秀工会干部。

大事记

远古时期

距今 200 万年前

阳原县境内出现古人类。考古专家谢飞于 2005 年在阳原境内的马圈沟遗址发掘出一组古人类餐食一头猛犸象的化石：大象骨骼上有十分清晰的砍砸刮削痕迹，一件燧石刮削器恰巧置于一条肋骨之上，断定距今 200 万年。

距今 136 万年前后

中国科学院古脊椎动物与古人类研究所尤玉柱、汤英俊、李毅于 1978 年在阳原境内的小长梁遗址发现距今 136 万年的远古人类遗址，发掘出细小石器 2000 余件，大多重在 5~10 克之间，最小的不足 1 克，这是现今发现的世界上最早的细小石器。小长梁遗址成为当时确知的东北亚北部最早的人类遗址，2000 年被镌刻在北京中华世纪坛象征中华人类历史的青铜甬道的第一阶上。

距今 10 万年前后

考古人员于 1974 年在阳原境内的侯家窑遗址，发现距今 10 万年的人类化石 17 件，包括头盖骨。其中一块顶骨后部有个直径 0.95 厘米的小孔，孔缘已经愈合，这应该是迄今发现的最早的外科环钻手术。同时发现猎马武器"飞索石"石球 1079 枚，这是世界同时期出土石球数量最多的遗址。

距今 1 万年前后

考古人员在阳原境内的于家沟、马鞍山遗址，发掘出距今一万多年的陶片，这是目前中国华北地区发现的最早陶器。同时发现 30 多处用火遗迹，包括一处保存完好的灶。于家沟遗址的考古发现于 1998 年被评为"全国十大考古新发现"。2000 年，在中国考古学术界评选的"中国 20 世纪 100 项考古大发现"中，泥河湾遗址群的考古发现名列百项之首。

距今 7000 年前后

考古人员在阳原境内的姜家梁遗址发现距今约 7000 年的房屋旧址，采用半地穴结构。

距今 5000 年前后

考古人员在阳原境内的姜家梁遗址发现距今约 5000 年的墓葬群，这是河北省首次发现并发掘的大型新石器时代墓地，墓葬群中发现一件红山文化时期的玉猪龙。红山文化距今五六千年，它的社会形态处于母系氏族社会的全盛时期。

战国时期

《史记·赵世家》记载：赵惠文王四年（公元前 295 年），赵武灵王灭掉中山国后，封其长子章代郡安阳邑，田不礼为相，史称"章封邑"。《中国历史地图集》记载，开阳堡即战国时期赵国代郡之安阳邑。开阳古邑在今阳原县开阳堡村，是有明确记载的阳原境内最古老的村庄，已经消失。现存开阳古堡为唐代所建。

汉代

《阳原县志》记载：公元前119年夏，大将军霍去病率5万骑兵从代郡（治所今阳原）出发西征，大获全胜。代郡毛毛匠为霍去病将士制作皮衣。

在阳原境内的汉墓中发现绳纹砖。这是中国古时建筑使用的一种长方体石料（俗称砖头），因其表面类似绳子的装饰纹样而得名。

北魏时期

在阳原境内澡洗塘一带建有温泉行宫，距都城平城（今大同）100多千米，专供皇帝、后妃沐浴。《魏书·本纪》记载："太和三年（479年）春二月，辛巳，帝、太皇太后幸代郡温泉，问民疾苦，鳏贫者以宫女妻之，己亥，还宫。"

唐代

唐代建造的开阳堡和鹫峰寺塔，至今犹存，显示出高超的建筑水平。开阳堡选在一个形如"灵龟探水"的地形上，堡墙用白垩土和黄胶土混合夯实而成，至今保留着原来的轮廓，有的地段甚至基本完好。堡内南北两条大街，与东西两条主大街把整个城堡分为九部分，称为"九宫街"。鹫峰寺塔建在龙澍山上，砖质，实心，共11级，25米高，包括塔基、塔身、塔刹三个部分，主体八棱形，由低到高逐层减小。

宋金时期

从阳原县揣骨疃镇磁炮窑村发现的手炮残存推断，磁炮窑村至少在金时就能生产磁炮。

元代

元太宗时期（1229—1241 年）

《中国史纲要》记载：窝阔台统治时，在弘州（今阳原）、荨麻林（今万全西北）两地有三千三百余户西域的回回工匠，他们带来织造纳石矢技术。

元世祖时期（1260—1294 年）

中统二年（1261 年）三月　元徙弘州（今阳原）锦工、绣女于京师。（《元史·本纪》）

中统五年（1264 年）　朝廷在弘州（今阳原）设置玛瑙局和作坊，从京师派雕琢工匠从事玉雕。由此产生的弘州玉雕技艺一直传承至今。

中统年间（1260—1264 年）　弘州匠官以新制的兔毛织西锦进献皇帝，被破格提升为弘州知府。

元顺帝时期（1333—1368 年）

至正十九年（1359 年）　阳原境内呈现数千户工匠从事毛皮加工、毛纺生产和宫廷制衣场面。朝廷在弘州（今阳原）设立隶属工部的"弘州人匠提举司"以及专门为朝廷生产毛织品的"纳石矢局""毛缎局"，还设立隶属徽政院和储政院的专门为宫廷后妃制作衣服的"弘州衣锦局"以及"弘州纳石矢局"。其时"收天下童男女及工匠""西域织锦绮纹工"及"汴京毛褐工"皆分隶弘州。

明代

永乐年间（1403—1424 年）

朝廷下令，山西省洪洞县大批移民到顺圣川（今阳原）开荒种地。

宣德年间（1426—1435 年）

朝廷在顺圣川复置 10 个马坊，作为官牧之地。

天顺四年（1460 年）

是年 朝廷迁址新建顺圣川东城。

嘉靖四十一年（1562 年）

是年 顺圣川东城建玉皇阁。

清代

阳原县城火石作坊制造的环佩、鼻烟壶等石雕，畅销京津，远销国外。在大英博物馆藏着一批中国的鼻烟壶，采用瓷、铜、象牙、玉石、玛瑙、琥珀等材质，运用青花、五彩、雕瓷、套料、巧作、内画等技法，汲取域内外多种工艺优点。标号为 33 号的鼻烟壶，为乾隆年间（1736-1795 年）生产。

阳原"毛毛匠"涌入张家口谋生创业。

《河北省志》记载：同治、光绪年间，外蒙（蒙古国）的库（伦）、恰（克图）通商惠工，张家口地区到外蒙做工经商的人日益增多，阳原、蔚县、怀安、万全一带的人，形成跑大库伦的习惯，尤以阳原县为甚。阳原县人口 6

万余，旅蒙者则达千人。到清末，阳原县人口 10 多万，旅恰克图、库伦两地者，竟达万人，其中大都为"毛毛匠"，这些人在库伦（今乌兰巴托）定居下来并集中在一条街上，形成"阳原街"。

民国时期

民国九年（1920 年）

秋　阳原县人王仲一，与罗龙章、何孟雄、高君宇等人，受北京共产主义小组和北京大学"马克思学说研究会"派遣，到京绥路南口、张家口等地调查研究，访问、结识工人，选择开展工人运动试点，筹建工人组织。

民国十年（1921 年）

秋　王仲一经中共北京大学支部批准由团员转为党员。

12 月　中共党员王仲一，以"学生"身份和"探亲"名义活动于张家口—宣化—大同一线。何孟雄、王仲一到张家口后，深入铁路工间、"锅伙"与工人谈心、读报、讲故事、论时事，开办"工人夜校""文化补习班""工人报告会""读报组"等，宣传革命思想，传播马列主义。

是年　天主教神父文森特在阳原县泥河湾附近发现一批古动物化石，交给法国古生物学家、神父桑志华研究，作为即将建成的天津北疆博物院展品。泥河湾遗址由此引起西方关注。

民国十一年（1922 年）

是年　西城薛恩礼筹集大洋 1 万元，建立小型发电厂，成立阳原县点灯股份有限公司。次年发电。

民国十二年（1923年）

是年　县设立通俗图书馆。

民国十三年（1924年）

2月

是月　根据中共北方区委指示，在张家口成立京绥铁路党支部，支部委员有何孟雄、王仲一等人。

6月

是月　王仲一担任京绥铁路总工会秘书、特派员。

上半年，在李大钊领导下，中共北方区民族委员会何资琛、王仲一等参加创建蒙藏学校党、团组织，培养吉雅泰、乌兰夫、多松年等一批优秀民族干部。

10月

是月　李大钊以国民党中央执行委员和驻华北特派员身份来到张家口，根据国民党"一大"精神和中共统一战线主张，帮助建立国民党察哈尔特别区党部。王仲一担任党部工人部长。

11月

是月　王仲一接任中共张家口地委书记。西北农工兵代表大会在张家口召开，选举成立西北农工兵大同盟，王仲一等人担任执行委员。

是年　英国地质学家巴尔博将泥河湾一带河湖相地层命名为"泥河湾层"。

民国十四年（1925年）

1月

是月　经中共北京区委批准，中共张家口特别支部成立，王仲一担任特支书记。

5月

1日　京绥铁路总工会在张家口正式成立，选出十余名执行委员，王藻文为委员长，何孟雄为秘书长。6月，王仲一接任秘书长。

10月

是月 中共张家口地方执行委员会成立，书记萧三，组织部长王仲一。

11月

27日 王仲一接替萧三任中共张家口地方执行委员会书记。

民国十五年（1926年）

2月4日 张家口电灯工人为改善生活与劳动条件，开展"反日增资"斗争。中共张家口地委书记王仲一等人起草《罢工宣言》，提出十项要求，迫使资本家签字。为确保斗争成果，王仲一代表工会起草并与资方签订《劳资互惠合同》。

是年 阳原县人田雨在西城火神庙开办华北石印局。

民国十八年（1929年）

1月 由党委指导，成立各种职业工会，由各工会代表大会选定李凤成等5人为执行委员，赵万库等3人为监察委员，成立阳原县总工会。拟简章五章二十三条。

是年 县建设局设筑路委员会，募款修建阳原境内第一条公路——西城至化稍营汽车路。

民国十九年（1930年）

是年 县增设通俗讲演所。

民国二十年（1931年）

10月31日 张家口中共党组织创始人之一王仲一，在北平草岚子监狱被国民党和奉系军阀摧残致死。

民国二十一年（1932年）

是年　遵照中央颁定《工会法》，改选刘恒年等5人为理事，高进财、伍全玉2人为监事，成立阳原县工会。拟简章十三条。

是年　县设立民众教育馆。

民国二十六年（1937年）

9月13日　日军侵占阳原，大量洋货涌入，县内多数手工业户被迫停业。

民国三十三年（1944年）

4月　蔚阳联合县建立抗日联合会工人部，联合会主任白志远兼任工人部部长。次年9月，蔚阳联合县撤销。

民国三十四年（1945年）

10月

1日　在八路军晋冀部队猛攻下，阳原县西城获得解放。县党政机关团体迁至县城。县成立工会，主任王宫。各区也设工会，属抗日救国联合会领导。

12月

是月　中共阳原县委先后在北关和城内举办教师和基层干部训练班，参训千余人。

是年　在开展群众减租减息运动中，工会组织重点解决徒工和店员工资偏低问题。

民国三十五年（1946年）

6月

6日　教师节，全县教师集会庆祝。

11月

是月　中共阳原县委战略转移，工会组织撤销。

民国三十六年（1947年）

1月　中共察哈尔省六地委恢复蔚阳联合县。

民国三十七年（1948年）

4月

是月　阳原县生产推进社在揣骨疃成立，编制3人，杨玉璞任主任。县政府支援皮车2辆，拨小米6万公斤作垫本资金。

7月

1日　阳原县召开全县生产会议，县长周大川作报告。会议提出发展生产总方针和总任务。会议指出根据地和做过土改地区要集中全力组织生产，消灭荒地，发展畜牧业、手工业。川下组织开荒，兴修水利，发展副业。敌人突击区采取劳武结合，力争不荒土地。

12月

是月　察南地委撤销蔚阳联合县。

是年　中国科学院古脊椎动物与古人类研究所第一任所长杨钟键在英国伦敦召开的第十八届地质会议上提出，将中国泥河湾层与欧洲维拉方层相对比。泥河湾层从此成为举世公认的第四系下更新统标准地层。

中华人民共和国

1949年

2月

是月　张家口私营汽车公司成立，开通张家口通往阳原等地汽车。

6月

6日至8日　县举办"六六教师节"纪念大会，全县228名教师参加。

8月

28日至30日　阳原县委、县政府召开全县经济工作会议，传达省委书记杨耕田、省主席张苏讲话精神，对全县城镇工农业生产、物资交流、贷款扶助和秋耕等问题进行讨论。

12月

是月　成立蔚（县）广（灵）阳（原）矿区工会。薛存堂任主任。

1950年

1月

是月　中共阳原县委成立工会筹备委员会。县委指派邵全功、邢贵负责工会筹建工作。察南地委选派天镇县张荣喜到阳原县帮助筹建县工会。

4月

是月　全县建起4个工会小组，工会会员共计46名。

5月

6日　阳原县147名校长、负责教师在县政府举行新中国成立后第一个"六六"教师节纪念会。陈子直、魏子卿、冯建清、刘为民、田玉印、陈秀兰、孙彪、陈文祥、魏守义、池毓华十名教师受到奖励。县委书记赵建国、县长丁一民参加会议。

是月　县工会筹备委员会开展"五一"国际劳动节纪念活动，132名各行各业人员参加。筹委会负责人邵全功、邢贵分别作了讲话，韩有等9名工人代表发言。

6月

是月　西城、东城、东井集三区建立基层联合工会。每区有工会会员100余人，主要为铁匠、木匠、泥匠、饼匠和理发人员。西城区工会联合会主席高世明，东井集区工会联合会主席王道新。

是月　成立阳原县手工业联合工会，下设8个工会小组，职工108人，发展工会会员85人。

12月

是月　经各工会小组评选，选出王财、韩有等8名劳动模范。在全县第一次战斗英雄、劳动模范大会上，全县最早的临时互助组揣骨疃张瑞互助组张瑞被评为一等劳模，南梁庄马荣互助组马荣被选为出席省劳模大会代表。

是月　县成立教育工会。全县各区建立基层工作联合会。县教育工会由薛孝铮负责，各区教育工会由视导员负责。

1951 年

1 月

是月　县工会筹委会成立职工业余学校，配备兼职教师1人，招收学员33人，分为3个教学班，利用早晚时间进行教学。

3 月

9日　察哈尔省人民政府发出通知，从11日起废除以小米计算职工劳动报酬办法，改为工资。

7 月

10日至14日　阳原县供销合作社召开第一届社员代表会，出席代表97人。县委宣传部长韩晓川讲话，县社主任任寿增作《工作总结和安排》报告。会议讨论制定县联社章程，投票选举出理事会、监事会组成人员。

是年　阳原县东城村开办全县首家副业皮毛小组。

是年　县工会筹委会一手抓发动群众建立工会组织，一手抓宣传党的劳资政策，提出"劳资两利、提高技术、发展生产、节约原料"口号。

是年　县委、县政府和粮食、供销等部门相继建立工会组织。

年末　马荣、杨恒太等7人出席省劳模会。

1952 年

3 月

是月　召开阳原县第一届职工代表大会，正式成立阳原县工会联合会。出席会议的职工代表30多人，张荣喜当选为县工会联合会主任。县委书记赵建国出席职工代表大会并讲话。

是月　县工会联合会在东井集成立职工业余第二学校，招收学员39人，分高、初年级3个教学班，配备兼职教师1人。

4月

24日至30日　县工会联合会开展"增产节约竞赛周"活动。

5月

1日　县工会联合会召开纪念"五一"国际劳动节大会,工会主任张荣喜作大会报告,工人代表姜芋生发言,县委组织部部长李子明出席会议。会后,县城工人群众载歌载舞进行游行欢庆节日。

是年　全县首家手工业私营合作社——西城印刷照相刻字生产合作社成立。

年末　据统计,全县工业企业1102个。

1953年

12月

25日至26日　召开阳原县第二届职工代表会议,出席会议的职工代表28人。会议选举县工会委员7人,张荣喜为主任,选举经费审查委员会委员5人,选举出席地区职工代表大会代表1人。

是年　县工会联合会在金融、贸易、合作社系统发动职工开展爱国主义竞赛活动。

是年　察北专区文艺宣传队队员冯子存(阳原县人),在全国音乐舞蹈会演中演出笛子独奏《喜相逢》《放风筝》等曲,一鸣惊人。冯子存被调到中央音乐学院,成为全国著名的笛子演奏家。

1954年

4月

13日至14日　召开阳原县第三届职工代表大会,出席会议代表31人,列席8人。工会主任张荣喜作工作报告。

是年　县工会在东城成立职工业余第三学校。

是年　县工会号召全县广大职工认购经济建设公债500万元(旧币),支援国家重工业建设。

是年　教育工会召开第一次职工代表会。张家口地区教育工会副主任郭元出席会议并讲话。

是年 全县成立5个工会蓄金会，385名职工参加，积累资金496元。

是年 阳原县印刷厂成立。该厂1995年停产。

1955年

2月

是月 县公债推销委员会统计，是年地区分配阳原县国家经济建设公债62500元，其中农民47000元，私营工商业者4700元，干部职工10800元。

12月

5日 县委《关于私改工作综合报告》指出，全县4个集镇有私营商业311户，449人。"私改"工作在西城镇组织百货、杂货、食品、棉布、医药五个行业进行试点。

是年 揣骨疃建立铁木业社。该社1958年转为揣骨疃公社修配厂，1965年改称农具社，1974年归入工业局，改称农机二厂，1985年改称玛钢厂，1998年停产。2013年完成改制工作。

1956年

1月

1日 县委成立"对资本主义工商业改造领导小组"，县长张治平担任组长。

2月

是月 全县建立公私合营企业12个，公私合营手工业13个，公私合营运输合作社1个。

7月

是月 根据国务院规定，国营企事业单位和国家机关进行工资制度改革，干部、职工月平均工资由37.92元提高到46元。

是年 县工会在百货、烟酒专卖、食品、纺织、金融、采购、粮食、农林牧水等单位开展社会主义劳动竞赛活动。百货公司倡导职工"人人想、人人提"，职工提出合理化建议34条，被采纳14条。

是年 召开阳原县第四届职工代表大会。张荣喜担任总工会主席。

是年 县工会利用结余经费修建职工俱乐部。俱乐部位于县城西大街路北。

1957 年

4 月

8 日至 10 日　召开阳原县第五届职工代表大会，出席会议代表 34 人。会议选举产生阳原县工会联合会委员 11 人，由张荣喜担任主席。

5 月

是月　县工会召开劳保会议，进一步明确劳动保险基金开支范围和方法。全县劳保单位负责人、劳保委员、劳保会计参加会议。

1958 年

1 月

是月　县工会召开工作会议，传达张家口地区工会工作会议精神，讨论通过第一季工作计划，确定贯彻勤俭建国、勤俭持家、勤俭办一切事业的方针，掀起整改、生产、爱国主义卫生运动高潮。全县基层工会主席参加会议。

4 月

5 日　县委召开全委扩大会议，传达贯彻省委地方工业会议精神，研究讨论全县工业规划意见。

是月　县教育工会召开基层工会主席会议，会议通过"教育跃进"计划。29 名基层工会主席表态发言。西城、井儿沟 2 所小学工会向全县基层工会发出友谊竞赛邀请。

5 月

是月　西城铁木业社组、西城自行车修配组、东城翻砂组等集体手工业社合并组建成阳原县首家地方性国营工业企业"阳原县机械厂"。

7 月

25 日　根据地委通知精神，县委发出《关于迅速大搞土炉炼铁和开展挖掘废钢运动的紧急通知》，提出是年度拿到 15000 吨铁，搞炼铁土炉 1000 个，争取 1500 个。

8 月

是月　县工会召开基层工会主席会议，42 人参加会议。会议要求向职工群众宣传"总路线"，发动职工开展技术革命和文化革命，努力改良和制造工具，为实现县委提出的改良20万件工具任务而努力。

10月

是月　阳原、蔚县合并，统称蔚县，原阳原县工会改称蔚县工会福利部。

11月

是月　蔚县总工会与县妇女联合会合并，统称蔚县县委生活福利部。仇永庆任部长。

是年　建立副食品加工厂、粮油加工厂、裘皮服装厂、造纸厂和火药厂。裘皮服装厂1998年停产。造纸厂1994年搬迁新建，1999年停产，2000年整体转让县北元皮毛有限公司和永盛皮毛硝染有限公司。

是年　全县职工3698人，规模较大企业17个。

是年　县工会开始开展以"比先进、学先进、赶先进"为内容的社会主义劳动竞赛。之后增加"帮后进"和"超先进"两项内容，合称"比学赶帮超"活动。活动延续到"文化大革命"前。

1959年

1月

是月　县委、县人委发出《关于在全民中普遍推行劳卫制的联合通知》，全县实行劳动卫国制度。

5月

14日至17日　县委召开全县财贸系统先进工作者誓师大会，出席会议251人。县委财贸部负责人作题为《树雄心大志，创奇迹插红旗，北京去见毛主席，大搞以增产节约为中心的"七好"红旗竞赛运动，为完成与超额完成全年财贸工作任务而奋斗》的报告。

是月　全县先进生产者代表大会在蔚县西合营召开。

9月

是月　撤销县委生活福利部，恢复蔚县总工会。

10月

30日　撤销县生产整社办公室，成立县委生产办公室，黄永担任办公室主任。

10月　蔚县总工会随县委一同从西合营搬迁到蔚县城。

11月

5日至13日 县委召开全委扩大会议，贯彻党的八届八中全会、省委一届八次全会和市委全会（扩大）精神，揭发和批判右倾机会主义言论，作出《关于反右倾，鼓干劲，继续深入开展增产节约运动的决议（草案）》。

1960年

7月

19日 山西册田水库大坝提前完成拦坝，县委召开庆功会，对参与大坝建设的模范单位和先进个人进行表彰。

9月

4日至10日 县委召开四级干部会议。县委第一书记赵建国作《全党全民紧急动员起来，团结一致，奋发图强，立即掀起以保粮保钢为中心的增产节约运动的高潮，为夺取粮钢双丰收而奋斗》报告，第二书记王子祥作《关于三秋工作安排意见》讲话，县长张治平作《全党动手，大办粮食，管好人民生活》讲话，书记处书记赵廷儒作《以农业为基础，以工业为主导，立即在全县开展一个工业支援农业生产新高潮，千方百计地完成与超额完成今年工业生产计划而奋斗》讲话。

是年 阳原县三官庙、黑岩巡回小学教师张振邦和东城公社果园大队幼儿园教师王玉莲被国务院命名为"全国文教先进工作者"。

1961年

5月

是月 恢复阳原县建制。县工会设在县委大院。

6月

8日至10日 张家口地委书记刘一鸣主持召开蔚阳两县协商分县遗留问题书记处会议，双方县长参加。本着"有利于一切工作的开展，有利于团结"的精神，就深沟煤矿生产和干部工人安置及畜牧、水利、商业、工业等有关问题达成一致意见。

25日 原蔚县开发的偏林寺明煤矿移交阳原县，更名"阳原县手工业管理局明煤矿"。

11 月

是月　召开阳原县第六届职工代表大会。选举刘春秋为工会联合会主席，郝雪英为副主席。

1962 年

5 月

是月　县委作出《关于精减职工压缩城镇人口的意见》。

8 月

是月　县文教卫生局、工会、团委、商业局、供销社联合发出《关于进一步加强节制生育工作的联合通知》。

10 月

是月　全县统计精减职工933名，减少吃商品粮人员2343人，接收返乡人员15792人。

12 月

是月　召开阳原县第七届职工代表大会。

1963 年

8 月

是月　县委成立增产节约和"五反"运动领导小组，组长常庚，副组长张治平、靳明，成员3人。下设办公室。

12 月

是月　召开阳原县第八届职工代表大会。

是年　全县学校响应"向雷锋同志学习"号召，广泛开展社会活动，大做好人好事。

1964 年

1 月

是月　完成职工工资晋级。全县2864名干部职工，有1121人晋级。

是月　县工会教工参加张家口专区工会办事处组织的参观活动，赴大同煤矿实地参观煤峪口矿"万人坑"、"三史"展览馆和老矿工家史资料。

6月

2日　《人民日报》发表社论《阳原县普及小学教育是教育战线上的一面红旗》。同时发表中共阳原县委、县人委文章《阳原县是怎样普及小学教育的》。社论认为，阳原县普及小学教育工作，是中国教育史上值得大书特书的事情。

8月

是月　召开阳原县第九届职工代表大会，会议代表108人。

是月　县直各部门被抽调一批干部到怀安县开展"四清"工作，县工会、妇联、团县委三家合署办公。

11月

16日　教育部部长何伟、秘书陈传统、办公室主任张桂如、人民教育编辑部李恩、周金益到阳原县视察普及教育情况，先后深入王家梁、王家沟、揣骨疃、白家泉、丁家堡、西梁、施家会、小石庄、大柳树、东井集、栋花堡等小学，以及化稍营中学、西城高中和县实验小学看望师生。

12月

是月　县工会主席刘春秋调离，鲁忠接任工会主席。

是月　国家主席刘少奇在听取教育部长何伟汇报后指示："河北省阳原县普及了小学教育，这很好。它是一个穷县普及了小学教育，这说服力很强。让他们讲讲怎样普及小学教育的经验。"

是年　县工会开始在全县工业企业中组织开展"工业学大庆"活动。

1965年

4月

3日　阳原县优秀教师代表李彩、学区先进校长代表刘满库和县文教局长田玉印出席全国半农半读教育工作会议，受到国家主席刘少奇等领导接见。

6月

3日至5日　阳原县第一次工业、交通系统先进集体、个人代表会议在县城举行。

10 月

1 日　阳原县王家梁小学教师班承满作参加国庆观礼，受到毛泽东主席等领导人接见。

11 月

24 日至 26 日　中共中央政治局候补委员、书记处书记、国务院副总理陆定一，中宣部秘书长童大林、教育处处长程今吾及严慰冰、纪志坚，在河北省教育厅长石虹、张家口行署专员王英俊等人陪同下，到阳原县视察教育工作，实地察看金家庄红寺小学、井儿沟牛坊沟小学、东井集拣花堡小学和东井集社办农中等校，给予高度评价。

是年　县工会在县城北街兴建办公场所。

是年　中国科学院古脊椎动物与古人类研究所驻太原工作站站长王择义等人在泥河湾首次发现两处旧石器遗址（于家沟遗址和王蜜沟遗址）。

1966 年

5 月

是月　全县工业交通系统"五好"命名授奖大会在县城召开。县委常委、副县长仇永庆作《热烈响应党和政府的号召，学"五好"、创"五好"，把比学赶帮超运动进一步组织起来活跃起来》报告。

6 月

是月　全县财贸系统学习毛主席著作积极分子、"五好"企业、"六好"职工代表会议在县城举行，123 名代表出席。县委常委、副县长仇永庆作报告，90 个集体和个人受到表彰。

10 月

是月　成立县生产办公室，下设综合、农业、水利配套、工业、财贸、副业生产 6 个组。

12 月

是月　建立深沟煤矿。该矿位于揣骨疃磁夭深沟，初属揣骨疃五个大队联办矿井，后属揣骨疃公社企业，1974 年改为县社联营企业，1976 年改为县营国有企业，2008 年停产。

1967 年

2 月

是月　中国人民解放军 4646 部队进驻阳原，执行支左、支工、支农、军管、军训任务。

3 月

是月　县"抓革命促生产"第一线指挥部成立，下设办公室、综合组、农林组、水利组、工交组、财贸组、副业组。县生产办公室撤销。

是年　县工会主席鲁忠调到县委政治部，另外 2 名工会干部调往其他单位，总工会停止活动。

1968 年

1 月

是月　县分配两年来接受的 66 名大专院校毕业生，49 人分配到刘元庄等大队当农民，17 人分配到县"五·七农业机械厂"等工厂当工人。

是月　县革命委员会成立，下设群工组，取代工、青、妇工作。

9 月

25 日至 28 日　县革委会召开抓革命促生产会议，会上大批"工业十七条""专家治厂""技术第一"。

10 月

5 日　县"五·七"农业机械厂工人肖秉清赴北京参加国庆观礼，受到毛泽东主席接见。

是年　造反派成立"革命工人代表联合会"代替工会，按顺序排为第十次代表大会。"工代会"主任严永才。

1969 年

4 月

1 日　县自筹资金 18 万元兴建"五·七"瓷厂破土动工。

10月

1日　阳原县"五·七"瓷厂成功试产大缸。

12月

2日　阳原县"五·七"农业机械厂试制出第一批195—4型柴油机。

1970年

2月

是月　县革委会成立办事机构，设办公室、政治部、生产指挥部和保卫部。政治部下设宣传、大批判、报道、群工、组干、文教6个组，生产指挥部下设农业、工交、财贸、财税、卫生、民政、计统7个组。

5月

是月　县"五·七农机厂"由工人、干部、技术员组成技术革新小组，土法上马，自己设计，奋战20天，投资1500元，制造出柴油机专用设备——双面铣。经试车鉴定，质量好，工效高。

11月

是月　据统计，为落实毛主席"五·七"指示，全县179所中小学办起钳工、铸工、木工等校办工厂245个。

是年　建立阳原县农机修造厂。县工业局筹建化工厂。

1971年

11月

26日至12月1日　县委召开三级干部会议，传达全国、省、地区农业学大寨、加速实现农业机械化会议精神，参观县委举办的"农业机械化展览"和县"五·七"农业机械厂试制成功的195型50马力柴油机，总结全县农业机械化发展情况，制订发展规划。416人参加。

12月

6日　阳原县"五·七"农业机械厂更名阳原县柴油机厂。

22日　县委发出《关于贯彻执行国务院〈关于调整部分工人和工作人员工资的通知〉和〈关于改革临时工、轮换工制度的通知〉的意见》，成立调资工改领导小组。县委常委、生产指挥部主任孙俊任组长，成员10人，下设办公室。

是年　建立阳原县皮革制鞋厂。

1972年

是年　根据国务院文件，全县1151名机关工作人员增加工资，各系统1281名临时工、亦工亦农、合同工转为固定工。

是年　建立阳原县地毯厂。该厂后改为地毯工业公司，1998年停产。

年末　据统计，自1968年以来，全县先后安置190名知识青年到农村插队落户，分布在6个公社、18个大队。

1973年

4月

1日至6日　县委、县革委召开全县劳动模范、先进集体、先进生产者（工作者）代表会议。出席会议劳模379人，先进生产者（工作者）178人，先进集体代表215人，县社队三级干部447人。县委作出《关于认真学习何横城先进经验，夺取1973年农业更大丰收的意见》。

是月　根据中央、省、地指示，阳原县委开始筹建县工会，成立以县委副书记靳明为组长、7名同志为成员的筹备领导小组，由唐润先负责具体工作。县委印发《全县职工动员起来，积极整顿，健全工会组织，以实际行动迎接县总工会第十一届职工代表大会胜利召开》宣传提纲。

6月

是月　召开阳原县第十一届职工代表大会，出席代表163人。通过民主选举，本届代表会由23名委员组成，其中常委9名，贺登稳为主任，张荣喜、王佃俊为副主任。

1974年

4月

是月　县工会召开工会委员扩大会，传达张家口地区工会第一次代表大会精神，研究今后工作。县委副书记武明家出席会议并讲话。

5月

1日 召开阳原县庆祝"五一"国际劳动节大会。县委副书记李先出席会议并讲话。

6月

是月 中国科学院古脊椎动物与古人类研究所贾兰坡、卫奇在泥河湾盆地调查中发现阳原县侯家窑遗址。该遗址距今约10万年，发掘出人类化石17件，"飞索石"石球1079个。

8月

是月 县工会召开第四次常委扩大会议，传达省总工会"批林批孔"座谈会精神，研究如何加强理论队伍建设和贯彻落实上级文件精神。

年末 据统计，县工业局所属30个工矿企业全年完成工业产值917.92万元，完成计划的104.5%，比1973年增长24.9%。

1975年

1月

是月 县总工会召开十一届五次全委扩大会议，学习四届人大通过的新宪法和省、地总工会召开的全委扩大会议精神，研究全年工作。

是月 深沟煤矿实行县社联营，纳入国家计划。县将下放到公社管理的化稍营电机厂及东井集、揣骨疃、辛堡农机厂等单位收回，归属工业局管理，为集体所有制企业。

3月

18日至21日 县委、县革委召开财贸系统1974年度先进集体、先进工作者代表会议。各公社和县直财贸单位共21个代表团、380多名代表参加会议。会上学习十届二中全会精神和四届人大会议文件。县委常委、县革委副主任么志英作《做好财贸工作，促进国民经济新跃进》报告。讨论通过《给全县财贸战线全体干部、职工的倡议书》。

23日至28日 县委、县革委召开农业劳动模范（先进工作者）和第五次贫下中农代表会议。县社队三级书记、劳动模范（先进工作者）代表、妇女代表、上山下乡知识青年、农村干部和机关干部代表、荣复转退军人、林牧副渔各业先进单位及工交、财贸等系统支农先进单位代表出席会议，共计1366人。县委副书记朱文才作《学理论、抓路线，鼓足干劲，为夺取七五年农业大丰收而奋斗》报告。

4月

3日至6日　县革委召开工交战线先进集体、先进生产者（工作者）代表大会。276名厂矿企业领导、先进代表参加会议。会议传达中央领导在全国工业会议上的讲话和省、地工业会议精神，总结交流工交战线学习无产阶级理论、坚持党的基本路线经验，评选出先进集体16个、先进车间班（组）33个、先进生产（工作）者240名，通过《给全县工交战线工人、干部和技术人员的倡议书》。

7月

是月　县工会召开十一届六次全委扩大会议，传达省委全会、省总工会四届四次全委会和地区工会全委扩大会议精神，总结上半年工作，研究部署下半年工作。

9月

是月至10月底　县柴油机厂、农机修造厂、二灌渠、瓷厂、开阳林场和商业系统、卫生系统共成立7所"七·二一工人大学"，开设7个专业班，招收167名优秀工人学员，配备29名专兼职教师。

是年　全县办起15所"七·二一工人大学"，招收学员551人，县、公社、大队办起3所"五·七农民大学"。

是年　建立阳原县磷矿。该矿1996年停产。

1976年

1月

1日　河北省农机局召开1975年度全省农机战线先进集体、先进个人代表会。阳原县东城公社修造站、要家庄公社拖拉机站、化稍营公社二大队机务队、东井集公社小石庄大队机务队代表和东井集公社拖拉机站机手参加会议。

3月

是月　张家口地委、地革委批准阳原县修建丁家堡水库。县委决定成立"中共阳原县丁家堡水库工程指挥部委员会"和"阳原县丁家堡水库工程指挥部"，下设办公室、政工处、工程处和后勤处。

是月　县革委拨款14000元，在西城海子堰烈士陵园院内修建干部、职工骨灰堂10间，面积180平方米。

是月　在高墙公社姚家庄大队新建的县磷矿正式投产。全矿职工197名，其中管理人员13名。

4月

是月　县总工会召开第十一届七次全委扩大会议，学习中央文件和毛泽东主席指示，总结上半年工会工作。县委副书记么志英出席会议并讲话。

5月

1日　县总工会召开庆祝"五一"国际劳动节群众大会。县委副书记么志英出席会议并讲话。

9月

是月　县委决定成立阳原县工业局党委，书记赵志英，副书记师臣元，委员5人。

是年　县总工会建立职工图书阅览室。

是年　建立阳原县水泥厂。该厂2007年7月破产。

1977年

1月

是月　县总工会发出通知，号召全县职工狠批"四人帮"，以实际行动迎接全省和全国"工业学大庆"会议的胜利召开。

3月

是月　县委决定成立阳原县工业学大庆办公室，办公室主任赵志英，副主任贺登稳、冯子川、李永德。

4月

是月　县总工会召开第十一届八次全委扩大会议。工会主席贺登稳讲话。

是月　县总工会发出庆祝"五一"国际劳动节通知，要求全县工业战线认真贯彻"鞍钢宪法"，深入开展行业之间、厂际之间、班组之间以及职工之间多种形式的社会主义劳动竞赛，夺取劳动和生产新成绩。

6月

13日至23日　召开阳原县工业学大庆会议，有800余人参加。会上传达"全国工业学大庆会议精神"和"地区工业学大庆"会议精神。县委书记李志新讲话，总结全县工业学大庆情况，对今后工作提出任务要求。

8月

是月　建于揣骨疃大队的阳原县水泥厂投入生产。

是月　为深入开展工业学大庆活动，普及大庆式企业，落实"抓纲治国"战略决策，蔚县总工会向阳原县总工会提出友谊挑战，阳原县总工会发出应战书。

11月

15日至17日　县委副书记朱文才和县委常委、县革委副主任王佃俊带领县工业学大庆办公室、工业局、计委、物资局、财政局、银行、电力局、工会等七部门负责人，对全县工业企业进行全面检查。

23日　根据中央指示，地委通知全区驻校工宣队于月底撤离学校。

是月　阳原县水利技术员张展自行设计研制的"电磁水锤消除器"，首次用于大田洼公社一座新建喷灌站。此项成果获河北省科技大会奖。

1978年

3月

是月　县总工会召开基层工会负责人会议，总结1977年全县工会工作，评选出9个先进基层工会。

6月

是月　县总工会召开基层工会主席会议，传达省总工会四届六次全委会议精神。

是月　县总工会、文教局、卫生局联合发出恢复和健全基层工会组织的通知。

7月

28日　新华社播出新闻《中国农村一个县怎样办教育》稿件，报道阳原县普及教育情况。

9月

28日　河北省革命委员会召开命名大会，命名阳原县为普及教育模范县，李彩、班承满、李文君、张有余、杨慧莲为模范教师，田玉印为模范教育工作者，并提升李彩为小学特级教师。

12月

29日　阳原县革命委员会作出《关于在全县开展向特级教师、模范教师和模范教育工作者学习的决定》。

是月　县总工会召开全委扩大会议，传达全国总工会第九次代表大会精神。

是年　中国科学院古脊椎动物与古人类研究所尤玉柱、汤英俊、李毅，在阳原境内小长梁发现距今 136 万年的远古人类遗址。

是年　阳原县成立社队企业管理局。

1979 年

1 月

是月　县总工会召开基层工会主席会议，传达省总工会"五大"精神，根据中央十一届三中全会精神讨论制订工作计划。

4 月

是月　召开阳原县第十二届职工代表大会。345 名职工代表参加会议，选举产生 33 名委员，其中常委 13 人，贺登稳为主席，张荣喜、温品、肖丙清为副主席。

是月　县总工会参加张家口地区工会办事处在蔚县召开的职工业余教育工作会议。

7 月

是月　县总工会召开十二届二次全委扩大会议，传达省总工会五届二次全委会和地区工会工作会议精神，研究全县下半年工会工作。

8 月

11 日　《人民日报》刊登教育部为阳原县普及小学教育恢复名誉的消息，同时发表社论《抓好普及小学教育这项大政》，宣布阳原县仍然是全国普及小学教育的一面红旗。

10 月

是月　县总工会和县财税局联合下发通知，在全县范围内开展财务工作大检查。

12 月

28 日　国务院颁发嘉奖令，奖励"阳原县教育局在社会主义建设中成绩优异"。同日，阳原县教育局长田玉印受到邓小平、胡耀邦、李先念等中央领导接见。

是年　阳原县总工会在河北省总工会张家口地区办事处开展的工会财务竞赛中获得优胜单位。

1980 年

1 月

是月　县总工会召开十二届三次全委扩大会议，传达全总执委会九届三次（扩大）会议及省总五届三次全委（扩大）会议精神，研究全年工会工作。

是月　县总工会发出文件，在基层工会开展以收好经费为重点的工会财务工作百分赛。

2 月

是月　县总工会发出文件，要求"把工会工作真正转移到以生产为中心的轨道上来，把增产节约搞好"。同时制定劳动竞赛和考评奖励办法。

3 月

是月　县总工会召开表彰会，对1979年度先进集体和先进工作者予以表彰。

11 月

是月　县总工会转发全总颁发的《基层工会和车间工会劳动保护工作委员会工作条例》和《工会小组劳动保护调查员工作条例》，要求各基层工会组织按照条例做好劳动保护工作。

是年　县工会联合县教委开始对全县职工进行"双补"教育，即对1968至1980年招收的青年职工实际文化水平不及初中毕业的，进行补课，对1968至1978年参加工作的二级以上固定工和1971年前参加工作的临时工，进行短期业务技术培训。全县开办各种文化补习班37个，1460人参加学习。

是年　阳原县青壮年脱盲率达到87.47%，成为张家口地区第一个基本无盲县。

1981 年

1 月

是月　县总工会召开财务干部会议，评选1980年度财务竞赛优胜单位予以奖励，签订1981年工会财务工作竞赛协议书。

10月

29日　阳原县委作出《关于我县普及小学教育被污蔑为黑旗的冤案问题的平反决定》。

12月

是月　县总工会、团县委、县妇联联合发文，在全县职工中开展"学雷锋，树新风，建设社会主义精神文明"教育活动。

是年　教育部参加联合国教科文组织会议所带资料《中国的教育事业》一书中，收录《河北省阳原县是怎样普及小学教育的》一文。

是年　井儿沟乡牛坊沟村教师李彩出席河北省劳动模范表彰大会。

1982年

2月

是月　河北省委、省政府为阳原县教育局颁发嘉奖令。

3月

是月　在河北省总工会张家口地区办事处召开的财务工作会上，阳原县工会被评为优胜单位。

是月　县总工会发出通知，在全县工矿企业职工中开展先进班、组竞赛活动。

4月

2日　阳原县委召开平反大会，作出《关于对"文革"期间所造成的重大事件和制造的一切冤假错案平反决定》。

是月　县总工会召开锅炉司炉工会议，制定竞赛条件，开展竞赛活动。

是月　县总工会转发县糖业烟酒公司整顿财务工作经验材料，供全县各系统工会学习。

11月

是月　县总工会召开工会积极分子和先进集体代表会议，出席会议代表107人。张家口地区工会办事处派人出席会议，县委副书记李先到会讲话。

是月　县总工会组织9个县属工业企业工会干部和后勤管理人员，对企业职工生活情况进行调查。

12 月

是月 县总工会评选出 7 个先进集体和 48 个先进班、组。县瓷厂和磷矿被评为"锅炉司炉工竞赛先进单位"。县瓷厂成型二车间注修工段和造纸厂蒸煮班受到地区表彰,并在地区工会召开的班组工做经验交流会上介绍经验。

1983 年

1 月

是月 县委决定撤销"中共阳原县委落实政策领导小组"及其办公室。有关落实政策的遗留问题分别由组织部、纪检委、劳动局、人事局等单位归口办理。

是月 据统计,全县原错划右派 56 人,除 1 人是现行杀人犯被处决不予改正外,其余 55 人全部改正并安置工作,家属子女办理"农转非"。"反社会主义分子"2 人均改正,投诚起义人员 21 名均改正安置。

是月 县委制定《关于纠正国家干部、职工在营建私房中不正之风的几项规定》。

4 月

是月 阳原县东城公社七马坊学校教师杨久霖出席在北京人民大会堂举行的"全国五讲四美、为人师表活动先进集体和个人代表大会",受到党和国家领导人胡乔木、胡启立接见,并获得奖章、证书和纪念品。

8 月

2 日至 3 日 召开阳原县第十三次职工代表大会,出席会议代表 301 人。会议通过刘贵启代表上届委员会所作的《振奋精神,勇于创新,努力开创工会工作新局面》工作报告和张桂枝所作的《财务工作报告》。选举产生县工会委员会,委员 22 人,常委 6 人(暂缺 1 人),刘贵启当选为主席,张桂枝当选为副主席。选举产生经费审查委员会,委员 6 人,张桂枝当选为主任,李禄当选为副主任。县委副书记卢政出席会议并讲话。

是月 据县科委统计,全县 42 人取得工程师级技术职称,其中农艺师 7 人,工程师 10 人,兽医师 6 人,主治医师 16 人,统计师、会计师、经济师各 1 人。205 人取得助理工程师级技术职称,274 人取得技术员级职称。

10 月

是月 在第八次全国职工代表大会上,阳原县金家庄小学工会主席张明昶被全国总工会命名为优秀工会工作积极分子。在全省第二届职工代表大会上，阳原县安培基、闫晋才、张明昶三人受到省总工会表彰。

是月　县总工会会同县委组织部、劳动局、人事局、卫生局等部门，对新中国成立以来获得县级以上劳动模范、先进生产（工作）者称号人员进行摸底。全县县级以上劳动模范1500多人，其中省级劳模26名，国务院命名的劳动模范或先进工作者2人。

是月　县总工会响应省委、省政府"振作精神、振兴河北"号召，在全县职工中开展"大干九十天，反浪费、挖潜力、增效益，每人增收节支100元"活动。

12月

是月　省总工会对"文革"前历届省以上劳动模范颁发荣誉证书。

是月　阳原县东城公社七马坊学校教师杨久霖出席在北京中南海召开的"全国优秀班主任"代表会议，并获得金质奖章和荣誉证书。

是月　县直机关实行机构改革，帅振义担任县总工会主席，亢春梅担任副主席，袁喜功担任调研员。

是年　阳原县被河北省总工会张家口地区办事处确定为民主选举企业领导人工作试点。县成立企业民主选举厂长领导小组，县委副书记担任组长。

是年　成立阳原县毛皮工业公司。毛皮工业公司后合并1979年建厂的皮毛二厂和1986年建厂的皮毛三厂。

1984年

2月

是月　县总工会表彰1983年度节约增收百分制先进集体县瓷厂和刘焕、刘仲生等11名先进个人。

是月　成立阳原县农工商联合公司，与社队企业公司一套人员，两块牌子。

3月

29日　《中国日报》（英文版）头版头条位置刊登胡喜魁、仇连波拍摄的阳原县委、县政府召开推广科学技术、发展商品生产会议、表彰状元、模范的巨幅照片。

是月　县政府印发《阳原县科学技术成果奖励试行办法》，决定每年对优秀科技成果进行一次评选、奖励。

是月 在"河北音乐之春"阳原县第四次音乐会上，县总工会组织22个单位、300多名职工在人民礼堂自编自演节目。张家口地区和县五大班子领导观看演出，评出优秀歌手8名。

是月 县委增设打击经济领域犯罪活动办公室。

4月

是月 县林业局工程师孔树森、李庆巨获得中国林学会颁发的劲松奖证书和铜质奖章。

5月

23日至25日，县委、县政府召开全县乡镇企业会议，148人参加。会议传达学习胡耀邦视察四川、河南、山东和河北唐县时重要讲话及中央（84）4号文件，总结全县乡镇企业发展情况。6个单位介绍经验。县政府与农工商联分公司、各乡镇联社分别签订生产责任状。县委书记李世清和县委常委、副县长李清华分别作出讲话。

是月 县委、县政府作出《关于发展乡镇企业生产的规定》。

7月

17日至19日 召开阳原县个体工商业联合会第二届代表大会，出席代表41人。会议决定县个体工商户联合会改称个体劳动者协会，选举委员7人。

是月 县总工会组织开展县直厂矿、企业、机关、学校职工篮球、乒乓球比赛。

是月 经张家口地区工会办事处批准，投资20万元兴建阳原县职工俱乐部工程破土动工。

8月

是月 县总工会召开常委会，研究制定《关于整顿基层工会组织开展"职工之家"活动的具体安排意见》和《关于建设"职工之家"标准的实施计划》，正式启动"整组建家"三年行动。之后，召开基层工会主席会议部署工作。确定县大修厂工会为工作试点。

10月

是月 县委决定将阳原县社队企业管理局改为乡镇企业管理局。成立阳原县煤炭公司（局级公司），撤销阳原县农工商联合公司下设的煤炭公司。

是月 县教育系统工会召开基层工会主席、校长会议，研讨教育系统全面整顿基层工会组织和推行教工代表大会事宜。与会人员现场观摩县第二中学首届教代表会，听取化稍营中心校推行教代会经验介绍。县委副书记张怀珍和县总工会、县教育局负责人出席会议。

是月　县造纸厂实行八个奖金档次。该厂 1—10 月完成工业总产值 84 万元，实现利润 2.19 万元，缴纳税金 7.49 万元，分别比上年同期增长 28.8%、140.5%、40.1%，提前三个月超额完成全年任务。

11 月

是月　县总工会召开"整组建家"工作汇报会，听取第一批整顿的 58 个基层工会汇报，介绍县大修厂工会的具体做法，安排下一步工作。

12 月

5 日　美国利澳 A 戴利公司董事高霖柏，与国家建材总局建设公司总工程师李温平、国家建材总局地质研究所所长卢志成，国家建材总局规划院总工程师陆宗贤，到阳原县洽谈合资建设水泥厂事宜。张家口地区行署副专员陈亮及经委、计委主要负责人陪同。商谈结束后到深沟山神庙一带实地考察石灰石等水泥资源。

是月　成立阳原县职工技术协作委员会，会员 17 人，亢春梅任主任，杨兆全、张栓庄任副主任。

是年　县总工会在全县职工中开展"振兴中华读书活动"，6000 多名职工参加，建立读书小组 450 个。

是年　建立阳原县雕刻厂。该厂后改为弘州雕刻工艺总公司，2001 年停产。

是年　阳原县委、县政府在揣骨疃村召开乡村企业发展现场会，300 多人参加。地委副书记张成起、县委书记李世清、县长卢政出席会议，揣骨疃村总支书记樊宝英作经验介绍。

年末　据统计，全县全年工农业总产值达到 7174 万元，较上年增长 2.3%，其中农业总产值 4976 万元，工业总产值 2198 万元。财政收入 379.6 万元，较上年增长 44%。农民人均纯收入 225 元，较上年增长 5.6%。

1985 年

1 月

12 日　省轻工厅玻陶处林闻、地区科委主任胡伟民、地区化工局、地区轻纺公司及宣化一、二、三瓷厂的工程技术人员计 12 人，对阳原县瓷厂的腐植酸钠在陶瓷中应用和彩釉两个项目进行鉴定，认定达到省、地规定标准。

13日至17日　县委、县政府提出全县经济指标要突破"八、三、四、三",即农业总产值突破八千万元,工业产值突破三千万元,财政收入突破四百万元,人均纯收入突破三百元。实现工农业产值较1980年翻一番,人均纯收入较1984年增加一百元。

是月　召开阳原县改革创新群英代表大会,表彰和奖励172个先进集体和模范人物。

是月　县总工会确定第二批"整顿建家"单位50个,要求于5月底前完成自建。

3月

13日　县委决定成立"阳原县经济体制改革办公室"和"阳原县建筑建材公司""阳原县皮毛工业公司""阳原县机械工业公司"。

20日　地区农业局在阳原县召开"张家口地区饲料加工机械现场会"。各县主抓饲料机器安装调试的负责人和一、二类饲料加工厂长共计80人参加会议。

是月　县总工会会同县农经部、计委等9个单位联合发文,在全县职工中开展合理化建议活动。

是月　县总工会召开表彰大会,表彰1984年度工会工作积极分子和财务评比先进1220人。县委副书记张怀珍出席会议并讲话。

4月

25日　在张家口地区经济工作会议上,阳原县被地区行署评为"1984年工业创利税升级竞赛先进县",阳原县瓷厂被评为"1984年扭亏为盈成绩显著单位"。

6月

23日至24日　县委、县政府召开乡镇企业会议,280人参加。会上,县长卢政代表县委、县政府总结前段乡村企业发展情况,提出当前存在问题及成因。会议确定把农村经济工作重点转移到发展乡村企业上来,提出"乡村企业常年抓,农业生产季节抓"的口号,制定加快发展乡村企业四条措施。

是月　县总工会组织男女队参加地区工会办事处举办的职工业余乒乓球比赛,男队获得团体第三名。

9月

10日　县委、县政府举行教师节庆祝大会。

10月

是月　县总工会建成职工俱乐部,验收合格投入使用。

是月　县总工会开办职工业余高中班，招收学员35名。

是年　西城、东城、化稍营三个乡镇建立职工物价监督站，县总工会建立职工物价监督总站。

是年　建立阳原县益民食品总厂，隶属县社，下设果脯、乳腐、辣制品、纸箱4个分厂。

1986年

1月

15日　成立"阳原县手工业联社"（集体性质）和"阳原县轻化工业公司"。从经委系统调剂配备干部，一套人员，两个牌子。

4月

29日　国务委员兼国家计委主任宋平到阳原县视察大秦铁路工程。

是月，张家口地区技术练兵、合理化建议领导小组表彰1985年度技术练兵、合理化建议积极分子，阳原县王秀山、高巨明、韩清廉、王嘉瑞、阎晋才、刘新平6人受到表彰。

5月

是月　县总工会根据地区技术练兵、合理化建议领导小组安排，在全县职工中开展为实现"七五"计划建功立业社会主义劳动竞赛。

是月　县总工会首届职工业余高中班35名学员毕业。

8月

15日至17日　全区乡村地毯企业经验交流会在阳原县召开。各县乡镇企业管理局局长、乡镇企委主任、部分地毯厂厂长共计134人参加会议。与会代表参观阳原县地毯厂和揣骨疃、要家庄、曲长城、西目连等村地毯厂。阳原县乡村企业管理局、县地毯公司、金家庄乡地毯公司、揣骨疃村地毯厂和要家庄村地毯厂分别介绍经验。

是月　阳原县汽车站客运组受到全国总工会和国家经委的表彰，被命名为模范班组。

11月

20日　张家口地区职业技术教育工作会议在阳原县召开。

是月　县总工会表彰汽车站客运组等32个先进班组。

12 月

7 日至 9 日 张家口地委宣传部、地区经委、工会办事处联合在阳原县召开班组思想政治工作会议，200 多人参加。阳原县汽车站客运组、农机修造厂车间小组、邮电局投递组、电力局西城供电所、煤矿工程队、交通局东井集道班、县医院住院处病房组 7 个班组受到表彰。地委副书记张成起出席会议并讲话，要求全地区职工向阳原县汽车站客运组学习，开展好班组建设工作。

是年 全县工业总产值首次超过农业总产值。

1987 年

2 月

是月 张家口地区工会办事处召开会议，表彰职工合理化建议、技术革新先进集体和个人，阳原县西城供销社和王嘉瑞、任忠、黄世雄、刘在仁 4 人受到表彰。

3 月

是月 县总工会召开会议，传达省、地会议精神，布置上半年工作，表彰县瓷厂和邮电局 2 个"模范职工之家"、14 个"先进职工之家"和 92 名"职工之友"，对 1986 年财务竞赛优胜单位进行奖励。

5 月

是月 张家口地区工会办事处召开坚持正面教育经验交流会，阳原县农机修造厂以《我们是如何对职工进行坚持四项基本原则教育的》为题作经验介绍。

是月 阳原县郭红卫、王吉珍被地区工会办事处评为优秀工会积极分子。

6 月

是月 县教育工会主席杨得谟参加全国教育工会在哈尔滨召开的教育扶贫现场会，以《教工脱了贫，育人有奔头》为题作书面经验介绍。

是月 阳原县遭受冰雹灾害，省总工会划拨 4000 元救灾款。

8 月

11 日至 12 日 召开阳原县第十四次职工代表大会，137 名代表参加。会议通过温和义代表上届委员会所作的《工作报告》和亢春梅所作的《财务预决算报告》，选举产生十四届工会委员会，委员 21 人，常委 7 人，主席温和义，副主席亢春梅、全凤恺，选举产生经费审查委员会，委员 7 人，主任常春贵，副主任李禄。张家口地区工会办事处主任陈景元，阳原县委书记李世清、县长卢政、县委副书记刘惠、县委组织部部长张文萍及县人大、政协、团委、妇联、侨办等单位负责人出席会议。

25日　河北省总工会主席刘智深在张家口地区工会办事处主任陈景元的陪同下，到阳原县考察企业实行经济承包后如何发挥民主管理作用，深入县瓷厂、农机修造厂和磷矿实地调研。

是月　张家口地区工会办事处召开"双增双节"成果发布会，阳原县总工会副主席亢春梅出席会议并提交《围绕中心，发挥优势，抓好双增双节运动》材料。

是月　张家口地区工会办事处召开职业道德教育经验交流会，阳原县西城供销社商场工会小组王玉美作《抓职业道德建设，当优质服务先锋》经验介绍。

是月　阳原县职工技术协会实行调整，由97名技术人员和7个技术交流队组成。制定《阳原县职工技术协会条例》。

10月

28日至29日　县委、县政府召开三级干部会，县五大班子、各部门、各企事业单位的党政领导，各级各类学校校长和教师代表共计3000多人参加。会上传达河北省第二次实验区工作会议精神，县委书记李世清作题为《提高认识，加强领导，加快我县农村教改实验的步伐》报告。

12月

20日　《光明日报》首版刊登记者王劲松的《经济开发与智力开发密切结合，阳原县全面改革农村各类教育》调查报告。

是年　县总工会在全县开展"双增双节"（增产节约，增收节支）活动。

是年　据统计，全县全年工业总产值9315.63万元，比上年增长48.1%；乡镇企业总收入10558.56万元，比上年增长98.5%；农业总产值5066万元，比上年增长44.5%；粮食总产量4700万公斤，比上年增长41.7%；财政收入808.9万元，比上年增长44.3%；农民人均纯收入288元，比上年增加153元。全县建成文明单位192个。

是年　筹建长城水泥厂和麻纺织厂。长城水泥厂1988年投产，1999年2月破产。麻纺织厂1996年破产，由县第二瓷厂整体接收。

是年　阳原县22家县属工业企业全部实行承包经营责任制，由生产型转向生产经营型，当年实现利税420.5万元，比承包前的1986年增长90.95%。地委、地区行署在阳原县召开现场会，推广阳原经验。

1988 年

1月

13日　县委决定成立阳原县全面推行厂长负责制工作领导小组。

24日　县委书记李世清在全县三级干部暨双先表彰会上传达省教改座谈会精神。

是月　县教研室特级教师李彩当选为第七届全国人大代表。

2月

15日　县总工会会同县体委、教委、老干部局、劳动人事局联合举办职工篮球、象棋、围棋、环城长跑、拔河比赛，386名职工参加。比赛至3月2日结束。

3月

是月　河北省政府命名阳原县为职业教育、成人教育先进集体。

4月

是月　县职工俱乐部公开向社会招标，县交通局职工常亮以三年4.5万元中标承包。

是月　县总工会向省总工会和地区办事处贷款4万元，用作农村教师扶贫。

5月

是月　县汽车站客运组获得全国总工会和国家经委颁发的"五一劳动奖状"。

6月

9日至13日　河北省教委、教育工会在阳原县召开全省农村教师家属扶贫工作现场经验交流会。全国教育工会副主席范立祥、省总工会副主席李纯修、省教委副主任安效珍、省教育工会主席刘巧端、张家口地委副书记张成起、行署副专员陈亮出席会议。

7月

是月　县总工会召开第十四届代表大会第二次会议，137名代表参加。会议通过工会副主席全凤恺代表工会常委会所作的《适应改革形势，大胆解放思想，全面做好我县工会各项工作》报告。推选全凤恺、李子洪为河北省第七次职工代表大会代表。

9 月

11 日 《光明日报》头版刊登《阳原县积极做好教师家属扶贫工作》文章。

是月 国家教委、计委、财政部、劳动部联合命名阳原县职业技术学校为勤工俭学先进集体。

10 月

是月 县教育工会主席杨得谟在中华全国总工会十一大上被授予"全国优秀工会工作者"称号。

12 月

是月 国家教委和全国教育工会转发阳原县教师家属扶贫工作经验。

是年 县民政局筹建民政福利活性炭厂（对外名称阳原县华达活性炭厂），为全民所有制福利企业。

是年 全县完成工农业总产值 19157 万元，其中工业总产值 12157 万元，农业总产值 7000 万元。

1989 年

1 月

是月 县委、县政府召开教师家属扶贫工作成果发布暨表彰大会，12 个单位介绍经验，阳原县教育工会等 19 个集体和 8 名校长、11 名工会工作者、6 名教师、13 名教师家属受到表彰。

2 月

是月 县委、县政府召开劳动模范表彰大会。县教育工会被命名为"成绩卓著单位"。

3 月

30 日 县总工会召开十四届二次全委扩大会议，通过《关于动员全体职工深入开展"双增双节"运动的决议》。

是月 县总工会在全县 123 个基层工会开展"送温暖"活动，1974 人参加活动，走访职工 2003 名。

4 月

12 日 中共中央政治局委员、国务委员兼国家教委主任李铁映等一行 8 人到阳原县视察。李铁映听取县委、县政府关于农村教改实验工作汇报，视察县职业学校和马圈堡乡，并作出指示。随同李铁映视察的有国务院研究室秘书白克明，国家教委专职委员郭福昌、职教司司长杨金土、党组秘书姚晓曦、办公室主任助理赵书生，河北省教委副主任周治华、陈遴先，张家口地委副书记王树昌，行署副专员陈亮、秘书长温炳勋等。

5月

27日　美国旧金山杰特安地毯公司杨树声一行3人，由天津地毯公司三科科长张文俊陪同，到阳原县地毯总厂进行考察，对阳原县地毯生产工艺产生极大兴趣，与阳原县签订订货协议。

7月

28日　县委、县政府在县农机修造厂召开企业思想政治工作现场会。县农机修造厂专职书记孙成德作《适应形势，切实加强企业的思想政治工作》经验介绍，厂机工车间和兼职政工员分别介绍开展思想政治工作经验，政府副县长杨兆全讲话。

9月

是月　县总工会召开工会工作理论研讨会。

10月

是月　县教育工会主席杨得谟出席全国第二次农村教师家属扶贫工作四川万县现场经验交流会，并在会上发言。

11月

14日至15日　县委召开工会工作会议，200多人参加，张家口地区工会办事处主任陈景远出席会议。会议传达中央和省、市领导关于工会工作的重要讲话，研究讨论贯彻执行措施。县委副书记裴树本代表县委发表意见，县委副书记孔树森宣读《中共阳原县委、阳原县人民政府关于加强工会工作维护职工利益的若干规定》（讨论稿），县瓷厂工会和县农机修造厂工会做经验介绍。

是年　全县完成工农业总产值16671万元，其中县乡工业总产值13493万元，农业总产值3178万元。

1990年

1月

17日至18日　省委书记邢崇智、省委副秘书长肖万君一行8人，在地委书记张德盈、行署专员王权陪同下，到地震灾区东井集镇东大柳村进行慰问，并到三马坊乡东窑头村、要家庄乡柳树皂村和县雕刻厂、东城镇铸钢厂、皮毛厂视察。

18日 县经委系统1989年度先进集体、劳动模范表彰暨承包合同兑现大会在县农机修造厂召开。

2月

是月 县总工会召开第十四届三次全委会，选举赵采玉担任工会主席，马忠山任副主席。

4月

4日 县委、县政府召开乡镇企业工作会议，110多人参加。会议传达省、地乡镇企业工作会议精神，高墙乡、东城镇等10个单位介绍发展乡镇企业经验，县委书记刘惠和代理县长孔树森分别作出讲话。

5日 县政府召开1989年度安全生产先进集体、先进个人表彰会，对6个地区级先进单位、县级27个先进集体、61名先进个人、9个先进锅炉房、9名先进司炉工给予表彰。会上传达地区副专员张宝义在安全生产表彰会上的讲话，县瓷厂、西城镇采石场等单位作典型发言，经委系统19个单位向县政府递交责任状，副县长杨兆全讲话。

5月

19日至20日 省人大常委会主任郭志、副主任洪毅、副秘书长兼办公厅主任赵继云、办公厅研究室副主任刘小田一行6人，在地委副书记张成起、地区人大工作联络处副处长张春元陪同下，到阳原县东井集镇东大柳村和施家会村视察抗灾自救工作，到县瓷厂和雕刻厂了解生产经营情况。

6月

9日 全国教育工会在张家口地区召开农村教师家属扶贫工作现场会，推广阳原县、尚义县先进经验。全国教育工会主席陈国昌出席会议。

9月

是月 县总工会下发《关于继续开展建设"职工之家"活动的实施意见》。

是月 县总工会举行"迎亚运""庆十一"体育比赛。

10月

5日 县委、县政府召开全县工业经济工作会议，600多人参加。会议传达了省、地工业经济工作会议精神，分析全县工业生产形势，部署今后工作。县委书记刘惠、县长孔树森、副县长杨兆全、朱贵、杨钦等出席会议并讲话。

16日至17日　县委、县政府召开乡镇企委主任、重点企业厂长、农民企业家和有关部门负责人参加的工作会议。东城汽车配件厂、东坊城堡砖厂、西城镇玛钢厂和石匣里地毯公司4个企业作典型发言，县委副书记裴树本作讲话。

11月

是月　县教委、县委组织部、县总工会联办干部职工业余高中学校，招收学员150名。次年毕业。

是年　县总工会在全县开展"我为厂长进一言，我为企业献一计"活动，职工提出合理化建议1467条。

1991年

1月

是月　县总工会组织全县基层工会在春节前开展"送温暖"活动。80多个基层工会组织108个"送温暖"小组，慰问家访职工1415人次，发放慰问款物18000多元。

3月

14日　县政府在县农机修造厂召开"质量、品种、效益"动员大会。

15日　县委、县政府在揣骨疃水泥厂召开工业企业文明生产文明管理现场会。

是月　县总工会动员全县职工在"质量、品种、效益"年大显身手、建功立业。

5月

是月　河北省政府授予阳原县农机修造厂"职工教育先进集体"称号。

7月

是月　县总工会制定《阳原县职工扶贫工作第八个五年计划（1991—1995）》。

10月

是月　在国家教委、全国教育工会召开的表彰会上，阳原县教育工会获得"全国农村教师家属扶贫工作先进集体"称号。

1992 年

1月

10日至11日　召开全县工业工作会议，总结1991年度工作，部署1992年度工作。县瓷厂等8个单位负责人作表态发言。

19日至20日　召开全县乡镇企业工作会议。表彰1991年度发展乡镇企业的先进乡镇、先进企业和优秀厂长，黄粮坡乡等14个单位作典型发言，县委副书记张景河作《依靠科技进步，抓住大好机遇，加快我县乡镇企业稳定健康发展的步伐》讲话。

3月

是月　县总工会命名县农机修造厂等10个基层工会为1991年度先进基层工会，命名李子洪等11人为优秀工会干部，命名李云生等46人为"最佳主人"。

4月

是月　县总工会会同县委宣传部、司法局联合下发《关于认真学习宣传新工会法的通知》，印发宣传提纲155份。县总工会召开各大系统、厂矿工会主席会议，研究学习《工会法》。23个基层工会开展学习《工会法》知识竞赛，1352名职工参赛。

5月

是月　县总工会召开十四届八次全委会，选举雷志清为县总工会主席，王桂兰为副主席。

6月

29日　阳原县退（离）休教育工作者协会成立。全国教育工会副主席范立祥、省总工会副主席李纯修、省教育工会主席刘巧端出席成立大会。

是月　县总工会对全县基层工会进行财务检查和财产清查。

是月　全县近千名干部职工听取全区劳模巡回报告团演讲。县交通局袁大利为地区劳模巡回报告团成员。

7月

4日　县委、县政府召开加快改革开放动员大会。县委副书记张景河介绍赴外地参观学习情况，宣读县委、县政府制定的《关于党政机关、事业单位机构改革的试行意见》《关于进一步搞活和发展县办工业的试行意见》《关于深化流通领域改革促进市场发育的试行意见》《关于加速发展乡镇企业的试行意见》和《关于加快扩大对外开放的试行意见》。

是月　县教委、县总工会、县教育工会联合召开深化农村教师家属扶贫理论研讨会。全国教育工会副主席张易安、省教育工会主席刘巧端出席会议。会上交流13篇论文。

11月

5日　中央电视台新闻联播报道阳原县实施"燎原计划"情况。

29日至30日　县委、县政府召开全县乡镇企业工作会议。会议传达地区乡镇企业工作会议精神，介绍外地发展乡镇企业经验，讨论通过《关于进一步依托清华大学发展县乡工业的意见》《关于加速发展乡镇企业的规定》等文件。代理县长李志亮作《解放思想，反骄破满，抓住重点，突破难点，为我县乡镇企业攀登新高峰奋力拼搏》讲话。

是年　县政府聘请清华大学冯乃谦、李荣先等10名专家、教授为阳原县骨干企业的经济或技术顾问，分别与县瓷厂、机械厂、地毯厂、长城水泥厂等11个企业直接挂钩。

是年　建立阳原县第二瓷厂。筹建阳原县热电厂、阳原县工业物资公司和颐原矿泉水有限公司。阳原县第二瓷厂1998年更名阳原县龙普陶瓷有限责任公司。颐原矿泉水有限公司建于三马坊乡，属台商合资企业，县政府直接管理，1996年停产。

1993年

1月

是月　县总工会执行新《工会法》工会经费规定，工会经费由收缴改为划拨。

2月

7日　阳原县活性炭厂与天津立达新技术公司达成年向美国出口2000吨活性炭协议。

23日　县铸钢集团与沈阳市奔驰实业有限公司就生产刹车盘业务及联营办厂达成协议。由清华大学机械制造系设计并进行技术指导的高墙乡燎原暖气片厂稀土铸铁散热器生产新工艺技术改造工程竣工投产。

24日　投资百万元的西城镇玛钢厂新上技改项目——铸钢生产建成投产。

3月

是月 县总工会表彰1992年度先进基层工会、优秀工会干部、优秀工会积极分子和支持工会工作的单位，10个先进集体和34个先进个人受到表彰。

4月

是月 以宣化工程机械厂为核心，由张家口市、张家口地区、阳原县及北京、吉林等省市的23家企业组建的宣化工程机械集团公司正式成立。

5月

24日至26日 全国政协常委、国务院学位委员会主任、原国家教委党组书记、副主任何东昌和国家教委副主任王明达等一行8人，在河北省教委副主任陈逊先、张家口地区行署专员杨新农、地区教委主任裴树本等人陪同下，到阳原县视察教改工作。

27日至29日 张家口地区乡镇企业工作现场会在阳原县举行。行署专员杨新农、地委副书记于振华、常务副专员李世清、地委组织部长袁中、地区纪检委书记程葆刚、地委办、行署办、张家口农行、地区扶贫办、计委等单位负责人，各县县委书记、县长、乡镇企业局局长等共90多人出席会议。会议期间，参观高墙暖气片厂等近20个乡镇企业。阳原县委、县政府介绍发展乡镇企业经验，农行阳原支行、西城镇、三马坊乡、电力局和蔚县蔚州镇、怀来县沙城镇分别介绍经验。杨新农、于振华、李世清分别作出讲话。

是月 县总工会与县邮电局联合举办集邮展览，展览设在县总工会会议大厅。

6月

是月 县总工会在厂矿企业开展"大干一百天，人均利税增百元"竞赛活动。

7月

是月 经县委、县政府批准，成立阳原县陶瓷工业公司。

9月

9日至10日 张家口市市长杨德庆，市委常委、秘书长郭正山等一行9人，到阳原县第一中学、职教中心慰问教师，并到特级教师李彩和教委退休干部陶贵星家中慰问。到县煤炭专用线等13个县办和乡镇企业了解生产情况，察看井儿沟乡受灾农田。

18日 由阳原县磷矿、清华紫光集团总公司和北京东坡新技术研究所合资创办的华阳生物活化剂厂正式投产。该厂生产的生物活化剂是生产生物活性磷钾复合肥的主要原料。

10 月

16 日　县华达活性炭厂生产的 JCY-1 型载体活性炭通过中国石化总公司鉴定，该项产品填补国家空白。

是年　县委、县政府联合制定《关于进一步依托高等院校发展县乡工业的意见》。

是年　县总工会向全县推广县水泥厂坚持职工群众参政议政，充分行使职代会政治权力的经验。

是年　县总工会组建职工业余服装表演队。表演队在地委、行署在阳原县召开的乡镇企业现场会上和国家教委视察阳原教改工作时进行表演，宣传阳原裘皮服装和毛皮文化。

是年　建于明代的东城玉皇阁被确定为"省级重点文物保护单位"。

1994 年

3 月

是月　县总工会召开全县工会工作暨先进集体个人表彰会，表彰 21 个先进基层工会、51 名工会干部和 41 名工会积极分子。

6 月

2 日　县委、县政府召开阳原县普及小学教育 30 周年纪念大会。

22 日至 23 日　国家教委在阳原县召开扶贫工作会议。国家教委副主任王明达、专职委员郭福昌出席会议。

是月　县总工会会同县财政局联合发出《关于改革工会经费上解办法的通知》，凡财政拨款单位由财政局代解工会经费。

是月　县总工会号召工会女工开展"伸出一双手，奉献一颗爱心"活动。23 名工会女工捐献 503 件衣服、229 元现金和部分图书玩具及学习用品，折合人民币 3250 元，发放到贫困山区儿童手中。《张家口日报》予以报道。

是月　阳原县职工运动会在县城举行。

是月　阳原县水泥厂、裘皮服装厂、鞋厂、玛钢厂、皮毛总厂、皮毛二厂、东城纸箱厂、西城玛钢厂、小石庄蔬菜脱水厂、百货一商场、木材公司、粮油一门市部、土产公司、朱家庄苹果园、开阳林场、大田洼大杏扁林场 16 家企业率先推行股份制或股份合作制改革。

9月

20日至21日　河北省普及小学教育现场会在阳原县召开。

是年　阳原县农业局与韩国三进物商株式会社合作创办张家口三进食品有限公司。

是年　县总工会在广大职工中开展以"一化"（职工合理化建议）、"三技"（技术比武、技术练兵、技术协作）为主要内容的社会主义劳动竞赛活动。

是年　据统计，全县国民生产总值实现67160万元，其中农业总产值17181万元，工业总产值49979万元。财政收入2657.9万元。农民人均生产性纯收入为731元，国有单位职工人均工资2975元。

1995年

1月

是月　国家企业类型划分办公室审定认证阳原县第一瓷厂为大型二档企业。

3月

13日　阳原县三义庄铁锌矿采选可行性研究报告在石家庄通过专家评审。

15日至16日　河北省教育工会主席刘巧端、张家口市总工会副主席武登元、张家口市文教卫工会委员会主席焦永宏等一行4人，到阳原县检查指导工作，对阳原县教师家属扶贫工作给予肯定。

是月　张家口市总工会命名阳原县总工会为1994年度"双服务竞争优胜单位""帮扶亏损企业扭亏增盈先进单位""女职工工作先进集体"，命名阳原县王桂兰为"优秀女工干部"，李美兰、任淑芳为"女职工先进个人"，王志玉为"提合理化建议积极分子"。

是月　中共阳原县委做出决定，在全县范围内开展向已故劳模田玉印同志学习的活动，县委组织田玉印同志先进事迹报告团，5名报告团成员巡回到县直单位和各乡镇报告24场。

是月　县委、县政府决定在县长城集团公司、亚北公司阳原分公司和雕刻总厂三家企业开展股份合作制试点工作。

是月　阳原县振阳机械厂生产的钛钙型低碳钢电焊条，经河北省监督检验站认证，达到国际GB5117-85和机械部JB/DQ390-88优等产品技术要求，该产品填补张家口市电焊条生产空白。9月9日,该厂生产的直径3.2、4.2电焊条通过国家级质量检验,获得生产许可证。

5月

20日至22日　以联合国教科文组织专家道兰·伯纳德为首的全民教育研究专家组到阳原县考察全民教育。

是月　县总工会以劳动竞赛委员会名义发文,在全县组织开展"学习邯郸经验,开展社会主义劳动竞赛"活动。

6月

是月　县总工会举办全县职工《中华人民共和国劳动法》知识竞赛总决赛,12个代表队参加决赛。

8月

1日　县委、县政府在小盐厂村为中共早期工运领导人王仲一举行墓碑揭幕仪式,原张家口地委书记靳子川和市、县干部以及上千名中小学生参加。

是月　县总工会成立阳原县"送温暖工程"基金会。

9月

12日　中央电视台"新闻30分"栏目播出《阳原教改见成效》。

11月

是月　县总工会派员参加市总工会与市劳动局举办的集体合同培训。

1996年

1月

2日　要家庄乡防腐托辊厂正式投产。该厂1995年3月开始筹建,总投资242万元。

3月

1日　阳原县召开三级干部暨1995年度先进集体、先进个人表彰会。对"十佳单位"揣骨疃镇、西城镇、农业银行、雕刻厂、县委宣传部、审计局、农业局、职业技术学校、商业局、乡镇企业局,"十佳个人"陈茂禾、刘玉枝、阎振平、王秀山、申信、杨茂、李富山、张志峰、宋显明、张俊奎,118个县级先进单位,500名先进个人进行表彰。为县交通局、机械厂、北关村、三晋食品有限公司、马圈堡乡将军寨煤矿、华南煤炭公司及其经理等单位和个人颁发发展经济特别奖,为西城镇振阳机械厂生产弘州牌电焊条颁发新产品开发奖,表彰大田洼修造厂、西城镇采石场、县雕刻厂等十强企业。县委副书记马武海宣布表彰名单,代理县长侯亮和县委书记张忠分别作讲话。

4月

是月　县总工会举办"庆祝中华全国总工会成立70周年"职工文艺晚会。

5月

是月　县总工会以劳动竞赛委员会名义发文,在全县开展"学习邯郸经验,开展社会主义劳动竞赛"活动。

7月

13日　阳原县第一建筑公司33名技术工人从北京登机飞往以色列,参加中国铁道部土木公司在以色列的建筑工程施工,签订劳务输出合同两年,一建公司每年可获得7.92万元人民币的劳务输出收入。

8月

9日至17日　阳原县35名教师到北戴河参加1996年全国中小学幼儿教师"园丁之家"活动。

11月

是月　县总工会会同县财政局、劳动人事局、经贸局、粮食局、工商局、国税局、地税局、教育局、卫生局、环保局联合下发《关于发放特困职工优待证和对特困职工实行优惠政策的意见》。核发特困职工优待证103个。

是月　阳原县广播电视大学被省广播电视大学评为"教育评估先进单位"。该校1986年以来连续11年受到省、市(地)表彰。

12月

13日　县委、县政府召开全县科技培训工作动员大会。县委副书记杨兆全作题为《送科教下乡入户,搞培训兴县富民》的动员报告。

是年　县总工会在全县职工中开展"我为建设经济强县做贡献"竞赛活动,号召每个职工提一条合理化建议,增收1000元,节约100元,练好一项基本功或学会一门新知识、新技术。

是年　许家窑—侯家窑遗址被国务院公布为"全国重点文物保护单位"。

是年　阳原县首家中外合资企业"张家口北元皮毛有限公司"成立。

1997 年

4 月

8 日　阳原县热电厂与清华大学工程力学系签订《阳原县电厂锅炉及汽轮机改造》项目合作书。项目总投资 540 万元。

11 日　阳原县教育工会召开 1997 年工作会议。会议下发《阳原县教育局、阳原县教育工会关于建立教职工互助补充保险基金会的通知》和《阳原县教职工互助补充保险基金会章程》。

25 日至 5 月 4 日　县总工会在全县职工中开展"庆五一、迎香港回归"系列专题活动。

是月　县总工会召开省、市、县劳动模范代表座谈会。

是月　阳原县第二瓷厂经省外经贸厅、国家外贸部批准，获得产品进出口经营权。

是月　阳原县改扩建肉联厂项目经市计委批准立项，项目总投资 650 万元。

6 月

21 日至 7 月 10 日　县总工会举办"庆七一、迎回归"职工书法、美术展览。

是月　县总工会组织四家县办较大企业进行民主评议领导干部，涉及 21 名厂级干部、83 名股级干部。通过评议，厂级干部受奖 4 人，股级干部免职 1 人、降职 3 人、升职 9 人。

是月　阳原县振阳机械厂开发研制的与铸造相配套的"水玻璃砂硬化气体发生装置"获国家实用新型专利，该装置使吨铸钢件成本降低 170 元。

8 月

20 日　县委、县政府召开农村教育综合改革十周年庆祝大会。国家教委原副主任王明达，河北省教委原副主任陈逊先，清华大学、北京师范大学等高校领导，张家口市教委主任郭振斌等出席会议。

9 月

是月　县总工会为县第一建筑公司烧伤职工郭志兵和县柴油机厂留守处退休患病职工赵守同分别筹集帮扶资金 88000 元和 3500 元。

10 月

14 日至 16 日　教育部综改办主任张昭文、处长张玉兰到阳原县调研贫困县脱贫问题。深入李家窑村、陶家窑村、县职教中心、二瓷厂、揣镇骨瞳成人学校进行实地调查。

是月　县教育工会启动教职工互助补充医疗保险试点工作，吸收会员近 3000 人，筹集互助金 30 余万元。

是年　县总工会与县教育局联合举办职工运动会。

1998 年

1 月

是月　县委、县政府、县总工会开展"进万家门、知万家情、解万家难、暖万家心、送万家暖"慰问活动。

4 月

是月　县总工会举办"庆五一"演讲会。县第二瓷厂李家钰等 5 名职工进行事迹演讲。

是月　县总工会会同县委组织部、宣传部、县经贸局转发《关于在全市国有企业中建立全心全意依靠职工办企业制度的意见》。

5 月

是月　县总工会制定《职工素质行动计划实施细则》。

6 月

14 日至 15 日　阳原县第二瓷厂选瓷车间青年女工李家钰参加张家口市第二十一次职工代表大会，被授予"优秀工会积极分子"称号。

是月　县总工会自筹资金 1 万元，开办"阳原县职工消费合作社配送站"，并在基层设立送货点。

7 月

是月　县总工会出台《关于开展文明职工竞赛活动安排意见》，在全县职工中启动文明职工竞赛，动员职工积极参加创建文明县城活动。

10 月

是月　阳原县第二瓷厂选瓷车间青年女工李家钰赴北京参加全国第十三次职工代表大会，受到江泽民等党和国家领导人接见。

11月

28日 河北省第一条贷款修建的国道109线二级汽车专用线山西界至阳原县西城段竣工通车。

12月

是月 县总工会评选模范职工之家15个、先进职工之家79个。县机械厂工会被河北省总工会评为"模范职工之家"。

是年 县总工会开展"保增长、保稳定、奋力决战百天"竞赛活动,参赛单位100个,参赛职工7300多人。县第一瓷厂、龙普陶瓷有限责任公司、机械厂参加张家口市竞赛活动,受到市总工会表彰。

是年 在虎头梁遗址群的于家沟遗址发掘出距今一万多年的陶片,这是目前中国华北地区发现的最早陶器。于家沟遗址考古发现被列入"全国十大考古新发现"。

1999年

2月

是月 教育部为阳原县颁发基本普及九年义务教育和基本扫除青壮年文盲证匾。

3月

是月 阳原县劳动竞赛委员会对1998年度全县社会主义劳动竞赛先进集体和个人进行表彰,授予县第一瓷厂等9个单位"优胜单位"称号,授予邮政局储蓄组等21个单位"优胜车间班组"称号,授予李家钰等80名职工"文明生产标兵"称号。

5月

是月 县总工会召开职工代表座谈会,谴责美国为首的北约轰炸中国驻南斯拉夫大使馆。

7月

是月 在县第一瓷厂召开阳原县厂务公开经验交流会,第一瓷厂厂长申全民、电信局局长孙国瑞等4个单位负责人介绍经验。全县企业单位和党政机关主要负责人参加。

是月 全县中小学全部实行校务公开。

10月

是月 县总工会举办以"庆祖国五十华诞,迎澳门百年回归"为主题的职工书法、美术展览,全县100多名职工的200多幅作品展出。

11月

是月 河北省人民政府命名阳原县为"义务教育工作先进集体"。

是年 县总工会与安全生产主管部门联合开展"安康杯"竞赛活动,加强职工安全生产技能培训和企业安全生产工作监督。

2000年

1月

是月 阳原县龙普陶瓷有限公司召开首届二次股东会暨五次职工代表大会。听取1999年度董事会工作报告、监事会工作报告、财务决算方案、厂务公开情况报告。续签集体合同,形成关于批准"三报告一方案"、原始股扩股和新提职人员入股三项决议,并答复股东和职工代表提案。

4月

20日至5月4日 县总工会组织慰问演出团,先后到县通源煤炭公司、第一瓷厂等企业演出6场次。

5月

是月 启动全县机关企事业单位工会会员普查,更换会员证,发展新会员。

6月

是月 成立阳原县私营企业工会联合会。

是月 县总工会成立专门检查组,对全县24家国有和集体企业厂务公开情况进行专项检查。

8月

是月 县总工会与县劳动人事局联合制定《关于加强全县企业建立平等协商和集体合同制度的意见》,县委办、政府办联合转发。

是月 县总工会参加张家口市新建企业工会工作调度会。

10月

26日 阳原县振阳机械厂生产的小型密闭式二氧化碳机通过市科委组织的项目鉴定。

12 月

16 日至 17 日　阳原县龙普陶瓷有限公司经中国进出口商品质量认证中心河北省评审中心专家审核组审核，通过 ISO9002-1994 目标质量体系认证，成为全县第一家获此认证企业。

是年　县总工会开始在全县企业和职工中实施"经济技术创新工程"。

是年　小长梁遗址作为当时古人类活动最北端的见证，被镌刻在北京中华世纪坛象征中华人类历史的青铜甬道的第一阶上。

2001 年

3 月

3 日　由省国土资源厅处长殷春生、高级工程师王英豪组成的关井压产领导小组到阳原县检查验收 2000 年度关井压产工作。副县长申全民与煤炭、地矿等部门负责人陪同检查。

5 日　阳原县地税局西城所、一瓷三成型、四成型车间，电信局团支部、供水总公司等 10 个青年文明号集体开展爱心助学活动，向特困生捐赠 2300 多元的学习用品。

是月　召开阳原县安全生产工作会，表彰 2000 年度安全生产先进集体和个人，县直各单位、各乡镇签订 2001 年安全生产责任状。县委副书记李青春、政府副县长申全民出席会议并讲话。

4 月

是月　县总工会在全县企业职工中开展向"新时期职工楷模"赵国锋学习、争先进创一流活动。

5 月

18 日　在第十八届河北省经济贸易洽谈会上，美国唯科国际投资公司与阳原县政府签订独自出资 230 万美元新上膨润土开发加工项目。

20 日　阳原县召开乡镇企业改制工作会。会议明确改制企业范围为全县所有乡镇、村办集体企业，以产权制度改革为核心，以拍卖为主，辅以租赁、破产等多种方式进行改制。县委副书记李青春、县委常委张存英、副县长赵义忠分别讲话。

29 日至 31 日　中国教育电视台《中国教师》栏目组到阳原采访身患肝癌、坚持教学的化稍营镇狼洞沟小学教师石金龙。

30日　由省总工会副主席赵明晨、副部长李中伟等人组成的省安全检查团，到阳原县开展安全生产工作检查。

6月

是月　中国教育电视台台长李鹏一行52人到阳原，与阳原教育系统共同举办庆祝建党八十周年联谊活动，并捐赠2台远程教育接收器和图书、电视机等。

7月

25日　阳原县乡镇企业产权制度改革现场会在东城镇召开。县长王发、县委副书记李青春、县委常委张存英、副县长赵义忠出席会议，东城镇党委书记薛培英介绍东城铸钢厂改制经验。

8月

4日　美国雅士佳汽车零件有限公司总经理国内董事长汤姆等一行3人到阳原县机械厂考察。该公司是阳原县机械厂多年的合作伙伴，机械厂从1994年开始通过该公司实现2100多万元的产品出口。

9日　阳原县三义庄铁锌矿进入试投产运行阶段。

是月　河北省总工会在阳原县私营企业永盛纸箱厂召开工资集体协商现场经验交流会。

是年　泥河湾遗址群被国务院公布为"全国重点文物保护单位"。

2002年

3月

是月　县总工会对县第一瓷厂等37个先进基层工会、43名优秀工会干部进行表彰，命名县第二瓷厂成型车间乙组为"职工经济技术创新工程安全生产示范岗"，第一瓷厂孙志义、机械厂全瑞军为"经济技术创新先进个人"。

5月

30日　县总工会参加市总工会会议，研究非公有制集体企业合同工作。

8月

15日　县总工会主要负责人参加市总工会召开的私营企业工会工作会议。会议对新建企业和私营企业工会工作进行部署。

是月　实行机构改革，对乡镇工会主席进行调整。

是月　县总工会在全县各系统工会和基层工会开展《工会法》和《河北

省实施工会法办法》知识竞赛。

9月

10日　张家口第一家青饲料加工厂——英华农牧发展有限公司在阳原建成，日可加工鲜苜蓿100吨。

10月

29日　县委、县政府召开全县基础教育工作会议，作出《关于加快基础教育改革与发展的意见》，确立"以县为主"的教育管理体制，表彰"双基"先进个人和阳原县"十佳教师"。

是月　县城开通公交线路。

11月

10日　在阳原县揣骨疃镇举行芦大公路通车及乡乡通油路剪彩仪式。张家口市市长张宝义、副市长侯亮、阳原县委书记王发、县长王忠富出席剪彩仪式。芦大线公路（揣骨疃至大田洼）全长60公里，总投资6000万元。

15日　省国土资源厅副厅长、党组副书记祁兰夫，市国土资源局局长明才，到阳原县检查煤矿治理整顿工作。

是月　由香港宝莲禅寺捐资58万元兴建的赵朴初纪念希望小学在西城镇黄粮坡村落成，中国书法家协会主席沈鹏题写校名，雕塑家严友人、李含美合塑赵朴初头像。

是年　县总工会与县教育局联合举办"通讯杯"职工篮球赛。

是年　阳原县总工会被河北省总工会命名为"劳动福利事业先进集体"。

是年　马圈沟遗址发掘成果收入国家文物局主编的《2001年中国重要考古发现》，泥河湾遗址群被确定为"国家级自然保护区"。

2003年

1月

是月　县总工会制定《目标管理考核办法》《领导干部廉洁自律实施意见》《规范公务接待的实施意见》等多项制度。

2月

25日　首钢特钢公司党委书记、董事长李惠顾、经理办主任梁玉洁一行到阳原县机械厂、龙普陶瓷有限公司考察生产经营情况。

3月

13日至14日 县长王忠富率县有关部门和企业负责人赴首钢进行洽谈。签订首钢焦化厂给县机械厂50吨加工业务和首钢运输部、第三炼钢厂给县农机修造厂100吨机加工业务两项合同，县二建公司与首钢建设集团有限公司达成建筑合作意向协议。

4月

是月 县总工会发出《关于在"非典"防治中进一步发挥工会组织积极作用的通知》，号召全县职工积极行动，开展以"抗非（典）增效保过半"为主题的社会主义劳动竞赛。

9月

25日 召开阳原县第十五次职工代表大会，出席代表55人。大会听取县总工会主席李永富所作的《努力实践"三个代表"团结带领全县职工为全面建设小康社会而奋斗》的工作报告，选举产生第十五届委员会委员17名。委员会第一次会议选举产生常务委员9名，李永富当选主席，韩国才、张秀文当选副主席。

10月

9日 县总工会参加市总工会在宣化县召开的推进再就业工作现场会。

9日至10日 原国家教委主任朱开轩到阳原县调研。

11月

是月 县总工会会同县安检局开展"安康杯"竞赛活动，开展安全生产技能培训。

12月

是月 阳原县委副书记参加市总工会召开的各县区主管工会工作副书记联席会议。

是年 阳原县个体工商户发展到5824家，私营企业106家，注册资金22787万元，从业人员8475人。

2004年

3月

是月 按照省、市总工会部署，开展"基层组织建设年"活动。成立阳原县基层工会组建领导小组，县委副书记担任组长，制订《关于开展"基层组织建设年"活动的实施方案》。

是月　阳原县第三中学召开第一届教职工代表大会。41名代表全部参加，提交提案四十条，涉及教育、教学、管理、后勤保障、评优晋级、职工福利等方面。

4月

23日　阳原县委副书记参加市总工会召开的各县区主管工会工作副书记第二次联席会议。

是月　县总工会与县教育局联合举办"五一·中行杯"职工篮球赛。

是月　县总工会在全县职工中开展捐"一日工资"扶贫助困募捐活动。全县120个单位的职工捐款98812元。

6月

是月　制定《阳原县人民政府与县总工会联席会议制度》。

是月　县总工会成立阳原县困难职工帮扶中心。

7月

是月　县总工会建立与乡镇党委联系制度、基层组织建设指导员制度和通报督查信息反馈制度。

8月

是月　县总工会制订《开展职工技术创新、振兴工业企业活动实施方案》。

9月

是月　仁恒精细黏土公司成立。该公司由浮图讲乡与浙江长兴仁恒化工有限公司签约，主要从事膨润土开采加工。

是年　西城镇被省总工会授予"基层组织建设先进单位"称号。

2005年

3月

31日　阳原县召开经济工作会议，贯彻落实中央和省、市经济工作会及县委八届三次全会精神，按照全市"提速、增效、进位"的总要求，分析当前发展形势，部署全年经济工作，表彰2004年度民营企业纳税大户、出品创汇企业和服务民营企业经济及项目工作先进单位。县委书记郭有富、县长郭英分别作出讲话。

4月

7日　县教育局党委召开温国斌同志先进事迹报告会，局机关全体干部和县直学校支部代表参加会议。县教育局扶贫干部温国斌介绍自己多年来的扶贫事迹。

5月

27日　县总工会主席李永富参加张家口市总工会召开的"以税代征"工会经费座谈会。

6月

30日　县总工会主席李永富参加张家口市总工会召开的"基层组织建设规范年"工作会议。

9月

1日至2日　河北省总工会党组书记、常务副主席马兰翠到阳原视察陶瓷业和皮毛加工业。

10月

14日　河北省总工会党组书记、常务副主席马兰翠率省督导组一行6人，到阳原县总工会进行工作督导。

12月

16日　县总工会主席李永富参加张家口市总工会召开的县、区工会经费审查工作会议。

是年　县总工会开展为困难职工排忧解难"捐一日工资献一份爱心"活动，全县捐款9.8万元。

是年　县总工会与市总工会签订加强工会基层组织建设目标责任书。全县基层工会发展到396个，会员21015人，占职工总数的81.7%。

年末，全县皮毛加工企业和摊点达到1500家，其中销售额500万元以上企业7家。从业人员5万人，年加工碎皮800吨。阳原县成为全国最大的碎皮加工基地。

2006年

1月

是月　县总工会制订2006年机关效能建设实施方案。

4月

10日至12日　阳原县创建依法治校达标县工作通过省教育厅验收。

7月

是月　阳原县总工会建立企业劳动安全卫生专项集体合同制度：由企业工会代表职工与企业法人进行平等协商并经职工代表大会审议通过，签订劳动安全卫生专项集体合同。

是月　投资6100万元的京原万吨列车装运项目建成投产。

8月

18日　阳原县召开安全生产工作紧急会议，贯彻落实市委、市政府一系列会议精神，对全县安全生产工作特别是矿山企业的安全生产进行动员部署。

9月

是月　县总工会派员参加张家口市总工会召开的2006年统计工作会议，并接受统计程序软件操作技术培训。

是月　县委、县政府召开全县教育工作会议。会议出台《关于教育工作的决定》，表彰首批十大名师。

10月

是月　县总工会会同县安检局发出《关于发挥职工群众监督作用促进企业安全生产的通知》。

是月　县总工会在县城南关文化广场举办重阳节健身舞、太极拳、花鼓、象棋、门球、交际舞6个项目的老年体育比赛。

11月

9日至10日　张家口市依法治校现场会在阳原县召开。

12月

是月　县总工会制订《开展法制宣传教育第五个五年计划和实施方案》。

是年　县总工会组织开展"首席员工""金牌工人"争创评选活动。

是年　阳原县依法对县第一瓷厂、机械厂、农机修造厂三家企业实施破产。

2007年

2月

是月　国家安全生产监察专员金兆明等在省、市领导陪同下到阳原县检查指导煤矿工作。

3月

是月　成立阳原县维护职工队伍稳定领导小组。

4月

是月　县总工会组织各基层工会开展企业特困职工基本情况调查和金秋助学活动摸底调查。

是月　在张家口市庆祝"五一"暨劳动模范、模范集体表彰大会上，阳原县王文杰等7人获得"张家口市劳动模范"称号，阳原县屈氏皮草有限公司等5家企业获得"张家口市劳动关系和谐企业"称号。

5月

18日　县总工会和县教育局举办"迎奥运"职工学生长跑比赛。

9月

5日　召开阳原县慈善总会文芳教育促进会成立暨表彰救助会。52名学生和10名教师受到表彰救助。

是月　县总工会成立法律援助工作站。张秀文担任站长。

10月

是月　举行首届中国·阳原国际毛皮节暨中国阳原皮毛大市场开业庆典。

是年　县总工会制定《劳动模范管理制度》。

2008年

1月

14日　阳原县召开全县职工重大疾病医疗互助活动动员会，宣布《开展职工重大疾病医疗互助活动的通知》，安排全县职工重大疾病医疗互助工作。

是月　阳原县启动职工重大疾病医疗互助活动，9740名职工参加，筹集互助金35.064万元。

3月

10日　阳原县召开经济工作会议，总结2007年全县经济工作，提出2008年经济发展目标、建设项目。县委、县政府联合表彰2007年度经济工作先进集体和个人。县国通煤炭运销有限公司等5家纳税1000万元以上企业获纳税贡献金奖，县龙阳钙灰厂等5家纳税500万元以上企业获纳税贡献银奖，北元毛皮有限公司等5家企业评为"出口创汇先进企业"，广电局等31个单位评为"项目工作先进单位""优胜单位"或"优化发展环境先进单位"。

是月 县总工会在全县企业中开展"争创工人先锋号"和"创建学习型组织，争当知识型职工"活动。

4月

是月 县总工会举办"迎奥运"职工健身环城长跑比赛。

6月

25日至27日 县总工会派员参加张家口市总工会与市协调劳动关系三方共同举办的工资集体协商专题培训。

是月 全县形成以煤炭运销、皮毛加工、矿产开发为重点的民营产业格局。民营企业达到8537个。1—6月，实现民营经济增加值85622万元，同比增长15.8%，实交税金25862万元，占财政收入的92.2%。

8月

是月 县总工会成立"奥运"安保下乡工作队。

9月

7日 市总工会经审委员会办公室主任、驻阳原县西城镇工作队队长王锁柱深入西城镇城内、南关、东关、西关四个村，对20户特困家庭走访慰问，发放慰问金和慰问品价值8000多元。

9日 县委、县政府作出决定，表彰2007—2008学年度16名模范教育工作者、54名先进教育工作者、126名优秀教师和30名师德标兵。同时表彰2007年教育督导评估、普及学前教育、普及普通话、普及特殊教育四项工作先进集体。

12月

22日 县总工会常务副主席李永富参加张家口市总工会召开的县、区工会财务工作调度会并汇报工作。

是年 县总工会制定《深入开展建设"职工之家"活动的实施细则》。

2009年

1月

16日至20日 代理县长谢海峰、常务副县长冀晓东、副县长赵爱民、人大常委会副主任祁桂梅带领政府办、公安局、财政局、审计局、发改局、建设局、商业总公司、工会等部门负责同志深入到化稍营镇、东城镇、建设局、商业总公司、县社、瑞克陶瓷公司部分特困职工家中慰问。

2月

是月　阳原县委九届五次会议和县人大十四届四次会议将职工重大疾病医疗互助列为全县民生工程。

3月

是月　县总工会会同县劳动社保局、工商联在全县开展"共同约定不裁员、不减薪"活动。

5月

是月　县总工会联合县发改局、环保局、建设局、中小企业局在全县开展"同舟共济保增长，建功立业促发展"系列劳动竞赛活动。

6月

是月　县总工会制订《关于开展察实情、摸实底、建实账大调研活动实施方案》，成立领导小组，启动调研工作。

8月

27日　阳原县磷矿、弘州雕刻工艺总厂、造纸厂三家企业破产终结。

10月

是月　县总工会通过河北省总工会的县级工会规范化建设达标验收。

12月

是月　全县14个乡（镇）均成立总工会。100多家单位获得县"模范职工之家"称号，县地税局等30个单位被命名为省、市"模范职工之家"。

是年　县总工会会同县委组织部制定《关于推进乡镇总工会建设的实施方案》和《关于进一步加强党建指导员和工会组织队伍的实施意见》。

2010年

3月

是月　阳原县地方煤矿收购接管协议签约仪式在县宾馆举行。县长谢海峰与山东肥城矿业集团张家口能源有限公司总经理孙清源签署煤矿接管协议；总经理孙清源与赵家沟煤矿、黄土梁煤矿、东城煤矿签订地方煤矿收购协议。

4月

是月　县总工会派员参加张家口市总工会召开的全市工会系统信息工作会议。

5 月

26 日　阳原县举办全民健身职工长跑比赛，全县 47 个单位、634 名职工参加比赛。

是月　按照市政府安排，县长谢海峰、副县长郝迎光带领政府办、工业和信息化局等部门负责人，赴北京参加"张家口市投资环境说明暨产业招商项目推介会"，就陶瓷产业淘汰落后产能节能技改扩建项目与唐山市达鑫瓷业有限公司签约，项目总投资 2.5 亿元。

6 月

7 日　县总工会派员参加市总工会召开的《张家口市工会志》编纂工作动员会。

24 日　市政协副主席袁秀平一行到阳原县调研《就业促进法》贯彻情况。调研组到皮毛大市场、宏明电器城和屈氏皮草有限公司就农村劳动力转移就业和下岗职工创业工作进行调查，听取常务副县长冀晓东工作汇报。

29 日　举行"中国·阳原陶瓷工业园区"奠基仪式和"北京华鼎通宝科技·泥河湾陶瓷公司隧道窑节能技改项目"签约仪式。张家口市人大常委会主任曹英忠、市政协主席乔登贵、副市长宋文玲、罗建辉出席奠基和签约仪式。

2011 年

1 月

是月　按照张家口市委组织部《关于调整 2010 年度县区党政领导班子年度考核定量指标体系的通知》要求，市总工会考核组对阳原县 2010 年企业工资集体协商工作进行考核。

3 月

是月　县总工会与市总工会开通视频会议系统。

5 月

19 日　举办全县"全民健身·职工长跑运动会"，732 名职工参加。

9 月

6 日　县总工会常务副主席李永富参加张家口市私营企业工会联合会召开的推荐百家民营企业会议。

23 日　县总工会派员参加张家口市总工会召开的 2011 年度全市工会系统

统计工作会议。

10 月

31 日　县总工会常务副主席李永富到张家口市总工会参加中华全国总工会、河北省总工会召开的创先争优暨推进工会组织建设视频会议。

2012 年

3 月

28 日　《张家口日报》刊登马圈堡初级中学教师杨润军照片与事迹。杨润军被评为 2011 年度全市教育系统"十大新闻人物"。

4 月

是月　县总工会困难职工帮扶中心改建为职工服务中心，承担信访接待、法律援助、困难帮扶、大病互助、技能培训、就业推介六项基本职能。

5 月

22 日　举办全县职工长跑比赛，700 多名职工参加。

25 日　县总工会常务副主席郭满仓参加张家口市总工会召开的全市个体私营企业工会联合会推进会。

6 月

9 日至 10 日　阳原县中小学家长学校举行开班活动。

11 日　阳原达鑫陶瓷有限公司生产线通气点火，烧窑试产。

8 月

28 日　张家口市总工会组织部分离退休人员到阳原县参观泥河湾考古遗址。

9 月

2 日至 6 日　县委书记王彪、副县长赵爱民及皮管处等部门负责人赴上海参加中国皮革协会第七届理事会第二次扩大会议。会议授予阳原县"中国皮毛碎料加工基地"称号，县委书记王彪在授牌仪式上发言。

10 日　县委、县政府召开庆祝第 28 个教师节暨表彰大会，表彰 12 个教育工作先进单位和 140 名先进教育工作者、师德标兵，命名"阳原县第二届十大名师"。县委书记王彪讲话，要求全社会尊师重教，重振教育雄风。同日，县第三实验小学举行落成暨开学典礼仪式。

10月

10日　张家口市首家日用陶瓷隧道窑——达鑫陶瓷有限责任公司大型节能型轻体自动化隧道窑，在阳原县陶瓷工业园区投产运营。

31日　中国皮革协会专业委员会主席李庆元带领荷兰客商到阳原县考察毛皮动物养殖市场。

是月　县总工会开通"12351"职工服务热线。

2013年

2月

中旬　由中国教育电视台投资制作的30集大型电视纪录片《圆梦百年——中国义务教育百年纪实》在中央电视台播出，该片第20集《一面红旗》集中再现阳原县20世纪60年代初期普及小学教育情景。

3月

13日　县总工会在县职教中心举行"春风送暖"困难职工子女助学活动，资助10名品学兼优、家庭困难学生（一中、职中各5名）每人1000元现金。

8月

21日至22日　县总工会常务副主席郭满仓参加张家口市总工会组织的全市县区工会特色工作拉练式观摩交流活动。

10月

22日至23日　教育部离退休干部局局长安钰峰、副局长谢志敏、教育部体育协会副主席张燕军等一行46人到阳原开展2013年度"银龄园丁活动"，捐助化稍营中学羽毛球拍20副，资助30名贫困生30000元。

24日　县总工会常务副主席郭满仓到张家口宾馆参加全市工会系统学习贯彻全总十六大精神大会。

29日　张家口市总工会党组书记、常务副主席闫奋生到阳原县召开工资集体协商约谈会，并就落实2013年五项重点工作和学习贯彻全总十六大精神听取工作汇报。

11月

4日　县总工会常务副主席郭满仓参加张家口市总工会召开的全市困难职工档案信息录入工作视频推进会。

21日　张家口市2013年职业教育工作会议在阳原县职教中心召开。

12月

23日　县总工会常务副主席郭满仓参加张家口市总工会召开的2013年县区工会工作汇报会。

是年　阳原县委、县政府联合召开劳动模范表彰大会。

是年　县委、县政府联合发文，就企业事业单位建立职代会、实行厂务公开提出具体要求。

是年　阳原境内建于唐代的鹫峰寺塔被国务院公布为第七批全国重点文物保护单位。

是年　阳原国际裘皮城被评为"中国皮革行业品牌盛会最受欢迎专业市场"。

2014年

4月

4日　县教科局举行全县教育系统党的群众路线教育实践活动集中学习报告会，特邀张家口市政协常委、市委讲师团成员、市总工会原常务副主席朱立新到县做专题报告。

17日　县总工会2014年"春风送暖"助学行动资助仪式在县第二中学举行。资助36名学生每人1000元现金。县委书记王彪、常务副县长范玉江、县委办主任刘锋、县人大常委会副主任兼总工会主席张炳才、副县长孙莉、教科局局长薛建明出席资助仪式。

是月　县职教中心副校长冯廷瑞被张家口市教育工委、教育局联合命名为"2013年度张家口市教育系统十大新闻人物"。

5月

14日　县总工会常务副主席郭满仓参加张家口市桥西区举办的2014年工资集体协商集中签约仪式暨表彰大会，参加张家口市建会扩面、工资集体协商、劳动竞赛、依法维权推进会。

6月

是月　县总工会举办"达鑫杯"职工书画比赛。征集参赛作品155幅（书法作品92幅，绘画作品63幅），评选出86幅获奖作品（一等奖11幅，二等奖15幅，优秀奖60幅），辑印成册。

7月

3日至7日 县总工会常务副主席郭满仓到张家口市党员干部学院杏花沟校区参加全市工会主席读书班,重点学习马克思主义群众观科学内涵和全总十六大、省总十二大、市总二十三届十次会议精神。

24日 县总工会常务副主席郭满仓到怀来县、宣化县参加张家口市总工会组织的观摩交流活动。

8月

29日 县总工会常务副主席杨正贵参加张家口市总工会召开的2014年县区工会工作汇报会。

9月

是月 同梁堡中心校杨丹、泥河湾中心校李玲玉被河北省教育厅评为"感动乡村优秀特岗教师"。

10月

15日 县总工会常务副主席杨正贵参加市总工会组织的职工生活后勤保障"四提升"现场观摩会,实地参观张家口市大为纺织有限公司。同日参加市总工会召开的重点工作推进会。

2015年

2月

3日至4日 按照省委办公厅、省政府办公厅《关于切实做好2015年春节前保障农民工工资支付工作的紧急通知》要求,市总工会副主席周继文一行到阳原县对农民工工资支付情况进行督查。

10月

19日 张家口市家长学校工作阳原现场推进会在阳原县第三中学召开。

11月

12日至14日 中央国家机关工委委员、办公室主任常大光一行五人到阳原县进行经济和社会发展及扶贫工作调研。

2016 年

4 月

29 日　县总工会常务副主席杨正贵参加张家口市总工会召开的发放工会会员卡、推行普惠化服务工作动员培训会。

7 月

是月　阳原县职教中心被列入全国 10 所"授渔计划"项目学校，承担河北地区"授渔计划"贫困生的招生录取、教学管理等工作。

9 月

是月　阳原县东堡中心校冯志斌、泥河湾中心校王成峰，被省教育厅、财政厅、人力资源和社会保障厅联合授予"河北省优秀乡村教师"称号，给予 10000 元奖金。

10 月

26 日至 28 日　县总工会派员参加张家口市总工会举办的基层工会干部培训班。

2017 年

1 月

5 日至 6 日　中央国家机关工委副书记陈存根，委员、办公室主任刘涛，工委机关服务局局长贾义双，紫光阁杂志社社长闪伟强，工委办公室综合处处长张慧莹，办公室秘书二处干部曹立锋一行 6 人到阳原县进行调研慰问。先后深入化稍营镇泥河湾村、井儿沟乡上八角村慰问贫困户，深入县教科局学生资助管理中心和县一中云校教育平台进行调研。县委书记孙海东、县长李德、县委副书记王羽霄、张辉军陪同调研。

2 月

是月　阳原县第十一次党代会确立全县大力培育"两大两新四优"产业集群发展战略，即以泥河湾和毛皮为"两大"品牌，以新能源和新型建材为"两新"产业，以具有传统优势的陶瓷制造、矿产品精深加工、机械加工制造和特色种植业为"四优"产业。

5月

是月　张家口市总工会在怀来县召开县级工会规范化建设学习推进会，蔚县、阳原县、怀安县、万全区、尚义县、沽源县6个县区的工会负责人参加会议。

9月

5日　中央国家机关工委副书记、纪工委书记陈超英，办公室副主任于中城，纪工委办公室主任魏宏一行三人，在张家口市委书记回建等人陪同下，到阳原调研脱贫攻坚工作，在县学生资助管理中心调研大学生生源地贷款情况。

20日至22日，河北省总工会副巡视员王竹乐一行到涿鹿县、阳原县等县区考察示范性、达标型服务中心建设情况。

是月　河北省教育厅、人力资源和社会保障厅、总工会联合命名：揣骨疃中心校为河北省教育工作先进集体，县实验小学教师姬利清为河北省优秀教师、河北省中小学优秀班主任，县第一中学教师袁海清为河北省优秀教师，县第二实验小学张娟慧为河北省优秀教师。

10月

是月　县总工会提请省总工会验收规范化建设达标创优工作。

12月

是月　县总工会在阳原宾馆举行第二批特约商家签约授牌仪式。继2016年与阳原宾馆、新世纪电器城有限公司、金源加油站、华福商贸有限责任公司（常三百货）、阳原县煜豪生态农业发展有限公司（独山村）等5个商家签约之后，县总工会又发展西城化妆品世界、张家口易源北魏温泉有限公司、阳原温泉宾馆、三马坊康路温泉度假村、西城福昌超市、阳原当代电影院6个服务商家。

是月　县总工会规范化建设达标创优工作通过河北省总工会验收，认定合格。总工会职工服务中心被评为"河北省示范性服务中心"，获得奖金80万元。

2018年

1月

是月　县总工会召开签约商家座谈会，11个签约商家负责人参加。

2月

24日 阳原县学生资助管理中心被全国学生资助管理中心命名为"全国学生资助工作推荐学习单位",成为河北省唯一获此殊荣的县区单位。

是月 制订《阳原县总工会改革方案》。

3月

31日 《河北工人报》刊登郑军、仝辉文章《耿云山：幸福都是奋斗出来的》,文中介绍阳原县福利厂下岗职工耿云山身残志坚、自力更生的事迹。

4月

28日 县总工会提请县委、县政府召开庆"五一"暨劳动模范表彰大会,表彰11个模范集体和50名劳动模范。模范集体和劳动模范代表分别作典型发言,全体劳模向全县劳动者发出《倡议书》。县四大班子在家领导、各乡镇党委书记及工会主席、县直各单位负责人和工会主席、模范集体代表和劳动模范出席会议。会议由县委副书记王羽霄主持,县长李德讲话。表彰大会结束后举行庆"五一"文艺演出。

是月 县财政局、县总工会联合下发《关于做好财政拨款的行政事业单位上解工会经费的通知》,要求按本单位全体职工工资总额的2%预算工会经费,列入财政预算;工会经费40%上解县总工会,60%留本单位工会管理使用。

是月 县总工会联合县人社局、团县委、县妇联在泥河湾文化广场举办2018"春风行动"专场招聘会。招聘会以"聚力就业优先,助推脱贫攻坚"为主题,由北京市朝阳区人社局组织的11家驻京企业和驻阳原县周边地区15家企业,提供就业岗位1.3万个,初步达成就业意向近2000人次,其中与朝阳区企业达成初步就业意向417人次。

5月

18日 县总工会召开2018年度工会工作会。会议表彰20个2017年度工会工作先进集体。总工会常务副主席王首东作工作报告,总工会主席张炳才作讲话。

22日 县总工会分别在县实验小学和化稍营中心校举行"春风行动"助学仪式,对两所学校65名贫困学生进行资助,每生1000元。

7月

是月 县总工会到县交警队,为一线执警、窗口单位工作人员送去茶叶等防暑物品。县委常委、统战部长郝崇文,县人大常委会副主任、总工会主席张炳才,总工会常务副主席王首东参加慰问活动。

8月

是月 县总工会开展"夏送清凉慰问考古实习大学生"活动,为在阳原泥河湾石沟遗址进行考古实习的河北师范大学学生送去茶叶、防暑糖、矿泉水等物品。参加慰问活动的有县人大常委会副主任、县总工会主席张炳才,总工会常务副主席王首东,河北泥河湾遗址群保护区管理委员会常务副主任孙莉,副主任闫树启,河北东方人类探源工程首席科学家谢飞等。

是月 县总工会常务副主席王首东一行到揣骨疃镇香草沟村捐赠衣物。317件衣物全部由机关干部职工捐献。

9月

9日 七马坊中心校六马坊小学教师刘菊峰,作为张家口市唯一代表参加河北省庆祝第34个教师节座谈会。东城中学教师周丽琴被评为"河北省优秀乡村教师",获得10000元奖金。

10日 县委书记孙海东、县长李德联名致全县教师一封信,表示节日慰问。

是月 县总工会常务副主席王首东、副主席石利清、高智敏一行10人,深入到香草沟村开展"脱贫攻坚见行动,中秋慰问暖人心"活动,为109个贫困户送去中秋月饼。

是月 县人大常委会副主任、总工会主席张炳才一行4人,深入到困难职工家中进行中秋节日慰问,送去慰问金和月饼、米、面、油等物品。慰问困难职工33名,发放慰问金和物品总价值4万多元。

11月

23日 在张家口市职工代表大会上,县人大常委会副主任、总工会主席张炳才当选为出席河北省第十三次职工代表大会代表。

12月

27日 县总工会提请县政府和市总工会联合举办张家口市首届毛皮产业工匠人才职业技能大赛。120名毛皮产业职工参赛,分水貂拉尾、水貂整皮、水貂穿网、水貂整皮缝制、狐狸碎皮裁制、狐狸碎皮缝制六个小组进行比赛,36人获奖(金奖6人,银奖12人,优秀奖18人,分别给予每人2000元、1000元、500元奖励),并由阳原县人才领导小组授予"毛皮产业优秀人才"称号。本次大赛由县委组织部和县总工会承办,阳原国际裘皮城和中国邮政储蓄银行阳原支行协办。各县区总工会负责人参加。张家口市总工会党组书记、常务副主席张志刚出席活动仪式并讲话,阳原县政府县长李德致欢迎辞。

28日,《河北工人报》刊登高会坡、苏剑虹报道文章《"毛毛匠"大赛政府来发奖》。

是月　阳原县国际裘皮城有限公司被命名为"全国职工书屋示范点"。

2019 年

1 月

3 日　《中国教育报》刊登记者周洪松、通讯员程波文章《只要还有学生，我就会坚守大山》，报道阳原县揣骨疃镇香草沟村教学点教师马斌事迹。

30 日　《中国教师报》刊登记者韩世文文章《刘菊峰：19 个孩子的"包班教师"》，报道阳原县东城镇六马坊村小学教师刘菊峰事迹。

是月　县总工会召开学习全总"十七大"、省总"十三大"会议精神宣讲报告会，全总"十七大"代表、宣钢高级技师范秀川，省总"十三大"代表、县人大常委会副主任、县总工会主席张炳才，分别宣讲全总"十七大"和省总"十三大"会议精神。

3 月

是月　县总工会召开《阳原县工会志》编纂工作会议。

4 月

18 日　张家口市委教育工委、教育局联合作出《关于向优秀乡村教师刘菊峰同志学习的决定》。

是月　县总工会举办基层工会财务经审培训班，邀请市总工会三位相关人员，就《河北省基层工会经费收支管理实施细则》《工会经审工作》《工会经费收管用》等内容进行培训，全县各乡镇总工会、基层工会主席和财务人员共计 300 多人参加培训。

是月　由县总工会和县广播电视台联合举办阳原县庆"五一"首届职工广场舞大赛决赛，在县职教中心举行。14 个乡镇代表队和 10 个县直单位代表队参赛，分别决出一、二、三等奖各一名。颁奖仪式在泥河湾文化广场举行，对一、二、三等奖获得者颁发证书，分别给予 3000 元、2000 元、1000 元奖励。同时表彰优秀组织单位。

是月　县总工会领导班子深入阳原县弘阳机械厂、乐丰陶瓷有限公司、飞龙家具有限公司三家上百人民营企业，督导检查民主管理情况。

5 月

是月　县总工会开展贫困生慰问活动。对东井集、化稍营、揣骨疃、马圈堡、辛堡5乡镇120名单亲儿童、留守儿童、困难儿童进行慰问，送去书包、雨衣、文具等慰问品。

6月

是月　县总工会举办全县职工诵读比赛，喜迎中国共产党成立98周年和新中国成立70周年。16组选手通过决赛，决出3组获胜选手，分别给予1000元、800元、600元奖励，并颁发证书。

7月

是月　县总工会对139名省驻村工作队员进行慰问，每人发放价值500余元的慰问品。

是月　县总工会利用机关办公大楼三层和加盖的四层，建设职工活动中心。活动中心内设多媒体活动室、乒乓球室、羽毛球室和浴室等。

8月

29日　十九届中央委员、中央国家机关工委常务副书记孟祥锋视察阳原县学生资助管理中心。

是月　县总工会按照省、市总工会部署，开展在档困难女职工关爱行动，为2019年工会帮扶工作管理系统的国家级建档立卡5名困难女职工免费进行"两癌"（宫颈癌、乳腺癌）筛查。

9月

10日　县委、县政府联合召开全县教育大会暨第35个教师节庆祝表彰大会，命名表彰第三批阳原县"十大名师"和118名优秀教师、30名先进教育工作者。

是月　阳原县六马坊小学教师刘菊峰被教育部命名为"全国优秀教师"。

是月　河北省职工技能大赛毛皮加工（貂皮）决赛在阳原县国际裘皮城举行。来自辛集、唐山、衡水、保定、张家口等地6支代表队34人同台竞技，分17个竞赛小组，决出团体前6名和个人前10名予以表彰奖励。决赛由河北省总工会、人力资源和社会保障厅、科学技术厅、工业和信息化厅、住房和城乡建设厅、农业农村厅、卫生健康委员会、气象局、地质矿产勘查开发局联合举办，张家口市总工会承办，阳原县总工会协办。

是月　县总工会召开"不忘初心、牢记使命"主题教育动员会。

10月

是月　县总工会领导班子成员及"一包五"责任人在党组书记、常务副主席王首东的带领下，深入到包扶村揣骨疃镇香草沟开展"入户大走访"活动，开展"四个一"暖心行动，即为所帮户打扫卫生，办一件实事，同吃一顿派饭，宣讲一次政策。

11月

是月 县人大常委会副主席、总工会主席张炳才，在县宾馆为全县工会干部讲《王仲一与早期工人运动》党课。全县各乡镇总工会主席、县直单位工会主席和县总工会机关党员干部参加学习。

是月 县总工会召开第13期职工大病医疗互助活动启动仪式暨工会会员网上认证推进会。

是月 县总工会携手新世纪电器城与创维集团开展"节能换新双项补贴"普惠职工活动，每张补贴卡最高可抵1200元现金。

12月

17日至19日 教育部赴河北省督导检查组对阳原县义务教育均衡发展工作进行"国检"，阳原县通过检验。

是月 县第一中学工会举办"不忘初心、牢记使命"主题教育报告会，邀请中央民族乐团原党委书记、国家一级演员、中国戏剧梅花奖得主孙毅作报告。

是月 县总工会与县委宣传部、县电视台、县教育体育和科学技术局联合承办县委、县政府举办的阳原县首届冰雪运动会。

是月 县总工会举行2019年迎新年职工乒乓球比赛，28个代表队84名职工参加。县自然资源和规划局、县供电分公司、县公安局、西城镇代表队分别获得一、二、三、四等奖，县检察院、教师进修学校、交警队、司法局代表队获得优秀奖。

是年 国网阳原县供电分公司运维检修部主任杨榆、化稍营镇养牛专业户白瑞安和阳原县机关事务服务中心保卫股股长刘宝成被评为"河北省劳动模范"。

2020年

1月

是月 县总工会开展送福迎春活动。县人大常委会副主任、县总工会主席张炳才，县总工会常务副主席王首东，为一线职工送上"福"字春联。

2月

3日 《中国教育报》刊登通讯员赵有峰、记者张学军的文章《阳原职教中心德技并重育新人》。

是月　县总工会与团县委、县妇联联合行动，招募职工志愿者400名，参加新型冠状病毒感染疫情防控工作。24日，召开疫情防控志愿者工作推进会。之后，县疫情防控工作志愿者服务行动协调组对志愿者进行培训，将志愿者编为16个行动小组、2个防控队和1个宣传引导队开展工作。

3月

26日　县总工会召开会议，研究提请县委评选表彰扶贫、防疫两个领域模范集体和劳动模范事宜。县人大常委会副主任、总工会主席张炳才，总工会党组书记、常务副主席王首东，副主席石利清，兼职副主席周凤宝、赵春国参加会议。

是月　县总工会组织召开网络安全暨保密工作培训会，邀请县机要保密局赵永宏和县公安局网安大队赵敏作专题讲座，总工会全体干部职工参加。

4月

6日　《中国教育报》刊登记者张学军、通讯员韩志军报道《一所村小的"硬核"团队——河北阳原曲长城小学特岗教师掠影》。

5月

27日　张家口市总工会副主席王春霞带领宣教、文体等部门负责人到阳原县，就《张家口市县级工会2020年度工作评价办法》进行调研。调研组还为县自来水公司"职工书屋"进行授牌，并捐赠1万多元图书。

6月

24日　县总工会召开会议，专门研究2020年上半年工作和《工会志》资料搜集事宜。总工会党组书记、常务副主席王首东主持会议。

是月　县总工会利用"工会公众号"——阳原县就业服务中心发布就业招聘信息，并建立职工健身中心网上预约平台。

7月

6日　张家口市总工会党组成员、副主席胡建明，基层工作组织部部长凌蓬，财务和资产监督管理部部长李维民等一行5人到阳原县检查指导工作。检查组深入东城镇、马圈堡乡检查指导总工会规范化建设，并查看县总工会职工健身中心，召开座谈会听取城镇职工解困脱困、基层组织建设和财务工作汇报。县人大常委会副主任、总工会主席张炳才，副县长胡海飞，总工会党组书记、常务副主席王首东等人陪同检查。

21日　县总工会联合县就业服务中心开办为期14天的育婴员职业技能培训。培训班特邀爱佳佳职业培训学校教师讲课，80多名下岗职工、建档立卡贫困人口和未就业大学生参加培训。

22日　县总工会开展"夏送清凉"活动，县人大常委会副主任、总工会主席张炳才，总工会党组书记、常务副主席王首东等看望县住建局城管执法大队人员，送去夏凉被和茶叶等慰问品。

是月　县人大常委会副主任、总工会主席张炳才，深入包扶村辛堡乡龙凤坡指导扶贫普查工作并开展慰问活动。总工会党组书记、常务副主席王首东带领20多人深入包扶村香草沟指导扶贫普查工作并进行慰问。

8月

20日　县总工会开始职工滑轮培训。每期培训30人，为期5天，共举办3期培训。

25日　由阳原县委组织部主办，团县委、县总工会、县妇联协办的"原来有你·阳光的气息"青年人才联谊会在县宾馆举行。联谊会为50余名青年人才搭建交流平台。

26日　张家口市总工会党组书记、常务副主席赵光宇、宣教和网络工作部副部长杨金荣、基层工作组织部副主任科员王霆到阳原县进行工作调研。县人大常委会副主任、总工会主席张炳才，总工会常务副主席王首东，副主席石利清陪同调研。赵光宇一行到达鑫陶瓷有限责任公司、阳原县供水总公司、县职工服务中心和职工健身中心实地调研，之后召开座谈会了解情况。

31日　县总工会召开干部作风整顿工作动员会，印发《阳原县总工会干部作风整顿工作方案》，党组书记、常务副主席王首东作动员讲话。县干部作风整顿第四督导小组出席会议，组长李宏提出工作要求。

9月

2日　县总工会在机关办公大楼三楼多功能厅召开网上工会推进会，推广使用冀工之家基层工会服务平台。常务副主席王首东要求各乡镇总工会和各基层工会尽快完成冀工之家基层工会服务平台网上注册及信息发布工作。

4日　县委组织部、县总工会联合召开"党建带工建"工作推进会。非公经济组织和社会组织工委书记、乡镇组织委员等80余人参加会议。总工会党组书记、常务副主席王首东讲话。

9日　在第36个教师节来临之际，县委、县政府在县第一中学召开教师座谈会。县委书记孙海东、副书记王羽霄、副县长王会婵出席会议，县教体科局领导班子成员、县直各中小学校长和教师代表参加会议，县委书记孙海东讲话。

10日　县长李德、县委副书记王羽霄参加县职教中心庆祝教师节暨表彰大会。

14日　县总工会根据中央、省、市和全国总工会、省总工会工作部署，向全县工会组织和广大职工发出《关于厉行节约、反对餐饮浪费倡议书》。

16日　县总工会邀请单位离退休干部职工参观新建成的职工健身中心和多功能厅。之后，总工会领导深入未能参加参观活动的离退休干部职工家中进行慰问。

22日　河北省总工会法律工作部二级调研员耿香会在市总工会副主席胡建明的陪同下到阳原县开展工会工作调研，并对县总工会职工服务中心进行验收。耿香会先后实地查看县自来水公司、县总工会职工健身中心和服务中心，听取常务副主席王首东工作汇报。

是月　国庆节、中秋节来临之际，县总工会常务副主席王首东带领机关"一包五"帮扶责任人到香草沟村慰问贫困户，送去月饼等慰问品。

是月　县总工会与县摄影家协会联合举办迎国庆"古建遗存摄影展"，征集参赛作品909幅，评选出100幅优秀作品（金奖5幅、银奖10幅、铜奖15幅、优秀奖70幅）辑印成册。

是月　河北省人力资源和社会保障厅、教育厅联合印发《关于表彰河北省教育系统先进集体和先进个人的决定》，县第三中学被命名为"河北省教育系统先进集体"，县第四实验小学教师李成利被命名为"河北省优秀教师"。

10月

20日至21日　全国政协副秘书长、民进中央副主席朱永新，财政部科教和文化副司长吕建平，民进中央教育委员会主任、北京师范大学教育政策研究院执行院长张志勇，民进中央教育委员会委员、北京联合大学学前教育系主任姜继为，民进中央参政议政部一处副处长焦静等一行7人，到阳原县进行"农村中小学图书馆经费保障和质量监控机制"和"促进家庭教育发展"调研。

24日　县总工会举办"中国梦·劳动美——阳原县职工广播体操决赛"。来自县一中、二中、职中、实验小学的四支代表队参加决赛，县第一中学和实验小学分别获得第一名和第二名。

29日至30日　全市职工乒乓球比赛在阳原县全民健身活动中心举行。此次大赛由市总工会主办，阳原县总工会承办。县委副书记王羽霄出席开幕式并致辞，市总工会副主席王春霞宣布比赛开始。来自全市各县区的16支代表队参赛，比赛设男子团体、女子团体、男子单打、女子单打四个项目，决出男女团体前6名和男女个人前8名并给予奖励。

11月

12日 县职教中心聘请中职学校优秀毕业生、全国劳动模范、十九大代表、河北大工匠、张家口煤机段长祁峰到校为全体学生作励志报告。

20日 县总工会举行阳原县第14期职工重大疾病医疗互助活动启动仪式。全县各乡镇总工会、各基层工会主席共计160多人参加会议。县人大常委会副主任、总工会主席张炳才，总工会常务副主席王首东，副主席石利清出席会议。

12月

11日 县总工会特邀张家口市委党校市情教研室副主任、副教授，市委宣讲团成员吕丽梅到县，为各乡镇总工会和基层工会负责人宣讲十九届五中全会精神。

29日 阳原县第二届冰雪运动会闭幕。此次运动会由县委、县政府主办，县教体科局承办，县委宣传部、总工会等单位协办。

是月 县总工会职工服务中心被评为"河北省模范职工服务中心"，获得奖金30万元。

2021年

1月

12日 县总工会发出疫情防控《倡议书》，号召全县干部职工认真做好常态化疫情防控工作。

15日 县总工会会同县委组织部联合开展"送温暖"活动，慰问省、市扶贫驻村干部，送去价值5万多元的慰问品。

18日 县总工会在世纪广场小区组织覆盖全小区所有住户的核酸检测。上午9点到11点半，总工会出动工作人员及大学生志愿者现场调度，当日完成核酸检测近200人。

20日 县总工会常务副主席王首东、副主席石利清、职工服务中心王新爱等人为3名全国级困难职工和13名省级防贫对象送去米、面、油等春节慰问品。

27日至28日 县总工会主席张炳才，党组书记、常务副主席王首东等先后到中医院、县医院、县疾控中心、西城镇卫生院、县妇幼保健站和住建局城管执法大队菜市场防疫点看望疫情防控人员，送去口罩、春联、水果等慰问品。

28日　县总工会常务副主席王首东、副主席石利清及总工会包村第一书记靳世彬、驻村工作队员陈岚为包扶村香草沟送去防疫口罩和春联。

2月

2日　县总工会召开阳原县赴石家庄抗击疫情一线医护人员家属座谈会，并送上慰问品。总工会主席张炳才，党组书记、常务副主席王首东，卫健局副局长赵永贵，总工会副主席石利清等人参加座谈会。

9日　在春节来临之际，县总工会主席张炳才，党组书记、常务副主席王首东，副主席石利清等人到县供水总公司和广播电视台看望坚守岗位的职工，送去防疫口罩和春联等。

25日　县总工会会同县人力资源和社会保障局、团县委、县妇联、残联、退役军人事务局和县教职中心，联系北京30多家企业和驻县10多家企业，在泥河湾文化广场召开2021年春季招聘会。招聘会提供600多个岗位，1200多人达成就业意向。

3月

19日　县总工会召开党史学习教育动员会，安排全县工会系统的党史学习教育，下发《阳原县总工会党组开展党史学习教育工作方案》。县人大副主任、总工会主席张炳才以《一生不变的名字——共产党员》为题，为总工会全体党员干部上了一节党课，总工会党组书记、常务副主席王首东撰写了《以两会精神为指针，为两区建设做贡献》学习体会。

4月

16日　县总工会举办"听党话、跟党走"职工专题诵读比赛。由基层工会推荐的28组、77名职工参加比赛，16组进入决赛，其中县第二中学、实验小学、第二实验小学获得一等奖，其余13组获得二、三等奖。

20日　县总工会召开省部级以上劳模座谈会。县人大副主任、总工会主席张炳才主持会议，县委副书记王羽霄与大家分享在人民大会堂参加全国脱贫攻坚总结表彰会的经历。

26日　县总工会举办庆祝第131个"五一"国际劳动节、喜迎建党100周年"永远跟党走"职工文艺汇演活动。由32个基层工会选送的34个节目参加汇演，参演职工650多名。

5月

8日　县总工会开展"学习党史，致敬先烈，弘扬精神"主题党日活动，机关党员干部走进易县狼牙山五勇士纪念馆，参观红色教育基地，缅怀革命先烈，学习爱国主义精神。

29日　县总工会联合县妇联开展"六一"儿童节关爱活动，对95名孤儿进行慰问。

6月

20日　在党的百年华诞来临之际，县总工会联合团县委、县妇联共同举办"永远跟党走·唱支山歌给党听"职工歌手大赛。大赛分业余和专业两个组别，各决出一二三等奖。

7月

9日　市总工会二级调研员高海林、女工部部长张莉芳一行到阳原县调研"爱心妈妈小屋"建立使用情况。

12日　市总工会副主席李国民、经济部寇强、邱志刚一行三人到阳原县督导创新工作室创建工作。实地查看张模军、李师两个2020年评选的市级创新工作室和弘阳机械厂赵富民劳模工作室。县总工会常务副主席王首东、副主席石利清陪同督导。

15日　县总工会开展"夏送清凉"活动，陪同县委、县政府领导慰问高温下坚守岗位的交警、环卫工人和新冠疫苗接种医务人员。县委书记郝燕飞，县委常委、统战部长张应红，县委常委、县委办主任王建江，县人大副主任、总工会主席张炳才，政府副县长贾景宣、杨怿欣等出席活动。慰问职工436人，发放慰问品价值20余万元。总工会党组书记、常务副主席王首东，副主席石利清陪同慰问。

9月

8日　县总工会向县政府提交《关于建设阳原县劳动公园（广场）的请示》。

14日　县总工会党组书记、常务副主席王首东，副主席石利清带领部分干部职工参加在泥河湾广场举行的"全民反诈"防范电信网络诈骗集中宣传活动。

18日　县总工会党组书记、常务副主席王首东，副主席石利清等一行4人到大同市同煤集团拜访王仲一侄子、原大同矿务局工会主席晋珊元，深入了解王仲一的生平事迹。

30日　县政府批复，同意建设阳原县劳动公园。

11月

12日　县总工会与县民政局联合召开阳原县社会组织工作推进会，40多个社会组织参加。会议要求顺应以社会团体、基金会和社会服务机构为主体的社会组织快速发展的新形势，加强工会建会工作。县民政局局长张清江，县总工会党组书记、常务副主席王首东出席会议并讲话。

17日　县总工会召开全县工会宣教工作推进会，组织80多名基层工会人员参加会议。

18日　县总工会召开新当选的基层工会主席培训会，80多名工会主席参加。总工会党组书记、常务副主席王首东和副主席石利清分别授课。

25日　县总工会召开党风廉政警示教育大会，机关全体党员干部参加。县纪委派驻总工会纪检组组长宋瑞利出席会议并讲话。

12月

4日　县总工会举办十九届六中全会精神宣讲会，聘请市委党校副教授吕丽梅为机关全体干部职工及部分基层工会主席作讲座。

12日　县总工会举行"把一切献给党，劳动创造幸福"征文颁奖仪式。此次征文收到22位作者的77篇稿件，评选出一等奖3篇，二等奖5篇，三等奖7篇，优秀奖7篇，获奖作品辑印成册。县政协副主席李彩霞出席颁奖仪式。

16日　县总工会聘请县医院副院长张鑫为机关全体干部职工及部分基层工会主席讲解冬奥卫生健康知识。

26日　县总工会和县科学技术协会联合举办冬奥会知识竞赛，助力北京2022年冬奥会。125个基层工会参加竞赛。

2022年

1月

1日　总工会党组书记、常务副主席王首东，副主席石利清带领部分干部职工到疫情防控包联点世纪广场小区宣讲冬奥知识。

8日　县总工会党组书记、常务副主席王首东，副主席石利清带领部分干部职工到帮扶村香草沟宣讲冬奥知识。

15日　县总工会党组书记、常务副主席王首东，副主席石利清看望2名在档深度困难职工和相对困难职工。

22日　县总工会举行2022新春劳模座谈会。县人大常委会副主任、总工会主席张炳才，县总工会党组书记、副主席王首东，与省、市级劳动模范欢聚一堂，共话阳原发展变化，祝福北京冬奥会圆满成功。

29日　县总工会对节日期间坚守在境内高速路口、109国道、天走线道路等7个疫情防控检查站的357名一线执勤人员进行慰问。

30日　县总工会召开座谈会,对在崇礼区203名冬奥服务保障人员家属进行慰问。

2月

5日　县总工会组织干部职工观看第24届冬季奥林匹克运动会开幕式。

10日　县总工会下发《关于举办2022年全县职工冰壶培训班的通知》。从19日开始,为期3天的冰壶培训班正式开始,参加学员192人。

是月　县总工会会同有关单位举办全县第三届冰雪运动会,1000多名职工参加比赛。

3月

5日　县总工会派人看望县特殊教育学校残障学生,并带去生活用品。

26日　县总工会开展"劳模工匠进校园活动",邀请省级劳动模范李家钰、市级劳动模范白雪琴、方旭阳分别为实验小学、第五实验小学共计600多名学生宣讲十九届六中全会精神和中国共产党党史。

4月

24日　县政府第十一次常务会议议定:县劳动公园建设地点为南湖公园南门外西侧,占地4.8亩。项目实施主体为县总工会,公园建成后由县园林绿化管理中心负责后期管理工作。

28日　县总工会举行阳原县支援唐山、廊坊抗疫人员座谈会,并为外援人员发放慰问品。

29日　县总工会邀请县委宣传部、县文广新局、泥河湾博物馆、县住建局等有关单位人员,讨论阳原县劳动公园建设方案。

5月

1日　县总工会慰问县医院14名核酸检测实验室人员。

4日　县人大常委会副主任、总工会主席张炳才,县总工会党组书记、常务副主席王首东,先后到爱琴海宾馆隔离点、三马坊健康驿站隔离点、县驻市高铁站、飞机场疫情防控分流组进行走访慰问,给抗疫一线值守人员送去方便面、矿泉水、火腿肠、茶叶、保温杯等慰问品。

19日　县总工会组织全县工会会员参加"河北省职工云上运动会",全县组团92个,参赛职工3100人。

23日　通过三方询价,阳原县劳动公园由九泓国泰工程项目管理有限公司设计,深圳群伦项目管理有限公司做工程预算。

6月

1日 县总工会党组书记、常务副主席王首东，县妇联主席韩丽娜，总工会副主席闫晓华一行，先后到东井集中心小学、小石庄中心小学、井儿沟中心小学等地慰问困境儿童72名，送去书包和夏凉被等慰问品。

23日 省总工会权益保障部副部长李宾，市总工会党组成员、经审委主任郑波等一行4人，到阳原县进行"职工生活品质提升工作"专题调研。实地查看县总工会职工服务中心、健身中心，观看专题片，听取党组书记、常务副主席王首东工作汇报。调研组充分肯定阳原县总工会的各项工作，希望抓住机会，争取申报省、市级职工生活品质提升试点工作取得成功。县人大常委会副主任、总工会主席张炳才，总工会副主席石利清、闫晓华陪同调研。

29日 县总工会举行"迎七一·打卡红色教育基地"主题教育。赴张北县苏蒙俄烈士陵园祭奠烈士英灵，参观野狐岭要塞、"八〇二"演习纪念馆、德胜村村史馆。

7月

8日 通过三方询价，县总工会委托中科旭日建设集团有限公司对阳原县劳动公园建设项目以竞争性磋商方式进行政府采购。聘请东联建筑咨询有限公司为工程监理。

15日 阳原县劳动公园建设项目在河北政府采购网发布意向公告。

22日 市总工会主席武占强、副主席胡建明、财务部部长李维民和《河北工人报》驻张家口市记者站站长韩廷钰到阳原县调研。

25日 阳原县重点建设项目劳动和技能大赛木工、钢筋工决赛开赛。

8月

1日 县总工会举行"阳原县重点建设项目劳动和技能大赛"启动仪式。县委常委、常务副县长王学东，县委常委、统战部长张应红，县人大副主任、总工会主席张炳才出席。

同日 县总工会2022年"夏送清凉"慰问活动开始，对阳原县重点建设项目的300名建设者送去党和政府的问候。

2日 县总工会举行"工会公开日"活动。邀请10余名县人大代表、政协委员和优化营商环境监督员实地察看职工服务中心和健身中心，并征求对工会工作的意见。总工会党组书记、常务副主席王首东做情况介绍，县人大副主任、总工会主席张炳才总结讲话。

4日 县总工会会同县委组织部、团县委、县妇联、电力公司等有关部门组织"相约七夕"联谊活动，为60多名单身青年男女提供相互了解平台。

22日　阳原县劳动公园建设项目在县政府采购办备案。

29日　阳原县劳动公园建设项目在河北政府采购网、招采进宝河北专区发布竞争性磋商招标公告。

9月

1日　市总工会副主席郑波、法保部部长石艳芳一行5人到阳原县调研。

8日　中共阳原县委机构编制委员会对县总工会机构编制事宜作出批复：一、机关内设办公室、基层工作部。机关核定编制7名，其中行政编制3名、事业编制4名；科级领导职数3名、股级领导职数2名。二、设立阳原县职工服务中心，为县总工会所属事业单位，相当于股级事业单位，公益一类。核定事业编制17名，设主任1名、副主任2名。

8日　阳原县劳动公园建设项目经过评审委员会评定，确认张家口海宏建筑装饰工程有限公司为中标单位，中标金额为122.14万元。

9日　阳原县劳动公园建设项目中标公告发布。同日与张家口海宏建筑装饰工程有限公司签订施工合同。

11日　阳原县劳动公园建设项目获开工审批，同日开工。

10月

9日　上午8点，县总工会负责的十五片区（南街）举行疫情封控管控演练。该片区管控范围：东至东苑南路，南至弘州大道，西至西苑路，北至昌盛东街，共有大小路口51处，片区总人口4636人，其中平房区人口3749人。总工会党组书记、常务副主席王首东为责任人。封控管控演练至11日零时结束。

23日　县总工会负责的十五片区（南街）进行疫情封控管控。设置人力管控点4处，核酸检测点8个。封控管控至31日中午12时结束。

31日　县总工会召开党组扩大会议，专门研究如何将学习宣传贯彻党的二十大精神活动推向深入。会议决定抓好两项工作：一是聘请专家教授在全县工会系统开展集中宣讲、现场辅导，组建宣讲团发动劳模、工匠进机关、进企业、进乡村、进学校、进社区开展宣讲活动；二是充分利用工会职工服务网、微信公众号、微信工作群、LED大屏、明白纸、宣传挂图、手机APP等各类宣传平台进行宣传。

11月

4日　县总工会召开学习宣传贯彻党的二十大精神劳模座谈会，会上成立阳原县学习宣传贯彻党的二十大精神劳模工匠宣讲团。

8日　县总工会负责的十五片区（南街）进行疫情封控管控。设置人力管控点 3 处，核酸检测点 8 个。封控管控至 14 日 17 点时结束。

17 日　县委第三巡察组巡察县总工会动员部署会在总工会会议室召开，第三巡察组全体成员及县总工会全体干部职工参加会议。巡察组组长郭春英作动员报告，总工会党组书记、常务副主席王首东作表态发言。

是月　县委免去王首东总工会党组书记、常务副主席职务（因年龄关系），晋升王首东为一级主任科员，主持总工会工作。

2023 年

1 月

6 日　县总工会慰问 2 户在档困难职工。

10 日　县总工会对西城、化稍营、东城、浮图乡、高墙、马圈堡 6 个乡镇疫情防控人员进行慰问。组织劳模工匠宣讲团开展二十大精神进乡村、进机关宣讲活动。

同日　县总工会对电力公司、自来水公司、消防大队、融媒体中心、县医院、中医院等单位春节期间坚守岗位的一线职工进行慰问。

11 日　县总工会召开省、市劳模和工匠人才座谈会，并对与会人员发放慰问品。

12 日　县总工会主要负责人王首东、副主席石利清等人到包扶村香草沟进行慰问，为村民送去 260 多副挂历、春联。

2 月

5 日　县总工会在县城泥河湾广场举行党的二十大宣讲活动，通过发放明白纸、挂历和现场讲解的方式，向广大市民进行宣讲。

同日　由县人力资源和社会保障局、总工会、工业和信息化局、民政局、交通运输局、卫生健康局、乡村振兴局、团县委、妇联、残疾人联合会共同承办的阳原县 2023 年"春风行动"现场招聘会在县城泥河湾广场举行。招聘会吸引北京、崇礼等外地和阳原本地 28 家企业参加，提供 3920 个就业岗位。7000 多人前来应聘，499 人达成意向性就业协议，46 人找到合适工作。

3 月

5 日　县总工会联合县委宣传部、文明办、团县委、教体科局、慈善义工联合会在泥河湾广场共同举行"学雷锋志愿服务月活动启动仪式"。一级主任科员王首东向志愿者发出学雷锋志愿服务倡议，工会工作人员发放了普法图书。

12 日　县总工会在泥河湾广场开展《保障农民工工资支付条例》实施三周年宣传活动，现场发放资料 500 余份。

25 日　阳原县劳动公园举行开园仪式，园内塑有 6 名阳原县籍名人雕像。市人大常委会副主任、总工会主席武占强出席开园仪式并宣布开园，市总工会副主席郑波讲话。县长何景明、县人大常委会主任张建斌、政协主席郝崭文、县委常委县委办主任马志忠等领导和全县基层工会主席参加开园活动。王仲一侄子晋珊元代表阳原籍名人亲属发言。17 位阳原籍名人王仲一、张子林、崔国良、高全宽、田玉印、武明亲属参加。

同月　县总工会聘请张家口四合会计师事务所有限公司对 25 家基层工会进行经费审计。

4 月

1 日　县总工会劳模工匠宣讲团开展二十大精神进乡村宣讲活动，工匠人才张永军为香草沟村民进行宣讲。

2 日　县总工会全体人员赴怀来县董存瑞纪念馆，开展缅怀革命先烈、赓续红色血脉主题党日活动。

12 日　县总工会在化稍营镇开展精神文明实践活动，并举行二十大精神进乡村宣讲。

28 日　县总工会在泥河湾广场举行学习宣传贯彻党的二十大精神职工文艺演出，18 个单位的 160 多名职工参加活动。

5 月

18 日　县总工会在泥河湾广场开展普法宣传。

20 日　县总工会召开十七届四次全委扩大会议，选举产生出席市工会第 25 次代表大会代表。

同日　县总工会聘请市委党校副教授吕丽梅到县，为全县基层工会主席宣讲二十大精神。

6 月

1 日　县总工会一级主任科员王首东带领省级劳模李玉喜、办公室主任陈岚和基层工作部长赵燕梅到辛堡乡小关村开展二十大精神进乡村活动。

同日　县总工会一级主任科员王首东和办公室主任陈岚、基层工作部长赵燕梅到辛堡乡榆条沟九年一贯制学校参加"六一"庆典，并为 400 多名寄宿生送去书包、床单和洗手液。

16 日　县总工会在泥河湾广场开展安全生产宣传月活动。

23日　县总工会与县教体科局在县职教中心联合举行河北省首届全民健身大会暨2023年度阳原县首届象棋大赛，48名选手参赛，决出一等奖3名，二等奖4名，三等奖5名。

29日　县总工会会同县委组织部在泥河湾广场举办"欢庆建党节，经典颂党恩——阳原县职工庆祝中国共产党成立102周年诵读大会"，19个单位58名职工参加演出。

特载

从阳原走出的中共早期工运领导人王仲一

王仲一（1901—1931）曾名振一、振翼、震异，字壮飞。1901年8月出生于山西省天镇县小盐厂村（今属阳原县）一个富农家庭。祖父中过秀才，父亲王玉珂在本村开酒坊，四叔王玉璇早年留学日本，后任山西省议会议员。

王仲一七岁时与四叔之子王振钧（后追随孙中山参加辛亥革命，任国民党青年部长，二十年代中期在南京国民党一次高会上遇害，遗骨葬于中山陵）在本村上私塾，后就读于东井集阳高县第二高等小学堂。毕业考试作文题目是《变法论》，王仲一在文章中提出要改朝换代，认为当代热血青年应勇于探求救国救民真理。高小毕业后，兄弟二人又一起考入大同第三师范学校。王仲一后来转学到太原山西省立第一中学。

王仲一

1919年，"五四"革命运动席卷全国。山西大学、山西政法专科学校、太原一中等大中学校相继成立学生会。5月7日，3000多名爱国学生在太原文瀛湖公园集会，王仲一、贺昌、张友渔等进步青年在会上发表演说，发起组织省学联。学生们罢课游行，焚烧日货，一扫古城往日的沉闷。不久，王仲一被派到北平搞联络工作，结识北京大学学生会干事高君宇和北京大学文学院学生会负责人罗章龙，并初次读到《共产党宣言》《资本论入门》《共产主义ABC》等一些马克思主义著作和《列宁传》《俄国革命纪实》等进步书籍。8月，在高君宇支持下，王仲一、贺昌等人在太原创办《平民周报》。他们无情地抨击阎锡山的血腥统治，反映各地人民的疾苦，为太原地区的革命形势推波助澜。《平民周报》一直出到第七十八期。

1921年春，王仲一又去北大，经高君宇、罗章龙介绍，成为李大钊倡导创办的马克思学说研究会通讯会员，聆听过李大钊的讲演。

1921年5月1日，在高君宇的支持下，王仲一、贺昌等七人在太原一中秘密集会，成立太原地区社会主义青年团，王仲一被推举为第一任团小组长。社会主义青年团建立伊始，适逢五四运动两周年纪念日，太原学生和各界人士纷纷集会。团小组在王仲一带领下，分四路到全市秘密散发《共产党宣言》2000余份，震动省城。为了扩大影响，他们开办晋华书社，组织青年学会，从而使更多的青年团结在团小组的周围。团小组被誉为太原地区的马克思主义传习所。1921年夏，王仲一以陪取生第一名考上清华大学留美预备班，但因从事革命活动，最终放弃留美机会。这年秋天，中共北京大学支部批准王仲一转为中共党员，他是中国共产党最早的党员之一。

由于阎锡山的白色恐怖，王仲一被迫离开山西到北京。经高君宇介绍，直接受李大钊领导，奔赴全国各省和大铁路线，发动组建基层党组织，策划工人农民暴动和铁路工人大罢工。1921年年底，王仲一以中国劳动组合书记部特派员的身份，先后到京绥、京汉、京奉、道清、津浦铁路和开滦、焦作煤矿做工人运动工作，参与创建长辛店铁路工人补习学校和俱乐部。1922年4月，到唐山从事交通大学的建党建团工作。因他粗犷质直，好打不平，工人们亲切地称他为"王提辖"。

1922年5月，王仲一作为北方区代表，出席在广州召开的社会主义青年团第一次全国代表大会。会后秘密回到太原，发动大国民印刷所第一次罢工斗争。同年秋天，他到江苏省浦口镇机厂开辟党的工作，与该厂机匠师傅王荷波、浦口车务段行车司事王国珍，组成江苏省第一个党小组——浦口党小组。10月，唐山铁路大厂厂方阴谋出动300多名警察镇压罢工工人，王仲一受北方区委派遣，从浦口赶往唐山，组织工人挫败了厂方的阴谋，保证了京奉路罢工的全胜。

在1923年的"二七大罢工"中，王仲一以北方区工委代理书记的身份参加了罢工最高领导小组，与罗章龙、何孟雄、高君宇等驻守北京前门车站，负责郑州以北的联络工作。2月9日，他又星夜赶到浦口，与津浦路工会主席王荷波发动了有数千名工人参加的浦口卧轨斗争，使津浦路南段交通中断，支援了京汉路工人大罢工。之后，党派王仲一到上海，任中共上海地方兼江浙区执行委员会委员。6月，他与徐梅坤作为江浙区代表，赴广州参加中共三大。会后回上海主抓工运。9月，到北平参加中共北方区民族工作委员会工作。参与创建北平蒙藏学校党组织，并多次到内蒙古地区开展革命活动。

1924年，王仲一受中共北方区委和中国劳动组合书记部派遣，到张家口开展工作。他与何孟雄等人把张家口的党小组由一个扩至三个，创建了京绥铁路党支部。6月，他主持成立了张家口市工人俱乐部，即张家口市总工会前身。后与江浩组织了张家口第一个地方党支部，王仲一任支部书记。1925年9—10月中共四届二中全会扩大会议决定成立张家口地委，肖三任地委书记，王仲一任组织部长，江浩任宣传部长。这是中国共产党在长城以北建立的第一个地方委员会。两月后，肖三调回北方区委，王仲一接任地委书记。这年冬天，王仲一获悉铁路工人已三个月未发工资，便提出"要小米，饱肚子"的口号，直接领导工人的索薪斗争，并取得胜利。与此同时，张家口华北电灯公司工人也决定开展"反日增资"斗争。王仲一代表电灯工会起草《罢工宣言》和《劳动互惠合同》，提交工人秘密讨论，并派代表与资方交涉。斗争迫使资本家答应了工人的要求，工人们第一次争取到享受教育和监督经济的权利。

1926年4月，王仲一改任张家口地委组织部长兼工委书记。6月，地委抽调各业工会骨干130余人协助冯玉祥国民军西撤。王仲一在西撤途中被晋系军阀逮捕。获释后，有人劝他不要革命了，他说："我活着就是要干革命。革命者哪有怕坐牢的，坐牢不也是为了革命嘛！"他前后七次被捕、坐牢，但革命意志更加坚定。不久，李大钊根据中共中央指示，选择北方区一批骨干，支援武汉及南方数省工作。王仲一先到上海总工会，后调武汉中央局、湖北省委、汉口市委作宣传和工运工作。

1927年7月，国共分裂，王仲一随周恩来到南昌，被派到贺龙率领的国民革命军第20军做政治工作，参加了"八一"南昌起义。不久，中央又派他到天津工作。9月，蔡和森主持召开顺直省委改组会议，王仲一任省委常委。会后，顺直省委根据北方局的"暴动计划"，举行了一系列暴动，使党组织遭到严重破坏。

1928年6月，王仲一出席在苏联莫斯科召开的中共六大，被选为候补中央委员。1928年11月20日召开的中央政治局扩大会议认为，"因顺直之错误，和森同志及藻文、仲一同志应负最严重之责任"，决定将他们分别开除出中央政治局和中央委员会。除蔡和森的处理因共产国际的反对而不能成立外，对王藻文、王仲一的处理得到1929年6月25日召开的六届二中全会的追认与批准。

1930年5月，党内开始了李立三"左"倾机会主义统治。同年10月30

日，中央通知全党，开除王仲一党籍。时值六届三中全会后一个月、四中全会前两个月，这是一段极为复杂的历史时期，共产国际的干涉，打乱了中共中央纠正"左"倾错误的进程。就是在这样的情况下，王仲一信仰不变矢志不改，奔赴天津与韩符林（后成为革命烈士）等人一起办医院开旅店，接济与党失去联系的同志。

1931年年初，王仲一离开上海到天津。2月16日凌晨，他在天津三条石慈惠医院被捕，后被作为"匪魁"转解北平军法总处草岚子胡同监狱。国民党当局对搜捕王仲一的特务一队副官以下每人赏洋150元。王仲一在押期间受尽拷打、折磨，致使精神失常。时值"九一八"事变发生。从牢卒口中得知，王仲一稍有清醒，听到大街上工人、学生在示威游行，即呼喊"红军进城啦！""共产党万岁！"10月31日，年仅30岁的王仲一瘐死狱中。王仲一在狱中，尽管受尽折磨和严刑拷打，但至死没有出卖同志和组织机密，直至牺牲。同狱监禁的薄一波说："在这里头，没有看到他叛变行为。"狱中党组织秘密为他开了追悼会。薄一波还在1980年4月8日给王仲一之女王琪密的信中说："我个人认为，王振翼兄的一生还是革命的一生。"1980年7月出版的《回忆李大钊》一书中，王仲一被列为11位著名烈士之一。

王仲一的遗体由其弟王振洲收敛，寄柩于北平西直门外广通寺。1949年北平解放后，在聂荣臻关怀下，华北军区曾移灵至北京郊区烈士墓地。1958年，其妻李锦芬、女王琪密又扶柩迁返故里祖茔安葬。

1995年8月1日，中共阳原县委、阳原县人民政府集会，在烈士家乡建立墓碑，邀请原张家口地委书记靳子川及王仲一的生前好友和亲属举行隆重的揭幕仪式，以慰先烈在天之灵。

（本文根据王仲一四弟王振寰之三子、原大同煤矿集团工会主席晋珊元撰写的《精神不朽 风范永存——怀念我的二伯父王仲一》一文整理，并经作者审阅）

阳原籍四位共和国模范人物

中国水利事业的开拓者——张子林

张子林（1914—1998）阳原县西城人，中国共产党水利事业开拓者。父亲张瑞典（创办阳原县第一所女子学堂），母亲肖振民（曾任山西大同小学教师）。受家庭影响，张子林从小勤奋好学。1926年考入阳原县师范讲习所，1931年毕业于察哈尔省第二中学（今宣化二中），1936年毕业于北洋大学（今天津大学）土木工程系。1937年，张子林找到西安八路军办事处，被介绍到中共中央安吴青训班学习。1938年3月，加入中国共产党，任暂编第一师师长兼晋绥军区司令员续范亭的秘书、暂一师宣传科长、师部党总支书记。1940年6月，参加延安军政学院培训学习，后任该校教师。1042年，重返晋绥边区，任行署技术室主任。1945年10月，转任晋察冀边区政府（驻张家口）交通局设计科科长，边区第一发电工程局副主任。1946年，任华北人民政府农业部农田水利处处长。

张子林

1947年4月，担任西柏坡沕沕水电站建筑工程处主任，带领工程技术人员和晋察冀工交学院学生，建设水电站，利用沕沕水发电，解决了中央机关进驻西柏坡用电问题。朱德总司令亲笔题写"边区创举"纪念匾。

新中国成立后，担任农业部、水利部农田水利局局长，改良5万亩盐碱地。1954年，中国政府为支援越南社会主义建设，决定派遣部分水利专家赴越工作，张子林担任援越水利顾问团团长。在越工作两年，成绩卓著，越南政府授予张子林金质奖章一枚，胡志明主席授予他共和国一级劳动勋章，并记一等功。1956年，张子林受到毛主席的亲切接见。1957年筹建中国水利水电科学研究院，历任副院长、院长、党委书记，为水利水电建设提供近千项科技成果。

1981年，张子林患脑血栓，全身瘫痪，经批准离休，享受副部级待遇。1998年7月30日，在北京病逝。

1956年，张子林受到毛主席亲切接见

全国民兵战斗英雄——武明

武明（1922—1995）阳原县武家洼村人。

武明

1945年,武明走上革命道路,2月被委任为村武委会主任。在他的宣传发动下,武家洼、帅家梁、薛家庄、起凤坡等村的14名青年组成民兵队,武明兼任民兵队长。他们经常站岗放哨,护送区干部转移,配合区小队打击敌人,火石岭、上庄、双树等几十个大小村庄都留有他们活动的身影。

1946年3月,武明加入中国共产党。1947年2月,蔚阳联合县在武家洼村开会决定成立联防小区,组建民兵游击队。籍箕疃以西为第一联防小区,武明任主任。1947年7月11日(农历五月二十三日),国民党地方武装制造东白家泉"五·二三"惨案后,有的民兵回家,副主任杨进林投敌叛变,可武明不仅没有被吓倒,反而更加坚定革命的信心。他带领民兵游击队,活跃在峪峰山区、桑干河两岸。

1947年11月,武明带领9名民兵,到桑干河北岸破坏敌人的电话线,从二分滩一直割到国民党咸水皂大乡院内。敌人发现后,武明掩护其他民兵撤退,将手榴弹扔向敌群,乘混乱之机,冲上去夺过敌人的马缰,飞身上马,向南急驰而去。

1948年后,武明参加县支前大队,任战斗连连长,他带领140多名民兵,先后参加解放张家口、张北、沽源、怀安、宣化、万全、赤城、阳原等战斗,又随军转战山西浑源、应县、广灵、大同、北平附近的邓家屯、宁夏银川等地,共参加大小战斗100多次,打死打伤敌人620多人,俘虏300多人(其中团长一名),缴获战马200多匹、枪支450支、手榴弹15000枚,子弹10万余发。1950年9月,察哈尔省察南专署治安委员会授予武明"民兵战斗英雄"称号。1951年9月,武明出席全国群英会,中央军委授予他"民兵战斗英雄"称号，奖励步枪一支。他受到毛泽东、刘少奇、朱德等党和国家领导人的亲切接见。解甲归田后历任村民兵连长、册田水库指挥部民兵连长、村大队长，致力于家乡建设。

杨子荣式的战斗英雄——高全宽

高全宽（1923—2015）阳原县大田洼乡高家背村人。13岁时，他由大伯高福禄带到宣化县城内一家帽店做学徒。1940年1月，他被骗到龙烟铁矿做工，后参加八路军走上抗日道路。任北山支队班长时，孤身深入敌军驻地劝其投诚，被誉为"杨子荣式的战斗英雄"。参加过阳原朝阳堡战斗，转战于化稍营、张家口，辽沈战役攻打锦州战斗中负重伤立大功。1948年任副队长，同年12月，该支队整编到170师509团，高全宽任营长。1949年9月，调任长春航校中队。1960年参与酒泉卫星发射基地建设，任发射基地工程部厂长，1965年任基地后勤部代部长，1970年任基地7工区副主任。1976年任西昌卫星发射基地副司令员，在基地建设中发挥了重要作用。1988年6月被授予中国人民解放军独立勋章。他将自己

高全宽

20世纪70年代高全宽（后排左三）与同事在延安

的所有献给了党，献给了伟大的民族解放事业和祖国的国防建设事业。

固体火箭推进剂与发动机专家——崔国良

崔国良（1931—2017）1931年7月7日出生，阳原县西城人。中国固体火箭发动机领域开拓者，中国工程院院士，国际宇航科学院院士，第六届全国人大代表，国家科技进步特等奖获得者。

1956年毕业于北京理工大学，1961年获莫斯科门捷列夫化工学院副博士学位。历任航天工业部、航空航天工业部、中国航天总公司、中国航天科技集团公司科技委常委、秘书长、副主任。中国宇航学会副理事长、中国复合材料学会常务理事。1999年当选为中国工程院院士。

对我国固体火箭发动机的发展做出重大贡献。负责研制成功多种推进剂，广泛用于战略、战术和宇航发动机，有3项成果获全国科学大会奖。研制成功含铝推进剂，根除了发动机不稳定燃烧问题；提高推进剂力学性能，解决了大型药柱裂纹；提出人工脱粘方案，保证了药柱结构完整性。任某高性能推进剂联合攻关组组长，负责制订总体技术方案，解决了许多重大技术难题，经验证达到了高比冲、高密度、高力学性能、高装填分数的目标，使我国成为拥有当今最先进推进剂的国家之一。

1978年任内蒙古七机局副局长兼总工程师和两级固体燃料火箭副总设计师，为1982年中国第一枚潜射固体燃料火箭"巨浪一号"作出贡献诞生。1985年担任航天工业部科技委常委、秘书长，倡导研制高能固体推进剂获得成功，使中国成为继美国之后掌握该项技术的国家。1980年获七机部"劳动模范"称号，1985年获国家科技进步奖特等奖。1996年荣获航天奖及光华科技基金一等奖，荣获国防科学技术一等奖两项，2001年获国家科学技术进步二等奖。

作为中国固体火箭发动机及推进剂技术专家、中国固体火箭发动机领域的开拓者之一，为中国航天事业作出了诸多开创性的贡献。2017年1月18日在北京逝世，享年85岁。

《光明日报》对阳原县教师家属扶贫工作的报道

阳原县积极做好教师家属扶贫工作
解除了695名农村教师的后顾之忧

河北省阳原县教育工会为改变部分农村教师生活贫困的状况，稳定教师队伍，促进教改发展，从本县实际情况出发，积极开展农村教师家属扶贫工作，使695名生活困难的教师家庭脱贫，解除了他们的后顾之忧。

阳原县位于河北省北部山区，县境内沟壑交错，土地贫瘠，经济条件较差。据调查，1985年年底全县教师家庭生活水平人均收入不足300元的有959名，占教工总数的40%。特别是一些家在农村的教师存在住房难、吃粮难和家属子女就业难等问题。教师队伍人心不稳，教学工作受到严重影响。面对这种情况，阳原县教育工会从本县实际情况出发，采取多种渠道，广开扶贫门路。在山区，重点组织教师家属发展畜牧业和养殖业；在平川，重点组织教师家属发展种植业；在城镇则重点发展商业和加工业。小石庄村群众有栽培大青椒的历史，产品畅销北京、内蒙古、辽宁等地，中心校工会利用这一优势，组织全校家属种植大青椒，总收入达到4万多元，教师家属年人均生活费由70元增加到310元，使80%的教师脱贫。东井集中学工会组织4户家属办起了家庭皮毛加工厂，东城镇中心校工会组织3名教师家属在校办起了小商店，每人每月收入都在60元以上。

目前，全县教师家属子女，参加固定性生产项目的有1152户，总收入达42万元。959名贫困教师中，已有695名教师摆脱了贫困。尚未脱贫的教师，有的已经上了项目，有的选好了项目正在筹备。生活富裕了，教师解除了后顾之忧，把主要精力投入教学改革中去，不仅提高了教学质量，而且促进了农村教育改革。两年来，全县有110多名脱贫的教师被评为"先进工作者"，省、县优秀园丁或劳动模范。

（本文选自1988年9月11日《光明日报》头版）

后 记

《阳原县工会志》的编纂工作，启动于2019年3月，历时4年多的时间，终于得以完成。

编纂《阳原县工会志》，具有非常重要的意义。工会组织是党领导下的职工自愿结合的工人阶级群众组织，而工人阶级是中国共产党最坚实、最可靠的阶级基础，是先进生产力和生产关系的代表。通过编纂《工会志》，如实地记录工会组织的产生发展和运行情况，记录工人阶级的奋斗历史和先进事迹，同时反映社会经济、政治、文化等领域的相关情况，正是编纂《工会志》的意义所在。对于阳原县来说，在这块古老的大地上，早在200万年前就有人类繁衍生息，远古人类的一系列活动培育了阳原产业和工人运动的胚芽。远古人类以兽皮裹身御寒，使毛皮成为最早的服饰，从而奠定了阳原皮毛产业的发展基础，成就了阳原"中国毛皮碎料加工基地"的辉煌。从阳原虎头梁遗址群中发现的距今一万多年的陶片，是目前我国华北地区发现的最早陶器，展示了阳原陶瓷产业的发展渊源。时至现代，从阳原走出了中共早期工运领导人王仲一。王仲一于1924年主持成立的张家口工人俱乐部，成为张家口市总工会的前身。由此可见，阳原的工人运动，可谓历史悠久，源远流长。正因如此，编纂《阳原县工会志》，就具有更加重要和特别的意义。

《阳原县工会志》的编纂，在力求全面记述阳原县工会系统基本情况的基础上，注重突出三方面的内容：一是突出工会组织的"大背景"，即着力反映阳原县主要产业发展和工人队伍成长的有关情况；二是突出重大事件的"小细节"，即对于一些重大事件的重要细节尽量加以记述；三是突出工会组织的"主人公"，即凸显"以人为本"的核心理念，着力反映工会组织选树的各级劳动模范、先进工作者以及在工会工作中做出突出贡献的先进典型。通过突出上述三方面的内容，努力使《阳原县工会志》更有内涵、更具特色。

《阳原县工会志》的编纂，得到了上级领导和有关单位及个人的大力支持。阳原县委、县政府，张家口市总工会、河北省总工会，都高度重视《阳原县工会志》的编纂工作，阳原县委组织部、县教体科局、县统计局、县档案馆和泥河湾博物馆等单位和晋珊元、侯文玉、成胜泉、胡长顺、高远、李东丽等个人，都对编纂工作提供了很大的帮助。此外，我们还借鉴了《阳原县工会志》（2009年草稿），查阅了《阳原县志》《阳原文史资料》《阳原县组织史资料（1937—1987）》《阳原统计资料》《张家口市工会志》和《工韵经典》（张家口市总工会王志军主编）等书籍，以及阳原县档案馆的部分资料，这都是《阳原县工会志》得以完成的重要支撑。在此，一并致以由衷的谢意！

由于诸多方面的资料欠缺，加之编者水平所限，《阳原县工会志》肯定有许多不足之处，这是编者难以弥补的缺憾。对此，我们将虚心地接受读者的批评与指正，并期待《阳原县工会志》在将来得以完善。

编者
2023年7月